신대륙 이주와 독립전쟁

미국사 산책 1

미국사 산책 1 : 신대륙 이주와 독립전쟁

ⓒ강준만, 2010

1판 1쇄 2010년 3월 12일 펴냄   1판 4쇄 2020년 7월 1일 펴냄

지은이 | 강준만 펴낸이 | 강준우 기획편집 | 박상문, 박효주, 김환표
디자인 | 최진영, 홍성권 마케팅 | 이태준 관리 | 최수향 펴낸곳 | 인물과사상사
출판등록 | 제17-204호 1998년 3월 11일 주소 | (04037) 서울시 마포구 양화로7길 4(서교동) 2층
전화 | 02-325-6364 팩스 | 02-474-1413 홈페이지 | www.inmul.co.kr | insa@inmul.co.kr
ISBN 978-89-5906-140-2 04900   ISBN 978-89-5906-139-6 (세트)
값 14,000원

신대륙 이주와 독립전쟁

미국사 산책 1

강준만 지음

인물과
사상사

· 일러두기

외국인의 인명은 생존한 경우 괄호 안에 본래 이름만 넣었고, 사망한 경우 본래 이름과 생몰연도를 함께 실었다.
그 외에 인명과 연도를 괄호 안에 함께 묶은 것은 책의 끝에 있는 참고문헌의 길라잡이로 밝히고자 함이다.

왜
'통섭 미국사'가
필요한가?

'전문성의 함정'을 넘어서

『한국 현대사 산책(전18권)』(2002~2006)과 『한국 근대사 산책(전10권)』
(2007~2008)에 이어 『미국사 산책』(전15권)을 내놓는다. 아무래도 '산
책'에 중독된 것 같다. 그럼에도 이런 산책이 꼭 필요하다는 열변을
토하고 싶은 마음을 억제하기 어렵다.

이상하게도 또는 당연하게도 많은 사람들이 역사연구는 무언가 새
로운 걸 밝히는 작업이어야 한다고 굳게 믿고 있다. 물론 옳은 생각이
다. 그러나 동시에 새로운 사실을 발굴해 소개하지 않더라도 의미와
가치가 있는 연구도 있을 수 있다는 걸 인정하는 자세를 전제로 할 때
에만 옳은 생각이라고 본다. 왜 그런가?

학계는 물론 저널리즘 세계에서도 높은 평가를 받는 '전문성'은 분업의 원인이자 결과다. 좁고 깊게 파는 것이 미덕이다. 아니 지상명령이다. 그래야 새로운 사실을 발굴해내는 것이 가능해지기 때문이다. 그런데 흥미로운 건 모든 연구자들이 다 그렇게 분업에만 매달린다는 점이다. 학자는 연구실적을 올려야만 하고 또 그렇게 하는 것이 학계로부터 인정받는 길이기 때문이다.

그 결과는 무엇인가? 역사는 어느덧 역사가들을 위한 것이 되고 말았다. 역사는 주제별·시대별로 파편화된 가운데 학자들은 자기만의 작은 파편에 몰두한다. 통합은 없다. 그건 학술적이지 않다고 보기 때문이다. 통합이라고 해봐야 책 한두 권으로 모든 걸 요약하는 교과서 수준의 것이다. 왜 모든 분야와 주제들을 '비빔밥'처럼 요리해 통합적으로 자세히 보여주는 시도가 이렇듯 외면받아야 한단 말인가? 정치, 경제, 군사, 외교, 사회, 문화, 언론, 영화, 방송, 학술, 과학, 기술, 문학, 언어 등 모든 분야가 상호 밀접한 관련을 맺고 있는 게 아닌가? 그걸 동시에 보여주는 작업도 필요한 게 아닌가? 어느 한 분야에만 집착할 경우 포괄적이고 공정한 시각을 놓치게 되고 그로 인해 긍정과 부정의 어느 한쪽으로만 치우치게 되는 건 아닌가? 한국사의 경우 '자학(自虐)'대 '자위(自慰)'라고 하는 이분법, 미국사의 경우 '친미(親美)'대 '반미(反美)'라고 하는 이분법이 생겨난 것도 바로 그런 '편식'의 결과는 아닌가?

나는 그런 문제의식을 갖고 『한국 현대사 산책』과 『한국 근대사 산책』을 썼으며, 이제 『미국사 산책』에까지 뛰어들게 되었다. 『한국 현대사 산책』과 『한국 근대사 산책』을 읽은 독자들의 호평이 자극을 주었다. 미국을 외면할 수 없는 게 우리 현실이라면, 친미·반미라고 하는 이분법을 혐오하는 사람으로서 미국을 제대로 자세히 아는 것이 우리 모두에게 도움이 되리라는 생각을 오래전부터 해왔다.

'통합의 역사'를 위해

2008년 말을 기준으로 미국에서 유학 중인 한국인 학생 수는 11만 명을 돌파했다. 출신국 기준으로 3년째 1위를 차지하고 있다. 한국 유학생은 미국 내 전체 외국인 유학생 72만2272명의 15.2퍼센트에 해당한다. 이는 참으로 놀라운 수치가 아닌가. 이는 한국이 미국을 그만큼 잘 안다고 말할 수 있는 근거가 될까? 아무래도 그런 것 같지는 않다. 한국인들이 타고난 이분법 애호가는 아닐 텐데도 친미·반미라고 하는 이분법이 우리의 미국 이해를 망치고 있는 것 같다. 친미·반미 이분법은 다분히 허구적인 것이기에 더욱 그렇다. 그 어느 쪽이건 무슨 주장을 하면 '너 무슨무슨 주의자지?' 하고 윽박지르는 수법에 중독된 게 아니라면 그런 이분법은 아예 생각하지 않는 게 좋겠다.

　서울 웬만한 대학 웬만한 학과 교수들의 방학 시즌 교수회의는 미국에서 열린다는 말이 있다. 우스갯소리지만, 그럴 만한 근거가 있는 말이다. 대부분 자녀들을 미국에서 공부시키는 교수들이 방학만 되면 아내와 자녀들을 만나기 위해 줄줄이 미국으로 가기 때문에 나온 말이다. 이게 우리 현실이다. 영어가 최고의 경쟁력이라며 영어에 미쳐 돌아가는 세상에서 미국은 그런 경쟁력을 제공해주는 저수지와 같다. 그런 교수들 중엔 반미주의자들도 많다. 그런데 그들을 진정한 반미주의자로 볼 수 있을까? 겉멋 들린 괜한 제스처가 아닐까? 친미·반미 이분법을 넘어서 오늘도 자녀들의 영어교육전쟁에 참전해 애를 쓰시는 모든 학부모들께 심심한 위로와 격려를 보내는 게 한국적 실용주의의 미덕은 아닐까?

나는 미국에 대해 매우 균형 잡힌 시각을 갖고 있다고 자부한다. 물론 누구나 다 그렇게 자부할 테니까 하나 마나 한 말이긴 하지만, 미국의 좋은 점은 열심히 배우고 미국의 나쁜 점은 배우지 않는 것은 물론 열심히 반면교사의 교훈으로 삼자는 게 내 생각이다. 미국과의 관계도 그런 식으로 하자는 것이다. 극단은 다른 극단을 살리거나 키워준다. 그런 의미에서 양 극단은 '적대적 공존관계'를 맺고 있는 셈이다. 어느 한쪽만 과장되게 이야기하는 기존의 반(反)통합적 미국사와는 결별하고 미국의 명암(明暗)을 동시에 보자.

미국 독립전쟁이 끝난 직후 대륙회의 서기인 찰스 톰슨(Charles Thomson, 1729~1824)은 전쟁의 역사를 기록으로 남기는 작업에 착수했지만 곧 역사서술을 포기했다. 훗날 그는 "미래 세대에게 사실을 밝히고 싶지 않다. 내가 진실을 말하면 큰 죄를 짓게 된다. 온 세상이 우리의 애국자들과 영웅들을 찬양하게 하라"고 말했다. 이 말이 시사하듯이, 미국의 역사왜곡은 심각한 수준이다. 왜 역사를 왜곡하는가? "우리에게 집단적 정체성을 부여하고, 좋은 이야깃감이 되며, 우리의 애국심을 고취한다"는 이유 때문이다.(Raphael 2005) 그러나 동시에 우리가 놓치지 말아야 할 것은 이 지구상에서 그런 목적으로 역사왜곡을 하지 않는 나라가 얼마나 있을까 하는 점이다. 미국이라고 해서 특별히 비난받아야 할 이유는 없지 않은가. 미국을 옹호하는 게 아니라 그런 담담한 자세를 갖고 미국사 산책에 임해보자는 뜻이다.

평범한 미국인과의 소통을 위해

미국인들의 역사에 대한 무지는 악명이 높다. 1987년 고3 학생들을 대상으로 한 조사에서 3분의 1이 독립선언서가 영국으로부터 13개 주의 정식 분리를 명시한 문서라는 것을 알지 못했고, 남북전쟁이 19세기 후반에 일어났다는 사실을 명확히 알고 있는 학생도 32퍼센트에 불과했다. 학생들만 그런가? 아니다. 데이비스(Davis 2004)는 "역사에 관한 한 미국인들은 무지하다"며 "학생들이 왜 모든 덤터기를 뒤집어써야 하는가"라고 묻는다.

"학생들의 부모와 형과 누나는 학생들보다 나을까? 모르면 몰라도 서른일곱 살이나 마흔일곱 살의 어른 대부분은 역사와 관련된 즉석 퀴즈 하나 제대로 풀지 못할 것이다. 그 점은 제이 레노(Jay Leno)가 진행하는 〈투나잇 쇼〉의 '제이워크' 코너에서도 정기적으로 입증되고 있다. 이 코너에 나오는 어른들은 간단한 질문에도 대답을 못한다. 빌 클린턴(Bill Clinton) 전 대통령조차 노르망디 작전을 기념하는 행사에 참석하러 가면서 그곳에서 무슨 일이 벌어졌는지에 대해 사전 교습을 받아야 할 정도였다."

이어 데이비스는 "라디오 프로그램, 서점, 강연장, 교실 등에서 미국인들을 만나본 바에 의하면 역사에 대한 그들의 압도적인 반응은 한마디로 '지겹다'는 것이다"라며 다음과 같이 말한다. "몇 년 동안 우리는 아이들을 학교에 보내면서 가장 인간적인 이 과목에서 생명감을 모조리 앗아가버린, 그야말로 더 이상 지루할 수 없는 교과서들—자기들끼리 읽어 마땅한, 교수들이 집필한 지독하게 따분한 교과서들—로 아이들을 괴롭혀왔다."

미국 『뉴욕 타임스(The New York Times)』는 해마다 고등학생들을 선발하여 역사시험을 주관하는데, 이 신문이 문제를 내는 방식도 '지독하게 따분한 교과서들'의 흉내를 그대로 내고 있다. 도대체 어떤 문제를 낼까? 미국의 진보적 역사학자 하워드 진(Howard Zinn, 1922~2010)은 다음과 같이 말한다.

"1812년 전쟁 당시 대통령은 누구입니까? 멕시코전쟁 당시 대통령은 누구입니까? 택지개발법과 공무원법 중 어느 것이 먼저 제정되었습니까? 이런 문제를 본 적이 있죠? 그렇죠? 이런 문제는 여러분이 취업시험이나 승진시험에서 흔히 볼 수 있는 바보 같은 질문들입니다. …… 우리는 이런 종류의 질문에 몇 개나 답을 했는가에 따라 평가를 받는 퀴즈 문화에서 자라왔습니다. 좋습니다. 멕시코전쟁이 일어난 당시 대통령은 포크였습니다. 사실 누가 대통령이었느냐는 그다지 중요하지 않습니다. 멕시코전쟁에 대해 알아야 할 더 중요한 사실은 그 전쟁이 어떻게 일어났는가입니다. 이 같은 종류의 문제가 진정으로 역사교육에 도움이 될 것입니다. 왜냐하면 그 전쟁은 다른 전쟁들과 마찬가지로 도발과 거짓말로부터 시작되었기 때문입니다."(Zinn & Macedo 2008)

가슴에 와 닿는 지적이지만, 독자들께선 미국인들과의 소통을 원한다면 이런 비판을 대하는 데에 슬기가 필요하다는 걸 유념하는 게 좋겠다. 위와 같은 시각으로 쓰인 진(Zinn 1986)의 『미국 민중사(A People's History of the United States)』는 미국에서만 수십만 부가 팔리고 세계 각국에서 번역·출간된 베스트셀러가 되었지만, 많은 평범한 미국인들을 분노하게 만들기도 했다. 자기 딸이 학교에서 가져온 『미국 민중사』를 들여다본 캘리포니아의 한 어머니는 격분한 나머지, 그 책을 가지고 수업을 진행한 교사를 조사해달라고 교육위원회에 요구했다. 진이 미국 대외정책을 주제로 한 강연을 들은 어느 여고생은 분노한 시선과 목소리로 "그런데 선생님은 왜 이 나라에 살고 계신가요?"라고 항변하기도 했다.

이 어머니와 여고생은 예외적인 미국인이 아니라 평균적인 미국인이다. 미국인들은 미국 밖의 반미주의를 도무지 이해하지 못한다. 전대통령 조지 W. 부시(George W. Bush)의 명언(?)처럼 "왜 그들은 우리를 미워할까? 이렇게 잘해주는데"라고만 생각한다. 어쩌겠는가. 그들과 소통을 하려면 그들이 현재 갖고 있는 역사지식과 정서를 이해하고 고려해야만 한다. 나는 이 책에서 하워드 진과 더불어 그 이상으로 미국에 비판적인 노엄 촘스키(Noam Chomsky)의 저서들을 활용하겠지만, 동시에 이들의 반대편에 있는 저자들의 목소리도 가감 없이 전달할 것이다. 물론 각 사안에 대한 판단은 독자들의 몫이다.

'통섭의 역사학'을 위해

이야기가 잠시 딴 곳으로 흘렀다. 하워드 진이 위에서 지적한 것과 같은 과잉은 경계해야겠지만, 나는 기본적인 역사적 사건·인물의 이름과 연도를 아는 것도 필요하다고 본다는 말을 하려던 참이었다. 이 말을 하는 순간 귀가 간지럽다는 걸 느낀다. 역사과목이 '외우기 과목'으로 전락했다는 비판과 개탄의 목소리가 높은 현실에서 나의 이런 생각을 흉볼 사람들이 많을 것 같아서 하는 말이다. 나 역시 그런 비판과 개탄에 동의하지만, 그럼에도 내가 역사적 사건·인물의 이름과 연도를 아는 것이 필요하다고 말하는 이유는 사건의 선후관계를 포함한 '맥락(context)'의 중요성을 강조하고 싶기 때문이다. 원래는 역사적 사건의 시공간적 맥락 파악을 위해 필요했던 연도·지명·인명의 숙지가 시험에서의 변별력을 키우기 위한 편의주의 도구로 이용되면서 본말전도의 상황이 발생하고 말았다. 이는 반드시 바로잡아야겠지만, 단지 그런 본말전도에 대한 반감 때문에 맥락을 무시하거나 경시할 수는 없는 일이다.

미국사를 산책하겠다고 했으면 곧장 미국사로 걸어 들어갈 것이지 웬 유럽 이야기가 이리도 많은가? 일부 성질 급한 독자들께서는 제1권을 읽으면서 그런 생각을 할지도 모르겠다. 기대했던 것이 아니라 지루하다고 여길 수도 있겠다. 그러나 미국은 1차적으로 유럽 이주민들이 만든 나라이기 때문에 그들이 떠나온 유럽의 상황을 알아야만 미국에 대한 이해가 온전히 이루어질 수 있다는 게 나의 생각이다. 이 책에서 20세기를 다룰 때에도 미국 이외의 다른 주요 국가들에선 무슨 일이 일어났던가를 악착같이 밝히고 넘어가는 것도 똑같은 이유에서이다. 아무리 강대국이라 하더라도 미국은 홀로 존재하는 나라가 아니다. 다른 주요 국가들에서 일어난 일은 어떤 식으로건 미국에도 영향을 미치기 마련이다. 그러니 어찌 미국만의 이야기에만 머무를 수 있겠는가. 그런 점에서 이 책은 '미국사를 중심으로 한 세계사'라고도 볼 수 있다.

산책에 임하는 나의 자세를 다시 말씀드리자면 이렇다. 가능한 한 가치판단은 독자들에게 맡기고, '지독하게 따분한' 사실들까지 포함하여 모든 걸 다 담되, '비빔(믹싱)'의 조화에 역점을 두는 것이다. 이

책의 '참고문헌'이 보여주듯이, 온갖 다양한 책들을 다 끌어들여 '비빔밥'을 만들었다. 거시사에서 미시사에 이르기까지, 사회사에서 일상사에 이르기까지, 정치사에서 지성사에 이르기까지, 우파적 시각에서 좌파적 시각에 이르기까지, 형식과 내용의 모든 스펙트럼을 다 껴안아 소개하는 종횡무진을 시도했다. 기존의 과도한 분업주의 역사서를 보완해야겠다는 의지, 즉 '맥락'에 대한 집착 때문이다. '통섭(統攝, consilience)의 역사학'을 지향하는 시도라고 말할 수 있겠다.

한국인을 위한 미국사 산책

그런 이유로, 나중에 따로 다루지 않을 경우, 옛날이야기를 하면서 동시에 오늘의 이야기를 하는 시간적 월경(越境)도 자주 시도했다. 예컨대, 1500년대의 '루터·칼뱅의 종교개혁'을 다루면서 2000년대의 '칼뱅 탄생 500주년'에 대해 자세히 소개했다. 왜 이렇게 종교개혁에 대해 많이 이야기하지? 그렇게 생각할 수도 있겠지만, 이런 의문에 대한 나의 답은 이렇다. 그걸 알아야 오늘날 미국의 대(對) 중동·테러정책도 제대로 이해할 수 있기 때문이다. 전 대통령 조지 W. 부시는 재임 시 개인의 영적 자각에 가치를 두는 감리교인(Wesleyan)에서 예정된 신의 계획을 수행하는 데 삶의 무게중심을 두는 칼뱅주의자(Calvinist)로 옮아갔으며, 이는 9.11테러 이후 미국 정책을 이해하는 데에 매우 중요하다는 주장이 있다. 이 주장을 평가하려면 칼뱅주의에 대해 잘 알아야 하지 않겠는가. 어디 그뿐인가. 2002년 갤럽조사에 따르면, 미국인의 48퍼센트가 창조론을 믿는 반면 진화론 신봉자는 그 절반수준인 28퍼센트에 불과했다. 악마(devil)의 존재를 믿는 미국인은 68퍼센트나 됐다. 종교는 미국의 탄생 이래로 오늘에 이르기까지 미국을 이해하는 알파이자 오메가라고 해도 과언이 아니다. 이런 점을 감안하여 나의 '맥락' 중심 역사서술에 대한 신뢰와 더불어 열린 자세를 가져주시길 당부드리고 싶다.

이 책을 쓰면서 가장 고민했던 것은 미국에서 공부하면서 깊이 파고들었던 '미국 언론사·대중문화사·커뮤니케이션사'의 전문성을 살릴 것이냐 하는 점이었다. 『미국 문화 저널(Journal of American Culture)』에 겨우 논문 1편을 싣는 것으로 끝나고 말았지만, 그 어떤 미국 학자보다 더 자신있게 말할 수 있는 내 나름의 지식과 안목이 있다는 것을 보여주고 싶은 욕심이 있었다. '매끄러운 흐름' 위주로 갈 것이냐, 아니면 '주요 사건들을 다 언급하는 포괄성'에 충실할 것이냐 하는 점도 고민거리였다. 결국 내가 내린 답은 '균형'이었다. 튀지 않는 선에서 전문성을 살렸고, 매끄러운 흐름도 중요하지만 사건의 맥락도 중요하다고 보는 관점에서 세계사의 주요 사건뿐만 아니라 한미관계에도 많은 지면을 할애했다. 한국인을 위한 미국사 산책이기 때문이다. 역사적인 의미가 담겨 있는 영어 단어나 지명의 유래도 일일이 밝히는 등 독자들에게 실용적인 도움을 주고자 했다. 내가 27년 전 미국 유학을 떠날 때 이런 책을 읽고 갔더라면 미국인들과 나눈 대화의 내용이 훨씬 더 풍요로워졌으리라는 생각이 든다. 그런 아쉬움을 동력 삼아 나 나름대로 실용성을 높이기 위해 최선을 다했다.

또 그런 이유들 때문에 출처를 밝히는 방식에서도 절충형을 취해 일일이 쪽수까지는 밝히지 않고 참고문헌만 밝히는 방식을 취했다. 인명 옆 괄호 속에 연도가 들어 있는 것은 각 권의 끝에 나와 있는 참

고문헌을 밝힌 것이다. 예컨대, 앞서 괄호 속에 'Zinn & Macedo 2008'
이라고 표기한 것은 참고문헌 중 "하워드 진(Howard Zinn) · 도날도 마
세도(Donaldo Macedo), 김종승 옮김, 『하워드 진, 교육을 말하다』, 궁
리, 2008"을 참고했다는 뜻이다. 독자들의 읽는 편의를 위해 긴 인용
이나 독창적인 주장을 제외하곤 각 글 말미에 참고문헌을 한꺼번에
밝히는 방식을 취하였다.

이 책을 쓰면서 국내 학자들에 의한 미국학 연구의 수준이 매우 높
으며 미국인들이 쓴 미국사 관련 책들이 생각했던 것보다 더 많이 국
내에 번역 · 출간되었다는 걸 새삼 느끼게 되었다. 이런 책들의 도움
을 많이 받았는바, 수백 명에 이르는 국내 저자들과 번역자들의 노고
에 깊은 감사를 드리며 경의를 표하고 싶다. 독자들께서 이 미국사 비
빔밥 요리를 맛있게 드시길 바란다.

2010년 3월
강준만 올림

참고문헌 Chomsky 2003, Davis 2004, Raphael 2005, Zinn 1986 · 2002, Zinn & Macedo
2008, 정은령 2003

차례

제1장

신대륙을 향한 열망

콜럼버스는 영웅인가?
콜럼버스의 '신대륙 발견'

콜럼버스 이전의 신세계 탐험

현 아메리카 대륙에 인간이 살기 시작한 건 언제부터일까? 학자들 사이에 의견이 분분하지만, 기원전 4만 년 전부터 몽고계 아시아인이 아메리카 대륙으로 이주하기 시작했다는 설이 유력하다. 미국 학자 알렉스 흐들리카(Alex Hrdlicka, 1869~1943)의 주장에 따르면, 기원전 1만 5000년경 제4빙하기엔 바닷물의 높이가 100미터 이상 낮아져 시베리아와 알래스카가 육지로 연결되었던 때가 있었으며, 이때 몽골 계통의 북부 아시아인들이 베링해협을 건너 아메리카로 집단이주하여 점차 남하했다. 실제로 시베리아와 알래스카 사이의 거리는 채 100킬로미터도 되지 않으며 수심도 60미터 이내이다. 또한 중간에 세 개의 섬이 있어서 카누를 타고 횡단하기에도 어려움이 없다. 그리하여 15세기 말 아메리카 대륙엔 북미에 400만 명, 남미에 1000만 명 이상의 사람들이 살게 되었다.

유럽인들이 아메리카 대륙과 만난 건 10세기경이다. 985년경 스칸디나비아의 탐험가 비야르니 헤리울프손(Biarni Heriulfson)을 비롯하여 여러 바이킹 무리들이 아메리카 대륙에 발을 디뎠다. 이들은 곧 고향으로 돌아가고 말았지만, 일부 바이킹족은 1년여에 걸쳐 포도밭을 가꾸기도 해 '포도의 땅' 이라는 의미의 바인랜드(Vineland)라는 지명을 남기기도 했다. 그러나 미국인들은 이 사실에 별 의미를 두지 않는다. 미국 역사학자 부어스틴(Boorstin 1986)은 다음과 같이 주장한다.

"바이킹들은 어쩌면 최초로 아메리카에 정착한 유럽인이었을지도 모른다. 그러면서도 그들이 아메리카를 '발견하였다' 고 말하기에는 너무나 거리가 멀었다. 험악한 바다를 건너서 이룩한 그들의 정착은 육체적인 용감한 행위였지 정신적인 그것은 아니었다. 그들이 아메리카에서 행한 것들은 그들 자신의 또는 그 밖의 다른 사람들의 세계관을 변화시키지 않았다."

유럽인들은 14세기 초에 베네치아 출신 마르코 폴로(Marco Polo, 1254~1324)의 『동방견문록(The Travels of Marco Polo, Le Livre des Merveilles)』을 비롯하여 여러 모험가들의 동양탐험에 관한 이야기가 전파되면서, 캐세이(Cathay, 중국)가 갖고 있다는 풍요에 군침을 흘렸다. 『동방견문록』은 필사본시대의 마지막 세기와 인쇄술시대 최초의 세기에서 모두 최대의 베스트셀러 가운데 하나가 되면서 콜럼버스를 비롯한 모든 탐험가들의 필독서가 되었다. 풍요를 향한 욕망은 십자군의 귀환과 함께 유럽과 동방의 육상교역로가 열리면서 더욱 커졌지만, 1453년 콘스탄티노플(현재의 이스탄불)이 투르크족에게 함락되자 지중해 유럽의 경제적 생명줄이었던 향신료(香辛料, spices) 루트가 막

마르코 폴로의 탐험경로를 그린 그림. 마르코 폴로는 저서 『동방견문록』에 동방을 풍요의 땅으로 묘사했고, 이후 그의 책은 모든 탐험가들의 필독서가 되었다.

히고 말았다. 유럽인들은 이미 새로운 미각에 눈을 떴기 때문에 당시 향료는 금에 버금가는 가치를 지니고 있었다. 데이비스(Davis 2004)는 다음과 같이 말한다.

"몇 세기 동안 집에서 조리한 사슴고기만 먹던 이들은 동방의 새로운 향료가 첨가된 음식 맛을 보고 정신을 차릴 수 없었다. 실론산 계피, 인도와 인도네시아산 후추, 셀레베스(인도네시아의 술라웨시섬)의 육두구(肉荳   ), 몰루카 제도의 정향(丁香) 등이 그들이 맛본 새로운 향료들이었다. 그 외에도 이들은 일본산 비단, 인도산 면직물과 염료, 그리고 보석에 대한 취향도 개발시켰다."

정신을 차릴 수 없을 정도로 탐닉했던 맛을 어찌 잊을쏘냐. 반드시 다른 향신료 루트를 찾아야 한다는 절박감이 무럭무럭 자라났다. 여기에 15세기에 엄청난 인구증가가 이루어져 유럽인들은 신세계 정복 의지를 불태웠다. 포르투갈이 가장 적극적이었다. 1486년 바르톨로뮤 디아스(Bartholomeu Diaz, 1450~1500)가 아프리카 남단 희망봉(Cape of Hope)을 돈 이래로 여러 포르투갈 탐험가들이 신세계에 대한 도전을 감행했다. 서양인들은 디아스를 최초의 해양 탐험가로 들지만, 이미 80여 년 전에 해양을 주름잡은 이가 있었다. 중국 명(明)의 정화(鄭和, 1371~1433)다.

이슬람교도이자 환관이었던 정화는 1405년 7월 11일 317척의 함대와 2만7000명의 병사를 이끌고 첫 번째 원정을 떠났는데, 그의 원정은 1430년 선덕제(宣德帝, 1399~1435) 5년에 이뤄진 마지막 출항까지 모두 7차례나 이어졌다. 원정대의 함선 중 가장 큰 것은 길이 150미터, 폭 62미터에 2500톤의 화물을 실을 수 있는 초대형이었다. 원정대는 오늘날의 동남아 · 인도 · 중동 · 동아프리카를 넘나들며 모두 37개국을 방문해 외교관계를 맺고 교역을 했으며, 바로 이때에 동남아 곳곳에 화교 공동체가 만들어졌다. 그의 원정분대는 동아프리카에 정착해 후손을 남겼으며, 지금도 인도양 각국에서는 정화의 초상을 모신 도교풍의 사원을 볼 수 있다. 크로스비(Crosby 2000)의 말마따나, "정치적 변화와 문화적 폐쇄성이 중국인 항해자들의 야망을 질식시키지 않았더라면, 역사의 가장 위대한 제국주의자는 유럽인이 아니라 극동인이 되었을 것이다."

2002년 3월 영국 해군의 퇴역 잠수함 함장인 개빈 멘지스(Gavin Menzies)는 영국의 왕립지리학회에서 콜럼버스가 아메리카를 발견한

1492년보다 70여 년 앞선 1421년 정화의 함대가 아메리카를 발견했다고 주장했다. 그는 그해 11월에 출간한 『1421: 중국 세계를 발견하다』를 통해 자신의 주장이 역사적 사실임을 여러 가지 근거를 통해 입증하고자 했다. 이 '1421년의 가설'은 여러 역사가들로부터 강한 비판을 받았지만, 정화의 탐험이 놀랄 만한 수준이었다는 것을 말해주는 방증으로 볼 수 있겠다.

1492년 콜럼버스의 '신대륙 발견'

이탈리아의 제노아에서 태어나 포르투갈에서 선원생활을 한 크리스토퍼 콜럼버스(Christopher Columbus, 1451~1506)도 신세계에 도전한 탐험가 중의 한 명이었다. 콜럼버스는 여러 해 동안 포르투갈, 스페인(에스파냐), 프랑스, 영국의 왕들을 찾아다니면서 후원을 요청했지만 모두 다 실패로 돌아가고 말았다. 때마침 스페인의 강력한 두 지도자였던 아라곤(스페인 북동부 지방)의 페르난도(Ferdinand II, 1452~1516)와 카스티야(스페인 중부와 북부의 고원 지방)의 이사벨라(Isabella I, 1451~1504)의 결혼은 유럽에서 가장 강력한 군주를 탄생시켰다. 이들은 1492년 초 그라나다(Granada, 당시 이베리아 반도에 남은 이슬람세력의 최후 거점으로 현 스페인 남부 안달루시아 지방)를 탈환한 뒤 새로운 교역을 위한 모험을 후원함으로써 그들의 힘을 과시하고자 하였다.

이들의 후원을 받아 콜럼버스는 1492년 8월 3일 90명의 선원과 3척의 배(니나, 핀타, 산타마리아)로 스페인의 팔로스(Palos)항을 떠나 대서양을 향해 서진했다. 기함(旗艦)은 산타마리아호였다. 그는 탐험에서 얻는 이득의 10퍼센트, 새로 발견될 지역의 총독직, 그리고 바다의 제

독이라는 직책 등을 약속받
았다.

지구가 둥글다는 것은 항
해 전문가들 사이에선 이미
상식이 된 사실이었다. 콜
럼버스가 항해를 시작하던
해에 뉘른베르크의 지리학
자 마르틴 베하임(Martin
Behaim, 1459~1579)은 세계
최초의 지구의(地球儀)를 만
들었다. 콜럼버스는 유럽에
서 서쪽으로 항해하면 동양
에 갈 수 있다고 믿었다. 그

크리스토퍼 콜럼버스. 아메리카 대륙을 발견했다.

가 찾고자 했던 것은 중국과 인도 제도로 통하는 직항로였다. 그는 북
위 28도를 따라 서쪽으로 가면 마르코 폴로의 그 전설적인 지팡구
(Jipangu, 일본)가 나타날 것으로 믿었다. 그러나 그는 거리상으로 엄청
난 착각을 하고 있었으니, 그가 2400마일(약 3863킬로미터)로 알고 있
던 항로는 비행기로도 1만600마일(약 2만5750킬로미터)에 이르는 거리
였다.

콜럼버스와 같은 탐험가에게 가장 중요한 것은 미지의 세계에 대한
탐험을 두려워하는 선원들을 통제하는 일이었다. 그런 통제의 일환으
로 그는 항해일지를 거짓 기재하였다. 항해거리가 길면 선원들이 겁
을 먹고 실망을 해 반란을 꾀할지도 모른다는 우려 때문이었다. 그러

나 항해를 시작한 지 두 달이 넘자 항해일지의 조작만으로 선원들의 공포감을 달래기엔 역부족이었다. 어느 날 콜럼버스는 공포에 술렁이는 선원들에게 딱 사흘만 참아달라고 호소했다.

"편견을 깨야 한다. 서쪽으로 갈 수 없다는 편견을 깨야 우리가 산다. 그러나 그 편견을 깨려면 두려움을 극복할 수 있어야 한다. 누구나 처음 가는 길은 두렵다. 그러나 우린 이미 너무 많은 길을 왔다. 우리가 돌아가려면 지금 온 것보다 더 힘든 시간들이 기다리고 있다. 자! 3일만 더 가면 된다. 그럼 육지가 나온다." (김용관 2009)

실제로 그로부터 사흘 뒤, 항해를 시작한 지 70일 만인 10월 12일 새벽 2시 선원들이 폭동을 일으키며 스페인으로 돌아가자고 콜럼버스를 막 위협하려는 찰나에 한 선원이 육지를 발견했다. 스페인 왕은 육지를 처음 발견하는 자에게 큰 상금을 내리겠다는 약속을 했었는데, 콜럼버스는 그 육지에 어른거린 달빛은 전날 밤 자기가 본 것이라고 우기며 나중에 상금을 착복했다. 그는 원주민들이 과나하니로 부르는 그 육지를 산살바도르(San Salvador, 구세주)로 명명했다. 그리고 그곳에 나비다드(Navidad, 성탄절)라는 성채를 구축했는데, 이는 아메리카에 세워진 최초의 유럽 거점지였다. 콜럼버스가 처음 만난 원주민은 바하마 제도의 아라와크족(Arawaks)이었는데, 그는 항해일지에 다음과 같이 썼다.

"그들은 우리에게 앵무새, 솜뭉치, 창 등 여러 가지 물건을 가지고 와서 유리구슬이나 방울과 바꾸었을 뿐만 아니라 그들이 가진 모든 것을 바꾸었다. …… 그들은 체격이 좋고 용모가 수려한 건강한 사람들이었다. …… 무기를 알지 못하는 비무장상태인 그들에게 칼을 보여주자 그게 뭔지도 몰랐던 그들은 칼날을 쥐다가 다치기까지 했다. 철(鐵)을 사용하지 않았던 그들은 등나무로 창을 만들었다. …… 그들은 좋은 노예가 될 것이었다. 우리는 50명의 병사만으로 그들을 정복하여 마음대로 부릴 수 있었다." (Zinn & Stefoff 2008)

원주민에게 콜럼버스는 재앙

콜럼버스는 자신이 아시아의 어느 섬에 도착했다고 믿었다. 이어 그는 쿠바와 또 하나의 커다란 섬에 도착해 그곳을 에스파뇰라('작은 스페인'이라는 뜻으로 오늘의 아이티와 도미니카공화국)라 불렀는데, 이때에도 그는 여전히 자신이 인도에 도달했다고 생각했다. 쿠바가 섬인지도 몰랐다. 콜럼버스가 서쪽으로 항해해서 처음 도착했던 섬들을 '서인도 제도(西印度諸島, West Indies)'라고 부르게 된 연유다. 또 인도와 아무 상관도 없는 아메리카 대륙 원주민을 인디언이라고 부르게

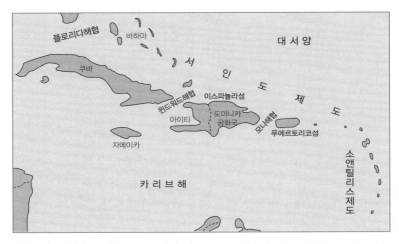

서인도 제도. 콜럼버스가 서쪽으로 항해해 처음 도착한 섬들로 그가 여전히 인도에 도달했다고 생각해 붙여진 이름이다.

된 이유이기도 하다. 그러나 일부 역사가들은 콜럼버스가 책임지고 유럽에 가져가야 할 향신료와 황금을 찾지 못했기 때문에 일부러 모른 척 했을 뿐이라고 추정하기도 한다.

이제 문제는 어떻게 스페인으로 돌아가느냐 하는 것이었다. 당시의 항해는 '바람의 게임'이었다. 항해술은 바람의 방향을 얼마나 아느냐 하는 데에 달려 있었다. 콜럼버스는 무역풍을 따라 서인도 제도까지 왔지만, 다시 무역풍을 거슬러 고향으로 돌아갈 수는 없는 일이었다. 그는 '바람의 현자(賢者)'답게 북쪽으로 옆걸음질하여 편서풍이 부는 위도로 간 다음 아조레스 제도를 향해 동쪽으로 항해하는 길을 찾아 냈다.

콜럼버스는 자신의 업적을 증명하기 위해 몇 명의 원주민들을 잡아서 1493년 3월 스페인으로 데리고 돌아가는 데에 성공했다. 스페인의 군주들은 그를 성대히 맞아주었다. 그들은 교황을 압박하기로 작정하고 기독교 신앙을 전파한다는 그럴 듯한 구실 아래 새로 발견한 땅의 소유권을 자신들 앞으로 해줄 것을 교황에게 간청했고, 이에 교황도 동의했다. 그러자 포르투갈이 반발했고 두 나라 사이에서 신세계를 둘러싼 이권협상이 시작되었다. 이 협상에서 경도(經度)를 기준으로 삼아 브라질 지역이 포르투갈에 편입되었는데, 오늘날 중남미에서 브라질만이 포르투갈어를 쓰는 이유가 바로 여기에 있다.

콜럼버스는 1년 후 다시 탐사를 떠났다. 두 번째 항해엔 배 17척과 선원 1500명을 제공받는 등 이전보다 규모가 훨씬 더 커졌다. 그는 에스파뇰라에서 타이노족(Tainos)인디언들을 금 찾는 부역작업에 동원했다. 데이비스(Davis 2004)에 따르면, "그는 무리한 할당량을 정해놓고 그것을 채우지 못하면 가혹한 형벌에 처했다. 팔 하나를 잃으면 운이 좋은 편이었고 운이 나쁘면 열세 명씩 한 줄로 세워져 십자가형에 처해졌다. 한 명은 예수, 나머지 열두 명은 예수의 제자를 의미했다."

인디언들에게 더 큰 재앙은 질병이었다. 면역력이 없는 그들은 콜럼버스 일행이 들여온 전염병에 걸려 쓰러지기 시작했다. 게다가 금을 찾지 못하자 금을 대신할 무엇인가가 필요하다고 판단한 콜럼버스는 노예사냥에 나섰다. 스페인으로 이송할 500명의 노예를 포획했는데, 그 가운데 200명은 항해 중에 죽었고 나머지는 스페인에 도착해 한 지역교회에서 경매에 붙여졌다. 늘 종교적인 말을 많이 했던 콜럼버스는 나중에 이렇게 기록했다. "성부, 성자, 성령의 이름으로 모든 잘 팔릴 만한 노예들을 계속해서 공급해주자." 스페인으로 붙잡혀가지 않은 인디언들도 자기가 살던 지역에서 노예로 전락해 무자비한 학대를 받았다. 아이티에는 약 25만 명의 인디언이 살고 있었지만 2년 후 절반으로, 1550년경엔 5만 명으로 줄었고, 오늘날엔 완전히 씨가 말라버렸다. 그들에게 콜럼버스는 재앙 그 자체였다.

콜럼버스가 이 두 번째 항해 시 아프리카 서해안 앞바다에 있는 스페인령 카나리아(Canary) 군도에서 사탕수수를 가지고 들어가 산토도밍고(Santo Domingo, 현재의 도미니카공화국)에서 재배하도록 했다는 것도 짚고 넘어갈 필요가 있겠다. 당시 설탕은 향신료였으며 의약품, 그것도 만병통치약으로 여겨졌기 때문이다. 산토도밍고에서 재배된 사탕수수는 1516년경부터 배로 유럽으로 운송되었다. 설탕이 호사품과 희귀품에서 벗어나 유럽 국가들의 일상적인 필수품으로 변한 건 1650년 이후였다. 설탕소비의 증가는 서양의 발전과 같이 나아갔으며, 설탕은 여러 세기에 걸쳐 식민지에서 가장 중요한 생산품 중의 하나였다.

콜럼버스 항해의 명암(明暗)

모든 게 뜻대로 되지 않자 콜럼버스의 평판은 추락했다. 그가 1498년 5월 30일 세 번째 항해에 나섰을 때엔 배도 6척으로 줄었고, 선원을 지원받는 것도 어려워 부족한 선원을 사면된 죄수들로 보충했다. 이번엔 남쪽으로 항해해 지금의 베네수엘라 해안에 닿았다. 세 번째 항해에서 그가 최초로 발견한 섬은 트리니다드(Trinidad)섬인데, 그는 삼위일체(三位一體, Trinity)를 기념하여 이 섬에 이렇게 이름을 붙였다. 이미 앞서 보았듯이, 그가 붙인 지명들은 모두 기독교적 이름이었다. 그의 깊은 신앙심 때문이었다고 한다.

　그러나 콜럼버스의 신은 콜럼버스를 더이상 돌보지 않았다. 선원들의 불만은 극에 달해 반란을 일으켰다. 그들은 콜럼버스를 족쇄에 채워 스페인으로 보내버렸다. 그는 스페인에서 기존 직책을 거의 박탈당하는 등의 수모를 겪었지만, 다시 불굴의 의지로 1502년 배 네 척과 열네 살 된 아들을 데리고 네 번째 항해에 나섰다. 그는 파나마지협에 닿았지만 지친데다 말라리아까지 걸려 더이상 항해를 할 수 없었다. 그래서 자메이카로 향했다. 거기서 1년을 빈둥거리며 지내다 1504년 11월 스페인에 도착했다. 그 사이에 콜럼버스의 후원자였던 이사벨은 죽었고, 페르난도는 콜럼버스에게 은퇴를 종용했다. 그는 말년을 비참하게 보내다가 1506년 5월 20일 사망했다. 사후 콜럼버스의 유해는 산토도밍고로 옮겨졌는데, 다시 쿠바로 옮겨졌다는 설도 있고 그렇지 않다는 설도 있어 과학자들은 콜럼버스 유골에 대한 DNA 검사를 허

콜럼버스의 유골이 안치되었다고 알려진 스페인 세비야의 카테드랄 성당.

가 받으려고 노력 중이다.

콜럼버스의 일행 가운데 그들이 낳은 재앙의 기록을 남긴 이가 있다. 바르톨로메 데 라스 카사스(Bartolome de Las Casas, 1470~1566)다. 그는 스페인의 살라망까대학에서 법학을 전공하고 부와 명예를 얻기 위해 1502년 산토도밍고로 갔다. 쿠바 정복에 참여한 그는 경제적으로 성공했으며, 1510년 사제에 서품된 뒤에도 계속 부를 축적하며 다른 정복자들과 다름 없는 삶을 살았다. 그러다가 1514년 식민지체제의 불평등과 불의에 눈을 뜬 그는 모든 재산을 포기하고 일생동안 원주민들의 권리를 위해 투쟁하는 길로 나섰다. 스페인에 건너가 추기경과 국왕을 만나 착취당하고 있는 원주민 보호대책을 요구하였고 구체적인 방안으로 흑인노예의 수입과 수도원의 대농장 감독을 제안하기도 했다. 먼 훗날 해방신학자 구스타보 구티에레즈(Gustava Gutiérrez)는 그를 '해방신학의 선조'라고 부른다.

라스 카사스가 남긴 기록을 보자. 스페인인들은 "자신의 칼날이 예리한가 시험해보기 위해 10명씩 20명씩 인디언들을 베어 죽이거나 살점을 잘라내보는 것을 대수롭지 않게 생각했다." 그는 "어떻게 소위 기독교인이라는 두 사람이 어느 날 앵무새를 들고 가는 인디언 소년들을 만나자 앵무새를 빼앗고 장난삼아 소년들의 목을 자를 수 있었는지" 이야기한다. 원주민의 강제노동으로 인한 가정파괴는 어떠했는가?

"남편과 아내는 8개월 혹은 10개월에 한 번씩밖에 만나지 못했으며 만나도 서로 매우 지쳐 있고 침울하였다. 그들은 자식을 낳지 않았으며, 낳아도 일찍 죽고 말았다. 일에 시달리고 굶주린 어머니에게는 아이들을 양육할 젖이 나오지 않았기 때문이다. 이런 이유로 해서 내가 쿠바에 있을 때 석 달 만에 7000명의 어린이가 죽어갔다. 심지어 어떤 어머니들은 처절한 절망감에 아기를 물에 던져 죽이기도 했다. 이렇듯, 남편은 광산에서 아내는 밭에서 죽어갔고, 아이들은 젖의 부족으로 죽어갔다. 광활하고 풍성하며 비옥했던 이 땅에는 이내 사람이 살지 않게 되었다. 나는 인간의 본성과는 너무나도 이질적인 이런 행위들을 지켜보았으며 그것을 기록하는 지금 나는 전율한다." (Zinn 1986)

콜럼버스는 네 번의 항해를 했음에도 현재의 미국 본토에는 닿지 못했다. 데이비스(Davis 2004)는 "하지만 그의 카리브해 도착은 아메리카 대륙의 발견, 정복, 식민지화로 이어지는 세계사에서 유례없는 놀라운 시대를 여는 계기가 되었다"며 다음과 같이 말한다.

"콜럼버스가 불굴의 용기, 끈기, 항해술로 역사의 한자리를 차지하고 있는 것은 당연한 일이다. 하지만 교과서들은 그의 다른 면들을 보여주는 사실에 대해서는 적당히 얼버무린다. 콜럼버스의 카리브해 도착은 놀라운 업적이었던 것만큼이나 인류 역사상 가장 무자비한 사건들의 출발점이기도 했던 것이다. 콜럼버스는 황금을 찾으려는 열망에 사로잡혀 원주민들을 재빨리 노예화했다. 콜럼버스를 비롯한 스페인의 모험가들, 그 이후엔 유럽 식민주의자들이 주도한 바야흐로 학살의 시대가 개막된 것이다. 이후 아메리카 대륙 원주민들은 전쟁, 강제노역, 가혹한 형벌, 유럽에서 온 질병들로 황폐화되었다."

콜럼버스와 아메리고 베스푸치

콜럼버스의 항해 기간 중 포르투갈의 탐험가들도 여러 기록을 세웠다. 1497~1498년에 바스코 다 가마(Vasco da Gama, 1460~1524)가 희망봉을 돌아 인도까지 항해했고, 1500년 페드로 카브랄(Pedro Cabral, 1467~1520)의 지휘하에 또 다른 배가 인도를 향해 출항했으나 바람에 밀려 우연히 브라질에 도착했다. 아메리카라는 대륙의 이름을 탄생케 한 영광도 포르투갈 탐사선의 승객으로 신세계를 탐험하면서 자신이 방문한 지역을 생생하게 기술했던 플로렌스 상인 아메리고 베스푸치(Amerigo Vespucci, 1454~1512)에게 돌아갔다.

베스푸치는 1499년 5월 18일 콜럼버스의 선장들의 한 사람인 알론소 데 오헤다(Alonso de Ojeda, 1465~1515?)와 함께 남아메리카 항해길에 올라 아마존강 입구에 도달했다. 그는 거기서 다시 브라질해안을 끼고 세 번의 항해를 더 감행했다. 그는 『신대륙(Mundus Novus)』이라는 여행일지를 출판했는데, 그의 항해는 콜럼버스의 항해보다 더 유명하게 알려졌다. 몇 년 뒤 프톨레마이오스(Ptolemaeos, 85?~165?)의 최신판 『지리학(Geographike Hyphegesis)』에 이 새로운 땅은 베스푸치를 기념해 '아메리카'로 표기되었다. 베스푸치가 완전히 날조된 1497년 항해 보고서에서 자신이 콜럼버스보다 더 빨리 아메리카 본토를 발견했다고 거짓 기록했기 때문이었다는 주장도 있다.

랠프 왈도 에머슨(Ralph Waldo Emerson, 1803~1882)은 "베스푸치는 세비야(Sevilla)의 절인 배추 상인이었다. 이렇게 온 세상을 속여 콜럼버스의 공로를 훔쳐감으로써 세계의 절반에 자신의 부정직한 이름을 붙이는 데 성공했다"고 주장했다. 새뮤얼 엘리엇 모리슨(Samuel Eliot Morison, 1887~1976)은 "자, 아메리고, 축배를 들자. 당신은 거짓말쟁이지만 대서양 횡단 항해를 세 번씩이나 했고 그 이야기를 재미있게 써서 기록으로 남겼다. 또 당신의 카드를 아주 교묘하게 뒤섞어서 불후의 명성을 얻게 되었다. 당신이 없었다면 아메리카 발견의 역사는 몹시 빈약했을 것이다"고 말했다. 그러나 부어스틴(Boorstin 1986)은 베스푸치가 훌륭한 항해가였으며, 쥐뿔도 모르는 사람들이 그를 욕되게 하고 있다고 주장한다. 과연 어떤 게 진실인지는 알 수 없으나, 이거 하나는 분명하다. 아메리카 대륙의 이름은 베스푸치의 것이라지만, 어차피 콜럼버스를 최고의 영웅으로 모시기로 한 이상 베스푸치를 가급적 부정적으로 묘사해야만 콜럼버스 신화가 더 빛나는 게 아닐까?

대륙의 이름은 놓쳤지만, 콜럼버스라는 이름은 남미의 컬럼비아, 캐나다 서부의 주인 '브리티시 컬럼비아', 그리고 미국의 수도 워싱턴 D.C.(District of Columbia)를 포함하여 여러 도시의 지명으로 남았다.

문인들은 앞 다투어 콜럼버스에게 영광을 돌리면서 그를 미화했다. 그 대표적 문인이 미국의 유명 소설가 워싱턴 어빙(Washington Irving, 1783~1859)이다. 그는 1828년 『콜럼버스의 항해와 생애(The Life and Voyage of Christopher Columbus)』, 1831년 『콜럼버스의 항해와 발견 (Voyages and Discoveries of the Companions Columbus)』 등의 책을 썼는데, 이 책들은 미국, 유럽, 라틴 아메리카에서 대단한 판매고를 올림으로써 콜럼버스 신화 구축에 결정적 기여를 하였다. 1942년 새뮤얼 엘리엇 모리슨이 쓴 『대양의 제독(Admiral of the Ocean Sea)』은 "콜럼버스는 항해의 대가일 뿐만 아니라 기독교 문명을 대서양 너머로 전파한 거대한 비전의 소유자였다"고 극찬했다.

오늘날의 콜럼버스 논쟁

'크리스토퍼'는 '그리스도를 지닌 자'라는 뜻인데, 유럽·미국인들은 실제로 콜럼버스를 신과 같은 존재로 만들어버렸다. 이미 수많은 사람들이 살고 있는 땅을 '발견'했다고 우기는 유럽·미국인들이 딱하기는 하지만, 인류 역사가 유럽·미국 중심으로 돌아가다보니 그렇게 떼를 쓴 게 오랫동안 먹혀왔다. 유럽·미국인들은 10월 12일을 '콜럼버스 기념일'로 삼았다. 이탈리아와 스페인은 콜럼버스의 국적을 놓고 각각 자국민이라고 주장하는 경쟁마저 벌이고 있다.

1989년 조지 H. W. 부시(George H. W. Bush) 대통령은 콜럼버스를 국가의 역할 모델로 설정하면서, "콜럼버스는 신세계로 가는 길을 열었을 뿐 아니라, 인내와 신념으로 기념비적 업적을 행할 수 있는 방법을 제시함으로써 우리의 본보기가 된다"고 찬사를 보냈다. 칼럼니스

미국 뉴욕의 콜럼버스 기념일 퍼레이드. 이탈리아 출신의 콜럼버스가 아메리카 대륙을 발견한 것을 축하하는 행사로, 미국에 정착한 이탈리아인들의 자긍심이 담겨 있다.

트 제프리 하트(Jeffrey Hart)는 1990년 "콜럼버스의 명예를 손상시키는 것은 인류 역사와 우리 자신 모두의 가치를 손상시키는 일이다"라고 주장했다.

그러나 그건 어디까지나 백인들의 생각일 뿐이고 인디언들은 전혀 다르게 생각한다. 콜럼버스의 신대륙 발견 500주년인 1992년을 2년 앞둔 1990년 아메리카 대륙 각지의 인디언들은 남아메리카의 에콰도르에 집결해 콜럼버스의 정복에 경의를 표하기 위해 계획되고 있던 축제에 반대하는 목소리를 냈다. 이는 미국에서 콜럼버스 기념일을 축하하기 시작한 이래 처음 있는 일이었지만, 귀를 기울이는 백인들은 거의 없었다.

1992년 10월 12일 미국과 유럽에서 '신대륙 발견 500주년'을 기념하는 떠들썩한 잔치판이 벌어졌다. 스페인 바르셀로나(Barcelona) 올림픽은 콜럼버스의 아메리카 대륙 발견 및 바르셀로나 귀향 500주년을 기념하는 행사이기도 했다. 영화도 두 편이나 나왔는데, 리들리 스콧 감독(Ridley Scott)의 〈1492 콜럼버스〉와 존 글렌(John Glen) 감독의 〈크리스토퍼 콜럼버스: 발견〉이 바로 그것이다. 흥행에서 완승을 거둔 〈1492 콜럼버스〉는 영국 · 프랑스 · 스페인 3국이 참여해 모두 5000만 달러를 투자한 대작이지만, 콜럼버스를 철저하게 야만과 불평등을 타파하는 혁명적 인물로 그렸다. 그렇게 해야 관객이 든다는 시장 논리에 따른 것인지도 모르겠다. 미국 캘리포니아 버클리대학생들은 콜럼버스를 경축하는 대신 '원주민의 날'을 선포했고, 미네소타 대학 등 일부 대학 학생들은 모의소송을 기획하여 콜럼버스를 '반인류적 범죄'를 저지른 인간으로 단죄하기도 했지만, 주변의 눈총만 받았을 뿐이다.

미국 정치철학자 프레드 달마이어(Fred Dallmayr)는 『오리엔탈리즘을 넘어서(Beyond Orientalism)』(1996)에서 유럽의 아메리카 정복은 남북 아메리카를 통틀어 7000만 명의 인디언 원주민들을 학살과 기아와 질병으로 인한 죽음으로 몰고 갔다며, 이는 '인류 역사상 가장 참혹한 제노사이드(genocide, 대량학살)의 역사'였다고 규정한다. 이와 관련, 이삼성(1998)은 다음과 같이 말한다.

"그래서 학자들에 따라서는 이것을 '아메리카의 홀로코스트'라고 일컫는다. 그렇다면 유럽과 미국인들이 콜럼버스의 날을 기념하면서 아메리카 대륙 정복을 성업(聖業)으로 간주하고 콜럼버스를 영웅화하는 행태는 근대와 현대 서양문명의 야만적 기초일 뿐만 아니라 오늘날 그들의 기억의 정치가 내포한 정신적 야만성의 한 표징이다."

1998년 10월 12일 중남미에서는 '히스패닉 데이', 미국에선 '콜럼버스 기념일'로 경축되는 '신세계 도착 506주년 기념식'에 때맞춰 온두라스 동북부의 오지에 있는 한 아메리카 원주민 마을에서 콜럼버스에 대한 모의재판이 열렸다. 그의 신대륙 상륙을 계기로 뒤따라온 '정복자' 유럽인들이 500여 년 동안 원주민 대량학살, 노예무역, 성폭력, 문화동화 정책 등을 자행하도록 만들었다는 혐의였다. 이날 모의재판 결과, 15세기 당시의 모자와 복장을 하고 키가 2미터나 되게 그려진 콜럼버스의 초상화는 3명의 원주민 사수가 쏜 화살 9발을 맞고 처형됐다.

   2009년 콜럼버스 기념일을 맞아 미국 AP통신은 미국에서도 일부 학교들이 콜럼버스를 아메리카 원주민 입장에서 재평가하면서 학생들에게 콜럼버스를 더 이상 영웅으로 가르치지 않는다고 전하고 있다. 그렇지만 그런 재평가가 아직 대세인 것 같지는 않다. 이 모든 게 결국 현실적인 힘겨루기가 아닌가 싶다. 그게 바로 역사다. 역사란 늘 승자의 역사인 셈이다. 사족(蛇足)이라도 패자(敗者)를 생각하는 말을 한마디쯤 보태도 좋으련만, 승자는 인색하거나 잔인하다. 어쩌면 자신들의 존재 근거를 보호해야 한다는 이유 때문인지도 모르겠다. 미국과 유럽의 헤게모니가 지속되는 한, 콜럼버스의 영광도 영원하리라.

참고문헌 Behr 1996, Boorstin 1983·1986, Brinkley 1998, Bryson 2009, Campbell & Kean 2002, Crosby 2000, Davis 2004, Englert 2006, Galeano 1988, Las Casas 2000, Loewen 2001, Mintz 1998, Pelt 2005, Plenel 2005, Rietbergen 2003, Schroeder 2000, Shenkman 2003, Zinn 1986, Zinn & Stefoff 2008, 김용관 2009, 손세호 2007, 송기도 2003, 유신모 2009, 이구한 2006, 이삼성 1998, 이재광·김진희 1999, 정경원 외 2000, 조찬제 2009, 채수일 1997, 함용도 1995

인쇄술의 혁명
루터 · 칼뱅의 종교개혁

인쇄술이 미친 영향

1517년 10월 독일지역에서 마틴 루터(Martin Luther, 1483~1546)가 가톨릭에 도전함으로써 프로테스탄트(Protestant, 항의하는 사람) 종교개혁이 시작되었다. 누구나 다 아는 역사적 사실이지만, 그게 어떻게 가능했는가 하는 것을 아는 사람은 많지 않다. 인쇄술의 발명이 없었다면 종교개혁이 가능했을까? 인쇄술의 역사를 잠시 살펴볼 필요가 있다.

제지술은 중국 후한시대(서기 105) 채륜(蔡倫, ?~121)이 개발했거나 개선한 것으로 알려져 있으며, 아라비아를 거쳐 12세기경 유럽으로 전해진 것으로 추정된다. 세계 최고의 목판인쇄서는 신라(751)의 무구정광다라니경 또는 당(868)의 반야바라불경이며, 세계 최고의 금속활자본은 1373년 고려시대의 직지심경이다. 인쇄술은 동양이 앞섰지만, 이후 세계사의 판도에 별 영향을 미치지 못했기 때문에 스쳐 지나가는 식으로만 언급되고 있을 뿐이다.

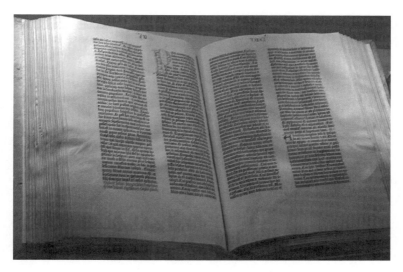
요하네스 구텐베르크가 발명한 활판인쇄술로 출판된 성경. 구텐베르크 성경이라 부른다.

서양에서 활판인쇄술의 아버지로 통하고 있는 요하네스 구텐베르크(Johannes Gutenberg, 1397~1468)가 활판인쇄술로 42행 성서를 인쇄한 것은 1456년이었다. 구텐베르크는 빚을 갚지 못해 출판권을 빼앗긴 채 가난뱅이로 죽어갔지만, 그의 손을 떠난 활판인쇄술은 세계를 뒤흔드는 폭풍의 조짐을 보이기 시작했다. 성서가 마인츠(Mainz)에서 출판되었을 때, 성직자들은 기계로 만든 성서에 대해서는 경계를 했음에도 불구하고 이 초기 단계의 인쇄는 교회들로부터 큰 지지를 받았다. 로마 교황청도 처음에는 인쇄술의 발명이 기독교 문명의 우수성을 증명하는 훌륭한 증거라고 선언했지만, 이제 곧 땅을 치며 후회할 일들이 일어나게 된다. 1480년경 유럽의 111개의 도시에 인쇄소가 설립되었으며, 인쇄소 238곳에서 1500명이 일을 하고 있었다.

인쇄술의 발달은 세상에 어떤 영향을 미쳤을까? 캐나다의 커뮤니케이션 학자 해롤드 이니스(Harold Innis)에 의하면 "15세기 이후 인쇄물에 의한 커뮤니케이션의 급속한 성장은 구두사회의 전통을 무너뜨렸고 서구사회의 시간을 중심으로 구성된 조직을 공간 중심의 조직으로 바꾸어놓았으며, 종교를 바꾸어놓았고, 사람들의 커뮤니케이션 활동의 많은 부분을 개인화했으며, 가치의 비교를 초래했고, 권위의 주체를 교회에서 국가로 이전시켰으며, 강력한 민족주의를 조성시켰다." (Schramm & Porter 1990)

캐나다 출신의 또 다른 커뮤니케이션 학자인 마셜 맥루언(Marshall McLuhan 1969)은 인쇄술이 미친 영향을 좀더 구체적으로 ① 승려·귀족계급의 지식독점 종지부(부르주아혁명의 원천), ② 내셔널리즘의 확산(프린팅을 통해 모국어를 시각적으로 이해하고 그에 따른 모국어의 표준화 그리고 교육을 통한 모국어의 보편적 대량 보급, 지도를 통해 국가를 시각적으로 이해하는 등 동일 언어, 동일 사상으로 일체화), ③ 프로테스탄티즘 가능(고립된 상황에서 생각하는 걸 가능하게 함으로써 개인적 계시를 촉진), ④ 가부장제 강화(성경의 양산으로 집에서 기도하는데 아버지가 인도), ⑤ 개인주의와 전문화(구어문화에서는 남과의 접촉을 통해서 지식을 얻지만 인쇄물은 홀로 심사숙고하고 몰두할 것을 요구) 등을 지적하였다.

미국 언론인 브랜트 보어스와 핸리 고트리브 부부는 1999년 출간한 『1천 년, 1천 인(人)』에서 최근 수년 동안 자체 연구와 학자 예술가 등 전문가를 대상으로 설문조사를 실시해 1000년 동안 주요한 업적을 남긴 1000명의 순위를 매겼는데, 1위는 구텐베르크가 차지했다. 2위는 크리스토퍼 콜럼버스, 3위는 마틴 루터, 4위는 갈릴레오 갈릴레이(Galileo Galilei, 1564~1642), 5위는 윌리엄 셰익스피어(William

Shakespeare, 1564~1616), 6위는 아이작 뉴턴(Sir Isaac Newton, 1642~1727),
7위는 찰스 다윈(Charles Robert Darwin, 1809~1882) , 8위는 토마스 아퀴
나스(Thomas Aquinas, 1225~1274), 9위는 레오나르도 다빈치(Leonardo
da Vinci, 1452~1519), 10위는 루트비히 판 베토벤(Ludwig van Beethoven,
1770~1827)이었다.

루터의 보수적 개혁주의

인쇄술은 그간 승려·귀족계급만 독점하고 있던 지식, 특히 성경지식
을 일반신자들도 공유할 수 있게 함으로써 승려·귀족계급의 권위를
크게 약화시키는 결과를 초래했다. 루터가 가톨릭에 도전할 당시 가
톨릭 교황은 '천국으로 가는 티켓'이라 할 면죄부(免罪符, indulgences)
를 판매하는 등 타락의 극을 치닫고 있었다. 1476년 교황 식스토 4세
(Sixtus IV, 1414~1484)는 죽은 사람들의 면죄부를 팔기에 이르렀고,
1515년 레오 10세(Leo X, 1475~1521)는 성 베드로 대성당을 재건축하는
재원을 마련하기 위해 면죄부 대량판매에 적극 나섰다. 사분오열(四
分五裂)돼 저항이 약한 독일이 주요 판매처였다. 교회의 설교에서 반
복된 판매 캐치프레이즈는 "돈을 넣으십시오. 그러면 '딸랑' 하는 돈
소리와 함께 모든 죄가 사라집니다"였다.

그런 타락에 대한 루터의 도전은 자발적인 것은 아니었다. 당시 그
는 비텐베르크대학의 교수로서 아쉬울 게 없었다. 다만 논쟁을 좋아
하는 재능이 있었을 뿐이다. 이를 간파한 작센의 선제후(選帝侯, 신성로
마제국의 제후 중 독일 황제의 선거권을 가졌던 일곱 제후) 프리드리히 3세
(Friedrich III, 1415~1493)는 추밀 고문관 게오르크 슈팔라틴(George

95개조의 면죄부 반박문. 이 반박문은 수천 번이나 인쇄되어 제국 전체로 퍼져나갔고, 당초 아무런 반응도 보이지 않던 로마 교황청 수뇌부는 격렬한 반응을 보이게 됐다.

Spalatin, 1484~1545)을 루터에게 보내 면죄부 남용을 비판하는 글을 쓰도록 했다. 면죄부 판매수익 배분에 불만을 갖고 있던 프리드리히는 기존 판을 뒤흔들기를 원했던 것이다. 슈팔라틴은 라틴어로 저술된 텍스트는 단지 신학 논쟁을 활성화시키는 데 기여할 뿐이라고 루터를 안심시켰다.

이렇듯 최고위층의 지원을 받은 루터는 95개조의 면죄부 반박문 (Anschlag der 95 Thesen)을 써서 마인츠의 대주교에게 보냈다. 공적 논의를 발의하는 당시의 관례대로 비텐베르크대학의 교회 정문에도 반박문을 내걸었다. 1517년 10월 31일이었다. 로마교황청 수뇌부는 루터의 반박문을 교수들의 쓸데없는 다툼의 산물로 여기고, 아무런 움직임을 보이지 않았다. 그러나 이 반박문이 독일어로 번역되고 수천 번이나 인쇄되어 제국 전체에 퍼져 나가자 격렬한 반응이 나타났다. 1517년에서 1519년까지 당시 새로운 직업으로 성장하던 떠돌이 책장사들은 루터의 추종자들이 준 돈을 받고 루터의 출판물만을 갖고 다녔으며, 이렇게 해서 루터의 작품은 30만 권이나 팔렸다.

루터는 스스로 인쇄술의 발명을 '하나님의 가장 위대한 은총'이라고 찬양했지만, 마냥 안심하고 있을 때는 아니었다. 민중의 격렬한 반응에 두려움을 느낀 루터는 피신했다. 하층민들은 루터를 영웅으로 여겼지만, 교회 정치가들에 의해 이단판정을 받으면 화형에 처해질 수도 있는 사안이었다. 루터는 자신의 잘못을 빌고 싶었지만, 프리드리히는 계속 밀고 나가도록 강요했다.(루터가 프리드리히가 원했던 수준보다 더 과격하게 나갔다는 주장도 있다.) 다행스럽게도 프리드리히의 계산은 맞아 떨어졌고, 루터는 충직한 헌신에 대한 감사의 표시로 토지와 함께 멋진 수도원을 선물로 받았다.

1520년 루터는 『독일 국민의 그리스도교 귀족에게 호소함』『교회의 바빌론 유수』『그리스도교도의 자유』등 웅변조의 소책자들을 발간해 독일 내셔널리즘(nationalism, 민족주의)을 선동하고 나섰다. 1521년 1월 3일 교황이 루터를 파문하자 루터는 자신의 추종자들을 완전히 가톨릭교회 밖으로 인도하였다. 이어 5월에 황제 카를 5세(Karl V, 1500~1558)는 루터의 법적 보호를 박탈했지만 루터의 신변엔 여전히 아무 일도 일어나지 않았다. 왜 그랬을까? 파울슈티히(Faulstich 2007)에 따르면, "이는 로마 가톨릭교회와 신성로마제국의 권위가 취약했음을 보여주는 것이었다. 그것은 당시에 수많은 사제들이 애첩과 함께 살고 있었고 많은 수녀들이 아이를 낳았으며 수많은 수사와 성직자, 교황이 무엇보다 세속적인 부를 추구하고 대단히 현세적인 즐거움에 몰입했다는 사실에 비추어 볼 때 하등 이상한 일이 아니었다.”

루터는 농민반란에 반대하는 편에 섰고 외형과 의식에서 가톨릭 예배의 색채와 허식의 많은 부분을 유지하는 등 보수적 개혁주의 노선을 걸었다. 1525년 반란을 일으킨 농민들이 “그리스도는 모든 인간을 자유롭게 하셨다”고 부르짖자, 루터는 귀족들에게 반란을 일으킨 농민들을 모조리 죽이라고 촉구하면서 다음과 같이 주장했다.

“폭도를 죽이는 사람은 옳은 일을 하는 것이다. …… 따라서 할 수 있는 사람은 누구나 비밀리에 또는 공공연히 때려 죽이고, 목 졸라 죽이고, 찔러 죽여야 한다. …… 만약 여러분이 이런 투쟁에서 죽는다면, 여러분은 진정으로 축복받을 것이다. 왜냐하면 지금까지 어느 누구도 그보다 숭고하게 죽은 적은 없기 때문이다.”(Huberman 2000)

그런 정치적 안전판을 구축한 루터의 개혁운동은 개신교(改新敎, the Protestant Church)로 자리 잡기 시작했다. 이미 지적한 바와 같이, 루터의 최대 지원자는 바로 인쇄술이었다. 인쇄술은 면죄부의 대량 생산에도 결정적인 역할을 했지만, 루터의 사상을 급속하게 확산시킨 동력이 되었다. 1518년 한 해에 독일에서 출간된 서적은 150권에 불과했는데 비해 1524년에는 거의 1000권 가까이 출간되었다. 루터는 평균 2주에 한 번 꼴로 소책자를 써냄으로써 민심을 자신의 편으로 이끌었으며, 이에 따라 1530년대 초까지 제국도시의 3분의 2가 루터의 복음주의를 수용하였다.

인쇄술은 종교개혁에만 기여한 게 아니었다. 종교개혁과 때를 같이하여 복식(服飾)과 식탁예절 등을 다룬 책들이 나와 전파되면서 대대적인 모방현상이 일어났고, 이에 따라 풍습의 획일화가 빠르게 진전되었다. 라트베르헨(Rietbergen 2003)은 "16세기 초 이래 유럽의 일상생활은 과거 어느 때보다 공통규칙의 틀에 묶이게 되었다. 인간은 인쇄된 글자를 통해서 더 쉽고 집중적으로 전파되고 확산된 집단적인 도덕체계를 만들어냈고 또한 그에 지배당하게 되었다"며 다음과 같이 말한다.

"유럽 전역에서 식자층은 글을 읽고 쓸 줄 아는 사람들의 수가 너무 많아질까봐 두려워했다. 그렇게 되면 그들이 지식의 독점에 내재되어 있는 권력의 독점을 침해당할 것이기 때문이었다. 바로 그 이유만으로도 가톨릭교회는 자국어로 성경을 읽는 것을 금했다. …… 세계를 해석한 인쇄된 글자는 또한 세계를 움직이려고 했다. 인쇄된 글자가 미래에 혁명을 불러오지나 않을까 하는 우려는 실제 현실로 변했다."

루터보다 한 걸음 더 나간 장 칼뱅

프랑스의 장 칼뱅(Jean Calvin, 1509~1564)은 인간의 행위나 교회 자체가 개인의 영혼을 구원하는 데 영향을 미칠 수 있다는 가톨릭교리를 거부하는 데 있어서 루터보다 한 걸음 더 나아갔다. 독일보다는 가톨릭이 더 강한 프랑스에서 칼뱅의 개혁이 먹혀들긴 어려웠다. 1533년 파리에서 추방된 칼뱅은 스위스의 바젤로 피난을 가 그곳에서 개혁운동을 폈다. 스위스에서는 이미 1520년대 중엽부터 취리히를 중심으로 울리히 츠빙글리(Ulrich Zwingli, 1484~1531) 등의 개혁운동이 활발히 진

장 칼뱅. 예정설을 주장했다.

행되고 있었다. 츠빙글리는 성경을 비판적으로 검토하였으며, 이는 당사자가 분별력 있는 나이가 될 때에 세례를 받아야 한다는 재침례파(Anabaptists)의 발생 근거가 되었다.

칼뱅은 예정설(doctrine of predestination)을 소개했다. 이에 따르면, 어떤 사람은 신에 의해 구원받도록 '선택' 되었고 어떤 사람은 저주받게끔 예정돼 있다. 그러나 칼뱅의 가르침을 받아들이는 사람은 자신이 사는 방식이 구원받았는지 안 받았는지를 보여준다고 믿었다. 즉 사악하고 쓸모없는 사람들은 저주를 받은 징표이고, 덕망 높고 근면하고 성공한 사람은 은혜를 받은 증거라는 식의 해석이었다. 칼뱅주의는 추종자들에게 불안감과 동시에 고결하고 생산적인 삶을 살아야 한다는 강한 동기를 부여했다. 칼뱅주의는 북유럽 전역에 확산돼 프랑스의 위그노(Huguenots)와 영국의 퓨리턴(Puritans)을 비롯한 여러 칼뱅주의자들을 배출하게 된다.

통치자에 대한 저항은 어떤 경우든 사악하다는 견해를 가진 점에선 칼뱅도 루터와 다를 바 없었다. 칼뱅은 사회적 평등을 주장한 재침례파를 향해 "새끼를 낳고 누워 있는 쥐들처럼 어수선하게 사는 자들"이라고 비난할 정도로 강한 반감을 드러냈다. 세이빈·솔슨(Sabine & Thorson 1983)은 "칼뱅주의는 그 초기형태에 있어서 저항에 대한 비난을 담고 있었을 뿐 아니라 자유주의, 입헌주의 또는 대의적 원리에 대한 취향도 전혀 결여하고 있었다"며 다음과 같이 말한다.

"칼뱅주의가 자유롭게 뿌리를 내린 곳에서는 그것은 성격상으로 볼 때 일종의 신정주의(神政主義), 즉 성직자와 귀족들이 동맹함으로써 유지된 일종의 과두정으로 발전하였는데, 인민 대중은 정부로부터 배제되었으며 일반적으로 자유가 없고 억압적이며 반동적이었다. 이것은 제네바에 있었던 칼뱅 자신의 정부 및 매사추세츠주에 있었던 청교도정부의 성격이었다."

영국의 종교개혁

영국의 종교개혁은 종파적 반란의 결과라기보다는 왕과 교황 간의 정치적 분쟁에서 시작되었다. 루터가 교황청에 반기를 들고 나섰을 때 헨리 8세(Henry VIII, 1491~1547)는 루터를 비판함으로써 교황으로부터 '신앙의 수호자(Defender of the Faith)'라는 칭호까지 얻은 인물이었다. 그는 7번이나 유산하거나 사산을 하면서 아들을 낳지 못한 스페인 출신 왕비 캐서린(Catherine of Aragon, 1485~1536)과의 이혼을 허락하지 않는 교황에게 분노해 1529년 가톨릭교회와의 유대를 끊고 자신이 기독교의 수장이 되었다. 헨리의 두 번째 처가 된 앤 볼린(Anne Boleyn, 1504~1536)은 공주 엘리자베스를 낳고 아들은 유산했다. 아들을 낳지 못한 죄로 앤은 오빠와의 근친상간과 간통을 범한 부정한 여인이란 음해를 받는 등 정치적 희생양이 되어 단두대(斷頭臺)에서 목숨을 잃는다. 그 유명한 〈천일의 앤〉(1969년, 감독 찰스 재롯)이라는 영화는 바로 이 사건을 다루었다.

앤의 목이 잘린 며칠 후 헨리 8세는 앤의 시녀인 제인 시머(Jane Seymour, 1507~1537)와 결혼해 왕자(에드워드 6세)를 얻었지만, 시머가 산욕열로 사망하는 바람에 또 결혼을 하고 이후에도 몇 차례 더 결혼을 함으로써 6번의 결혼이라는 기록을 세웠다. 이로 인한 로마 교황과의 갈등의 와중에서 가톨릭교도의 입장을 지키느라 순교한 문인이 있었으니, 그가 바로 『유토피아(Utopia)』(1516)를 쓴 토머스 모어(Thomas More, 1478~1535)다. 그는 헨리 8세의 총애를 받아 1529년 대법관으로 중용되었지만, 왕의 이혼에 반대한 '반역죄'를 저질렀다는 이유로 런던탑에 감금되었다가 단두대의 이슬로 사라졌다.

헨리 8세가 1547년 사망했을 때 지금은 부종이라고도 부르는 만성적 수종을 앓았던 그의 몸무게는 180킬로그램이 넘었다. 그의 부인들은 대부분 여러 차례에 걸쳐 유산이나 사산을 하곤 했는데, 그 이유로 그가 매독에 걸렸다는 설이 유력하다. 헨리 8세의 사망 후 어린 아들 에드워드가 에드워드 6세(Edward VI, 1537~1553)라는 칭호로 왕위를 계승하지만, 어린애가 뭘 알았겠는가. 이때 캔터베리 대감독 토머스 크랜머(Thomas Cranmer, 1489~1556)는 왕께 충성하면서 헨리의 시대엔 꿈도 꿀 수 없었던 신교사상들을 도입하는 데에 성공했다. 그러나 1553년 어린 에드워드의 죽음은 그의 이복 누나인 열성적 가톨릭교도 메리를 영국의 왕좌에 오르게 했다. 메리 여왕(Mary I, 1516~1558)은 영국과 로마의 유대를 복원하면서 크랜머를 포함한 300명 이상의 신교도를 화형에 처함으로써 '피투성이 메리(Blood Mary)'라는 별명을 얻었다. 이때에 수백 명이 영국을 떠나 프랑크푸르트, 취리히, 제네바 등에 영국 신교 공동체를 형성했다.

엘리자베스 1세. 처녀의 몸으로 여왕에 오른 뒤 45년간 영국을 통치했다.

한편 루터파가 날로 세를 더해가자 합스부르크의 카를 5세는 1555년 제국의회를 열어 타협책을 모색했는데, 이게 바로 '아우크스부르크 종교화의'다. 바로 여기서 신교도를 뜻하는 '프로테스탄트'라는 말이 나왔다. 타협의 결과 지지세력이 강한 루터파는 공인을 얻었지만, 칼뱅파 등과 같은 다른 종파는 인정하지 않은데다 군주에게만 종교선택권을 부여했다. 이는 약 60년 후 30년전쟁의 불씨가 된다.

영국에선 1558년 11월 17일 메리 여왕이 죽자 그녀의 이복자매인 엘리자베스가 여왕이 되었다. 엘리자베스 1세(Elizabeth I, 1533~1603)는 1603년 사망하기까지 45년간 영국을 통치하게 된다. 『뉴욕 타임스

(New York Times 2008)』는 '세계 역사를 바꿔놓은 지난 20세기의 베스트 지도자'로 그녀를 선정하면서 다음과 같이 말한다.

"엘리자베스는 그녀의 친척들에 의해 처형당할 위험을 간신히 모면하면서 젊은 시절을 보냈다. 그녀의 친어머니가 참수를 당한 이후 여러 명의 계모들이 있었지만, 그들은 모두 불행하고 능력 없는 사람들이었다. 결국 10대에 불과한 엘리자베스가 첩자는 많고 돈은 거의 없는 불행한 집안을 직접 관리해야만 했다. 누구든 그런 환경에 처하면 정신병 환자가 되거나 아니면 엄청난 정신력을 지닌 여인이 되어야만 할 것이다. …… 그녀는 일반적으로 여성들이 공공생활에 전혀 참여하지 않았던 시대에 권력을 움켜잡고 45년간 살았으며, 피를 가장 적게 흘리고도 그때까지 하찮은 국가였던 나라를 세계정세에 영향을 미치도록 강력한 세력으로 만들었다. …… 엘리자베스는 남편도 자녀도, 연인도 없이 혼자 사는 것을 선택했다. 그녀의 아첨에 약한 성격이 흠으로 남기는 하지만, 그것은 여인의 몫으로 정해진 것과 그에 따르는 모든 보상들을 버린 자신의 인생에 대해 그녀가 요구할 만한 유일한 보상이었다."

엘리자베스는 결혼을 하라는 주변의 강한 압력을 뿌리치고 평생 독신으로 살면서 "나는 결혼한 여왕이 되느니 차라리 거지로 살겠다"느니 "나는 국가와 결혼했다"느니 하는 말을 남겼다. 엘리자베스가 처녀 여왕으로 지낸 이유가 성행위와 관련된 신체적 장애 혹은 정신적 장애 때문이라는 설이 있지만, 그녀는 자신의 처녀 지위를 대신들을 다루고 국민의 지지를 받는 통치에 유리하게 이용했다.

엘리자베스 여왕의 타협노선

엘리자베스는 태생상 신교도일 수밖에 없었다. 헨리가 앤과 결혼하기 위해 가톨릭교회와의 유대를 끊었기 때문이다. 그러나 현실적으론 메리 여왕치하에서 세력을 구축한 가톨릭을 무시할 수도 없었다. 엘리자베스가 택한 노선은 신교체제 내에서 가톨릭을 어느 정도 수용하는 타협이었다. 그런 한계를 보이면서도 엘리자베스 치하에선 새로운 영국 국교회(國敎會, Church of England), 즉 성공회(聖公會, Anglican Church)가 번성하게 된다.

그러나 영국 국교회와 가톨릭교회는 별 차이가 없다고 불만을 가진 이들이 있었으니, 이들이 바로 퓨리턴(puritan)이다. 이들은 교회를 정화할 개혁을 요구하였는데, 특히 가톨릭적 요소를 정화(purify)해야 한다고 주장해서 'puritan'이란 말이 나오게 된 것이다. 퓨리턴에도 여러 종류가 있었는데, 분리주의자(Separatists)로 알려진 가장 급진적인 퓨리턴들은 국법으로 규정된 성공회교회 참석을 거부하고 독립된 종교집회를 가졌다. 그러나 대다수 퓨리턴들은 영국 국교회와 결별하길 원치 않았으며 개혁을 원했다. 개혁이 받아들여지지 않자 실망한 이들은 분리주의자들과 더불어 다른 길을 모색하게 된다.

메리 여왕 시절에 종교적 박해를 피해 스위스의 제네바에 와 있던 스코틀랜드 목사 존 녹스(John Knox, 1514~1572)는 칼뱅에게 배우고 그와 함께 일한 후, 1559년 스코틀랜드로 돌아가 장로회를 설립했다. 녹스는 기독교의 교리를 받아들이지 않으려는 모든 사람들에게 그 계율을 강제할 교회의 의무에 관한 칼뱅의 논리가 의심할 바 없는 진리라고 생각했지만, 지배자에 대한 맹목적 복종에 관한 칼뱅의 교리는 거부하였다. 스코틀랜드 장로회는 후에 미국으로 건너가 미국 장로회를 형성했고 그것이 다시 한국에 전해진다. 한국 최초의 장로교회인 새문안교회를 설립한 언더우드(Horace Grant Underwood, 1859~1916) 목사는 미국 뉴브런즈윅신학교에서 철저한 칼뱅주의 교육을 받은 선교사였다. 현재 개신교 신도의 절반 이상이 장로교인인 한국 개신교는 여전히 칼뱅주의의 강력한 영향력 아래 있는 셈이다.

개신교혁명은 관용을 가져왔는가?

그래서 종교개혁, 즉 개신교혁명은 관용을 가져왔는가? 그렇진 않았다. 룬(Loon 2005)은 "그리스도인 개인과 신 사이에 완전히 새로운 관계를 정립하고자 했던, 그리고 지나간 시대의 모든 편견과 모든 부패를 없애고자 했던 이 위대한 개혁은 중세의 낡은 인습을 너무나 잔뜩 지고 있었던 나머지 앞으로도 뒤로도 움직일 수 없었으며, 그 결과 그것이 더없이 혐오하던 교황 체제의 완전 복사판이 되었다"며 다음과 같이 말한다.

"'이단을 화형시키는 것은 성령을 거역하는 짓'이라고 선언한 바 있는 바로 그 루터가 몇 년 후에는, 재세례파 사상에 물든 독일인과 네덜란드인들을 사악하게 여기는 정도가 아니라 완전히 증오에 빠져 마치 이성을 잃은 사람처럼 보인다. 인간은 인간의 논리 체계를 신께 강요해서는 안 된다고 주장하며 삶의 행보를 시작한 용맹한 개혁가(칼뱅)가 말년에 가서는 자신의 논법보다 명백히 우수한 논리를 펴는 적대자를 화형시키고 있다. …… 마침내 어둠이 끝나고 새벽이 왔다는 새 시대를 외쳤건만, 칼뱅과 루터는 둘 다 생애 내내 결국은 철저한 중세의 아들이었다. 그들에게 관용은 미덕으로 보이지 않았고 그럴 수도 없었다. 그들 자신이 국외자였을 때 그들은 양심의 자유라는 신성한 권리를 즐겨 외치며 적들에 대한 반론에 이용했다. 그러나 일단 싸움에 이기고 나자 이 든든한 무기는, 쓸모없다고 버려진 수많은 좋은 개념들로 이미 꽉 찬 개신교의 고물창고 구석에 소리 없이 던져졌다."

칼뱅은 금욕주의의 화신이었다. 스위스 제네바의 정치활동에도 관여했던 그는 소비행위를 규제하는 '사치금지법'을 만들기도 했다. 1564년 칼뱅이 죽었다는 소식을 들은 교황 비오 4세(Pius IV, 1499~1565)는 "그 이단자의 힘은 돈에 무심한 데 있었지"라고 말했다. 실제로 칼뱅은 가난하게 살다 가난하게 죽었으며, 죽던 해에는 "병 때문에 제대로 일을 못했다"며 4분기 봉급도 받지 않았다. 그런데 오히려 칼뱅의 그런 금욕주의 특성이 더 문제였다. 때로 과도한 금욕주의는 잔인성의 원천이 되기 때문이다.

칼뱅을 옹호하는 목소리도 있다. 번스타인(Bernstein 2005)은 "오늘날의 역사가들이 종종 묘사하는 것처럼 칼뱅이 그 도시의 '독재자'는 아니었다. 그는 단지 공화국의 도덕을 지도할 책임을 진, 대부분 평민들로 이루어진 기구였던 '장로법원'의 우두머리였을 뿐이다"라며 다음과 같이 주장한다.

"그 법원은 칼뱅이 이끌던 16년 동안 89명에게 사형을 선고했는데, 죄명은 대부분 마술행위였다. 그 당시의 기준으로 보면 이 처형 건수는 통상적인 수준이었다. 인근 가톨릭국가들은 훨씬 더 많은 이단자를 처단했고, 그것도 대개는 끔찍할 정도로 잔인한 고문을 가한 후에 죽였다. 하지만 제네바 당국은 잔인한 고문만큼은 하지 않았다. …… 그

(세르베투스)는 제네바와 프랑스 중 어디서 재판을 받고 싶은지를 묻는 질문에 제네바 법정에서 재판을 받게 해달라고 무릎 꿇고 애걸했다."

칼뱅의 신정국가

칼뱅이 세르베투스 사건에서 보인 잔인성이 단지 재판지의 선호라고 하는 사실 하나만으로 옹호될 수 있을까? 아무래도 어려울 것 같다. 1553년 10월 27일 오전 11시 스위스 제네바의 샹펠 광장에서 스페인의 의사이며 신학자인 미겔 세르베투스(Miguel Servetus, 1511~1553)가 삼위일체와 유아세례를 부정했다는 이유로 불타는 장작더미 위에서 그가 쓴 책들과 함께 불타 사라졌던 장면을 보자. 미리 목을 졸라 죽이거나 마취를 한 뒤 화형을 집행함으로써 고통을 줄여주는 게 일반적인 화형방식이었건만, 세르베투스는 말짱한 정신으로 서서히 불에 그을리면서 생살이 타는 고통을 오랜 시간 느끼며 죽어가야 했다. 이 극악한 형벌의 이유는 오직 하나, 칼뱅과 다른 성서해석을 책으로 낸 행위뿐이었다. 화형식 현장엔 나오지 않았던 칼뱅은 다음 일요일 검은 수도복을 입고 강단에 서서 그 화형은 위대하고도 꼭 필요한 일이며 정당한 일이었다고 찬양했다.

제네바를 사실상 장악한 칼뱅은 검열과 탄압으로 지식인들의 입을 봉쇄했고, 거리의 사소한 주먹다툼을 난동으로 몰아 반대파를 붙잡아 고문하고 처형했다. 세르베투스의 화형을 지켜본 세바스티안 카스텔리오(Sebastian Castellio, 1515~1563)는 "빛이 오고 난 뒤에도 우리가 한 번 더 이토록 캄캄한 어둠 속에 살아야 했다는 사실을 후세는 이해하지 못할 것이다"라고 탄식했다. 역사가 에드워드 기번(Edward Gibbon,

제네바를 장악한 칼뱅은 검열과 탄압으로 지식인들의 입을 봉쇄하고 반대파를 붙잡아 고문하고 처형했다. 칼뱅의 통치하에서 제네바는 신정국가였다.

1737~1794)은 "나는 스페인과 포르투갈의 종교재판소들이 저지른 이단자 화형의 대학살보다도, 세르베투스 단 한 명의 처형에 훨씬 더 깊이 분노와 적개심을 느낀다"고 썼다. 이런 비극의 원인 중 하나는 칼뱅이 인간을 '길들여지지 않는 사나운 동물'이라거나 '쓰레기'로 본 데에 있었던 건 아닐까? 칼뱅은 『기독교 강요(綱要)』(1536)에서 다음과 같이 주장했다.

"인간의 자연스러운 재능들만을 본다면 두개골부터 발끝에 이르기까지 인간에게서 아주 작은 선(善)의 흔적조차도 찾아낼 수 없다. 인간에게서 아직 칭찬할 만한 것은 하나님의 은총에서 오는 것이다. ……

우리의 모든 정의는 불의요, 우리의 모든 공덕은 쓰레기이며, 우리의 명성은 수치다. 우리에게서 나오는 가장 좋은 것들은 육체의 불순함을 통해 오염되고 죄악이 되며 더러움만을 키운다."

그런 인간관은 '프로테스탄트의 로마'로 불린 제네바에 구축된 신정국가(神政國家, Theocracy)의 기본 이념이 되었다. '제네바의 교황'으로까지 불린 칼뱅의 신정국가에선 연극, 오락, 민속축제, 춤 등 온갖 형태의 유희는 금지되었으며, 일요일에 두 번, 주중에 세 번의 설교에 참석해야만 했다. 이걸 집행하기 위해 '도덕 경찰관'이 밤낮을 가리지 않고 아무 때나 불시로 주민들의 집을 방문하곤 했다. 지위의 고하를 막론하고 누구건 한 달에 한 번 이상 그런 방문을 받아야 했다. 여자들이 옷을 경건하게 입었는지, 허락된 요리 이외의 것을 먹었는지, 기도문을 잘 외우고 있는지, 왜 칼뱅의 설교에 오지 않았는지 등등 모든 게 감시와 탐문의 대상이 되었다. 범법자들에 대한 고문이 극심해 자살자들이 속출했다. 그래서 자살을 방지하기 위해 시의회는 죄수들은 밤낮으로 손뼉을 쳐야 한다는 규정을 만들기까지 했다.

칼뱅은 『기독교 강요』에서 "이단자를 죽이는 것은 범죄행위이다. 쇠와 불로 그들을 파멸시키는 것은 인문주의의 모든 원칙을 부인하는 행동이다"라고 주장했지만, 제2판에선 이 부분이 삭제되었다. 물론 자신이 주관하는 화형을 위해서였다. 칼뱅의 예정설에 반대발언을 하면 화형에 처해졌다. 술에 취해 칼뱅을 욕한 어떤 출판업자는 불타는 쇠꼬챙이로 혀를 찔린 다음 도시에서 추방되었으며, 칼뱅을 위선자라고 불렀다는 이유만으로 처형당한 사람들도 있었다. 프랑스 작가 발자크(Balzac, 1799~1850)는 칼뱅의 종교적 테러가 프랑스혁명의 피의 축제보다 오히려 더 잔혹했다며 다음과 같이 주장했다.

"칼뱅의 분노한 편협성은 로베스피에르의 정치적 편협성보다 더욱 폐쇄적이고 잔인했다. 칼뱅에게 제네바보다 더 큰 활동공간이 맡겨졌더라면 그는 정치적 평등의 사도(로베스피에르)보다 훨씬 더 많은 피를 흘렸을 것이다."(Zweig 2009)

'종교'에서 '민족'으로의 전환

루터·칼뱅·녹스를 어떻게 평가하건, 이들의 성공이유는 근본적으로는 세계적인 패러다임의 전환과 관련된 것이었다. 그것은 '종교'에서 '민족'으로의 전환이다. 로마에 대한 종교적 반대는 성장하는 국민국가의 이익과 일치했기 때문에, 이들은 모두 대중의 민족주의 정신에 호소했다. 그런데 왜 하필 이때였던 말인가? 이는 경제적 변화로 인한 신흥 중간계급의 성장이 무르익었기 때문이다. 휴버먼(Huberman 2000)은 "신흥 중간계급은 시대에 뒤떨어진 봉건제가 더 이상의 발전을 방해하고 있음을 깨달았다"며 다음과 같이 말한다.

"신흥 중간계급은 가톨릭교회가 더이상의 진보를 가로막고 있으며, 가톨릭교회야말로 봉건제의 요새라는 것을 깨달았다. 교회는 신흥 중간계급의 공격에 맞서 봉건질서를 방어했다. 교회는 그 자체가 봉건구조의 강력한 일부였다. 교회는 그 자신의 봉건영주로서 토지의 약 3분의 1을 소유했으며, 교회 재산의 대부분을 나라 밖으로 유출했다. 신흥 중간계급은 각 나라에서 봉건제를 쓸어버리기 전에 먼저 그 핵심조직, 즉 교회를 공격해야만 했고, 실제로 그렇게 했다. 그 투쟁은 종교의 가면을 썼다. 그것은 종교개혁이라고 불렸다. 그것은 본질적으로 신흥 중간계급이 봉건제에 맞서 벌인 최초의 결정적인 전투였다."

2009년 7월 10일 장 칼뱅 탄생 500주년을 맞아 스위스 제네바를 비롯해 세계 도처에서 기념행사가 열렸다. 열렬한 칼뱅주의자인 얀 페테르 발케넨데(Jan Peter Balkenende) 네덜란드 총리는 "현 경제위기는 탐욕, 돈에 대한 집착, 이기적 행동이 빚어낸 도덕적 위기다. 어떤 사회나 도덕적 중심이 필요하다고 한 칼뱅의 교훈을 마음에 새겨야 한다"고 주장했다. 전통적으로 마약이나 성(性)매매를 관대하게 다뤘던 네덜란드가 이들 문제를 규제하기 시작한 것도 칼뱅주의 재조명현상과 관련이 있다는 분석도 나왔다. 한 여론조사에서 네덜란드 여성 네 명 중 한 명이 남성과의 성관계 이후 "죄의식을 느낀다"고 답한 것도 금욕을 강조하는 칼뱅주의의 영향으로 해석되었다.

한국에선 프랑스어권 발음인 '장 칼뱅' 대신 '요한 칼빈'으로 부르는데, 2009년 칼빈을 기리는 행사가 범(汎)장로교적으로 치러졌다. 칼빈 탄생 500주년 기념사업회는 한국칼빈학회, 한국개혁신학회, 한국장로교신학회가 연합해 조직됐으며 27개 장로교 교단이 연합한 한국장로교총연합회 등이 후원했다. 기념사업회 대표회장인 이종윤 목사는 "종교개혁을 시작한 사람은 루터이지만 완성한 사람은 칼빈"이라며 "특히 장로교회는 칼빈 신학이 '공통분모'"라고 강조했다. 이 목사는 "칼빈의 예배는 '사람 위주'가 아니라 '하나님 위주'였다"며 "그리스도 안에서의 연합을 강조했던 칼빈 탄생 500주년을 맞아 한국 장로교단들도 연합하는 계기를 마련해야 할 것"이라고 말했다.

칼뱅주의는 미국, 아시아로 퍼져나갔지만 루터주의는 북유럽에 전

파된 게 고작이다. 그 이유에 대해 프랑스 리옹3대학의 역사학 교수 이브 크뤼므나케르(Yves Krumenacker)는 "역사가마다 의견이 다르다. 나는 종교 자체에 내재한 이유로 보지 않는다. 칼뱅주의 국가인 영국과 네덜란드는 큰 바다에 접해 있고 배를 갖고 있었다. 그래서 영국은 미국으로, 네덜란드는 아시아로 진출했다. 그것이 칼뱅주의가 전 세계에 퍼진 이유다. 그러나 독일은 대양도 없고 배도 없고 따라서 식민지도 갖고 있지 못했다"고 말한다.

룬(Loon 2005)은 개신교혁명이 많은 악행에도 불구하고 관용이라는 면에서 큰 기여를 했다는 것은 인정한다. 직접적인 면에서 얻은 것은 참으로 작았지만 간접적으로 종교개혁은 모든 면에서 진보를 가져왔다는 것이다. 첫째, 그것은 사람들을 성서와 친숙하게 만들었다. 그 결과 검증이 시작돼 성서를 비판적으로 볼 수 있게 되었다. 이제 많은 사람에게 성서는 더이상 모든 참된 지혜의 유일한 원천이 아니었다. 이렇게 자유로운 사색을 막는 장애가 없어지자, 거의 천년 동안 둑으로 막혀 있던 과학적인 연구의 물줄기가 원래의 물길로 흐르기 시작했다. 둘째, 종교개혁은 북유럽과 서유럽을 종교조직이라는 허울 아래

로마제국의 연속에 지나지 않는 권력의 독재에서 해방시킴으로써 인간 개인의 존엄성을 다시 세워주었다. 그러나 이는 훗날의 최종평가일 뿐, 불관용의 시대는 점차 누그러지는 추세를 보일망정 이후 수백년간 지속된다.

참고문헌 Bernstein 2005, Boorstin 1983 · 1986, Brinkley 1998, Carden 1994, Carey 1968, Cartwright & Biddiss 2004, Faulstich 2007, Felder 1998, Fulbrook 2000, Huberman 2000, Kay 2006, Korth 2009, Kostelanetz 1977, Loon 2005, Man 2003, Maurois 1997, McLuhan 1969, McNeill 2007, Moore 2009, New York Times 2008, Panati 1998, Rietbergen 2003, Sabine & Thorson 1983, Schramm & Porter 1990, Thompson 1990, Zweig 2009, 김동길 1987, 김병걸 1999, 김세원 1999, 김한수 2009, 남경태 2001, 박용현 2009, 송평인 2009, 이재광 · 김진희 1999, 이태훈 2009, 임용순 2001, 정만득 2001, 태혜숙 1997

바다와의 전쟁
스페인 제국의 아메리카 진출

마젤란의 세계일주

스페인은 콜럼버스의 탐험을 계기로 항해에 많은 자원을 투자해 점차 포르투갈을 제치고 세계 제1의 항해국가로 부상하기 시작했다. 영국은 스페인보다 5년 늦은 1497년(헨리 7세 시절) 콜럼버스와 마찬가지로 제노아 사람이었던 존 캐벗(John Cabot, 1450~1499)을 지원해 뉴펀들랜드(Newfoundland, 캐나다 동쪽 끝 래브라도 반도 남쪽에 있는 섬) 등의 북미 북동부 연안을 탐험케 했지만, 식민지 건설은 그로부터 한 세기 후에 시도하게 된다.

대항해시대가 열린 15세기 말부터 19세기 말까지 수백 년 동안 유럽과 미국을 먹여 살린 거대한 무역망이 형성되는데, 그건 바로 아프리카와 아메리카, 유럽을 연결한 삼각무역(triangular trade)이었다. 이른바 노예무역이다. 포르투갈이 처음으로 아프리카 흑인을 상품으로 삼은 건 1444년이었으며, 콜럼버스가 첫 항해를 개시한 지 꼭 10년째 되

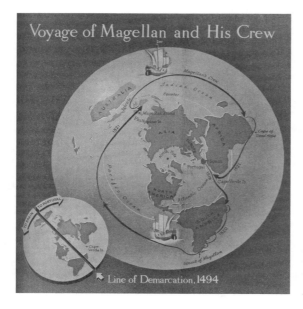

마젤란 일행의 탐험경로
를 그린 지도. 아래 작은
구는 1494년의 경계선을
나타낸다.

던 해인 1501년 최초의 아프리카 노예가 서인도 제도에 도착했다.
1600년까지 40만 명을 넘지 않았던 흑인 노예는 삼각무역으로 급증하
기 시작했다.

　그동안 바다는 스페인의 독무대가 되다시피 했다. 1513년 스페인의
바스코 드 발보아(Vasco de Balboa, 1474~1517)는 파나마지협(地峽,
Isthmus)을 건너 아메리카 대륙과 중국 대륙을 갈라놓는 거대한 대양
(태평양)을 서쪽에서 바라본 최초의 유럽인이 되었다. 1519년 8월 10일
스페인이 고용한 포르투갈 사람 페르디난드 마젤란(Ferdinand Magellan,
1480~1521)은 세계를 한 바퀴 돌기 위해 빅토리아호를 비롯한 5척의
배를 이끌고 스페인을 떠났다. 그는 자신의 이름을 붙인 남미 남단의
해협을 발견하였고, 괌을 거쳐 필리핀까지 진출해 그곳에서 원주민과
싸우다 죽었다. 1521년 4월 27일의 일이었다. 마젤란의 탐험대원 266

명 중에서 살아남은 18명은 1522년 9월 8일 귀환해 지구일주를 성공함으로써 지구가 둥글다는 것을 확실하게 입증했다. 3년 하고 1개월이 걸린 세계일주였다.

이후 어떤 일이 벌어졌는가? 프리드리히 엥겔스(Friedrich Engels, 1820~1895)는 "어느 한순간 세상이 커졌다. 유럽인의 눈앞에는 전 세계의 8분의 1이 아닌 완전한 하나의 세계가 펼쳐졌다. 이들은 나머지 8분의 7을 차지하기 위해 앞 다퉈 세계로 뻗어나갔다"고 했다. 케이(Kay 2006)는 다음과 같이 말한다.

"감격과 열광이 스페인 각지로 퍼져나갔다. 그것은 이탈리아, 프랑스, 그리고 다른 유럽 국가들에까지 번졌다. 학자들은 환호했으며 상인들은 새로운 투자에 나섰다. 지구 위 공간은 남김없이 측정되었다. 지구는 공처럼 둥글다!"

우리가 마젤란의 항해를 최초의 세계일주(1519~1522)라고 하는 건 그가 죽은 후 그의 부하들이 해낸 것까지 포함해서 부르는 것이다. 마젤란의 부하들이 남긴 기록은 당시의 항해가 얼마나 위험하고 고통스러운 '바다와의 전쟁'이었는가를 여실히 말해주고 있다. 선원들의 가장 큰 사망 원인은 비타민 C를 공급받을 수 없는 식사로 인한 괴혈병이었다. 당시 괴혈병은 전염병으로 간주되었다. 1521년의 모습을 보자. 카이(Kay 2006)는 각종 기록에 근거해 다음과 같이 묘사한다.

"새해가 시작되면서 사람들이 하나둘 죽어갔다. 그들은 고통 속에서 죽었다. 육체는 쇠약해졌으며 숨을 쉴 때마다 입에서 냄새가 나고 관절이 이상하게 부어올랐다. …… 2월 말에 식량이 바닥을 드러냈다. 트리니다드호 갑판에서는 통에서 나온 구더기를 모아 그것으로 죽을 끓였다. 쥐 오줌에 적신 톱밥으로는 납작 과자를 구웠다. 쥐조차도 맛 있는 음식이었다. 굶주린 사람들은 몸을 웅크린 채 갑판 위에 누워 있 었다. 그들은 잇몸이 심하게 부어서 통에 남아 있는 물 한 모금조차 마 시지 못할 정도였다."

스페인의 중남미 정복

한편 콜럼버스가 두 번째 항해에서 데려온 사람들로 시작된 초기 스 페인 이주민들은 카리브해의 섬들에 정착했다. 쿠바의 스페인 정부 관리로 14년 동안 일했으나 별로 성공을 거두지 못했던 에르난도 코 르테스(Hernando Cortés, 1485~1547)는 1518년 멕시코에 엄청난 보물이 있다는 이야기를 듣고, 아즈텍과 그들의 강력한 황제 몬테주마 (Montezuma)에 대항하여 600명 정도의 군사를 이끌고 원정에 나섰다.

코르테스는 1519년 베라크루스에 도착하자 자신의 선원들이 돌아 가지 못하도록 9척의 배에 구멍을 내 물 속에 가라앉혀버렸다. 1차 아 즈텍 공격은 실패로 돌아갔지만 그들은 원주민들에게 수두를 감염시 켜 아즈텍 인구의 10분의 1이 죽게 했다. 코르테스는 1521년 아즈텍의 수도인 테노크티틀란(Tenochtitlan)을 오랜 포위공격 끝에 점령했다. 스 페인 점령자들은 도대체 어떤 종류의 사람들이었던가? 해리스(Harris 1995)는 다음과 같이 말한다.

"코르테스와 그의 부하들은 전쟁터에서 사람을 죽이는 일을 해온 잘 훈련된 인간 도살꾼들이었고, 이단자를 심판·처형하는 종교재판 의 나라 스페인의 시민이어서 끔찍한 잔학행위와 유혈참극을 보려는 듯 벌이는 데는 이골이 난 사람들이었다. 당시는 스페인 사람들이나 그 밖의 유럽 사람들이 사람을 고문대 위에 올려놓고 뼈를 부러뜨리는 일, 사람의 사지를 하나씩 말에 묶어 네 방향으로 갈기갈기 찢는 일, 마녀로 몰린 여자를 산 채로 불태워 처형하는 일 등을 척척 잘도 해내고 있는 터였으므로 코르테스 일행이 아즈텍 왕국에서 사람을 희생의 제물로 삼는 것을 보고도 크게 놀라지는 않았을 것이다."

20년 후엔 프란시스코 피사로(Francisco Pizarro y González, 1476~1541)가 페루를 정복했다. 코르테스와 피사로는 피도 눈물도 없는 대량학살을 저질러 스페인 정복자들 가운데 가장 잔악한 인물들로 꼽히고 있는데, 그래도 "코르테스가 어느 정도 아스텍제국을 이해하려 했던 데 비해, 피사로는 잉카제국을 무척 잔인하고 철저하게 파괴했다."(송기도 2003).

이렇듯 아스텍제국(1521), 중앙아메리카의 마야왕국(1525), 페루의 잉카제국(1535), 콜롬비아의 칩차왕국(1538), 멕시코 유카탄 반도의 마야왕국(1545) 등이 모두 스페인에 의해 정복되었다. 스페인은 1535년 현재의 멕시코 지방인 누에바 에스파냐, 1544년 리마에 부왕령(副王領)을 세워 이후 200년간 아메리카 대륙의 스페인 제국령을 통치하는 양대 축으로 삼는다.

스페인의 중남미 정복은 사실상 '전염병전쟁'이라고 해도 과언이 아니었다. 1524~1525년 '천연두 대재앙' 시엔 잉카제국에서 수십만 명이 사망했으며, 이후에도 1546년 발진티푸스, 1558년 독감과 천연두, 1614년 디프테리아, 1618년 홍역 등이 면역력이 없는 인디언들을 재앙으로 몰고 갔다. 이상한 일이다. 반대로, 왜 인디언들에겐 스페인인들을 기다리는 무서운 병원균들이 없었을까? 보통 두 가지 이유가

코르테스의 멕시코 상륙을 그린 달리의 〈정복〉. 멕시코에서 대량학살을 저지른 코르테스는 피사로와 함께 스페인 정복자들 가운데 가장 잔악한 인물로 꼽힌다.

제시되고 있다. 전염병 발생과 긴밀히 연결돼 있는 인구의 조밀도와 가축이다. 아메리카엔 인구가 조밀하지 않았고 전염병의 공급원인 가축이 거의 없었기 때문에 인디언들은 전염병에 노출된 적이 없었으며, 그래서 구세계의 병원균에 대한 면역성이나 유전적인 저항력이 없었다는 것이다. 아메리카 대륙에 병균이 거의 없었던 이유로 목욕문화를 지적하는 시각도 있다. 유럽인들은 목욕이 건전하지 않다고 생각하여 목욕을 잘 하지 않아 나쁜 냄새가 났던 반면, 인디언들은 목욕을 자주 하는 등 위생에 철저했다는 것이다.

전염병에 인위적인 살상파괴까지 가세했다. 정복 직후 페루를 여행한 페드로 시에사 데 레온(Pedro Cieza de León, 1520~1554)은 이렇게 회고했다. "우리 기독교도인들은 너무나 많은 왕국을 파괴했다. 기독교도들이 발견하고 정복하며 지나가는 곳마다 마치 모든 것을 집어 삼키는 화마가 지나간 것 같다." 스페인 제국은 남미에 이어 북미에까지 확대되기 시작했다. 많은 사람들이 북미에 가장 먼저 정착한 유럽인들이라고 하면 메이플라워호를 타고 간 청교도들을 떠올리지만, 메이플라워호가 북미에 도착하기 55년 전에 스페인인들이 있었고, 또 13년 전에 정착지를 건설한 또 다른 영국인들이 있었다.

1565년 플로리다의 세인트오거스틴(St. Augustine)에 스페인 요새가 설치되었는데, 이는 오늘날의 미국 땅에 건설된 최초의 영구적인 유럽의 정착지가 되었다. 플로리다는 원래 스페인이 1513년에 발견한 지역이었다. 그해 부활절, 후안 폰세 데 레온(Juan Ponce de Leon, 1460~1521)은 멕시코 만의 북쪽 해안에 도착했고, '꽃피는 부활절'이라는 뜻의 스페인어 '파수쿠아 플로리다'에서 착안하여 그 지역 전체를 플로리다로 이름 지었다.

이어 1526년 여름 500명의 스페인인과 100명의 흑인 노예가 지금의 사우스캐롤라이나인 피디강(Pee Dee River) 어구 가까운 곳에 마을을 세웠다. 정착 초기에 질병과 인근 지역의 인디언과의 싸움으로 많은 사람이 죽었다. 게다가 11월에 노예들이 반란을 일으켜 일부 주인을 살해하고, 인디언에게로 도망가는 일이 벌어지자, 150명의 스페인인만이 살아남아 아이티섬으로 후퇴했다. 1550년경에 이르러 스페인은 북미 해안을 탐험하고 서부의 오리건과 동부의 래브라도(Labrador, 캐나다 동부에 있는 반도)까지 탐사했다. 그러나 그간의 시도들은 다 실패로 돌아갔고, 세인트오거스틴이 최초의 정착지가 된 것이다. 스페인은 1568년엔 지금의 뉴멕시코 지방에 산타페를 건설했다.

플로리다의 세인트오거스틴 요새

가톨릭의 수호자를 자처하던 스페인은 유럽의 종교전쟁을 아메리카에까지 끌고 왔다. 세인트오거스틴에서 멀지 않은 곳엔 1년 전 본국에서의 종교박해를 피해 피난을 온 프랑스의 위그노들이 살고 있었다. 현재의 잭슨빌 근처로 위그노들이 캐롤라인이라 부른 곳이었다. 1565년 9월 20일 한밤중 폭풍우가 몰아칠 때 스페인군은 이곳을 쳐들어가 132명을 살해했다. 이후 300여 명을 더 죽였다. 이유는 단 하나, 가톨릭을 배신한 것에 대한 응징이었다.

종교적으론 저주받을 짓을 한 스페인이 아메리카 대륙에 기여한 건 새로운 가축의 유입이었다. 콜럼버스 이전의 아메리카 전체에서 인간 이외의 주요 동력원이라고는 개와 라마 정도에 불과했지만, 스페인인들은 소·말·돼지·염소·양 등 새로운 동물들을 열성적으로 신세계로 들여왔다. 특히 이사벨라 여왕의 조언에 따라 콜럼버스가 데려간 돼지는 효율성이 매우 높은 음식 공급원으로서 장기간의 항해에도 큰 도움이 되었다. 1600년경 아메리카 거의 전역에서는 어떤 아메리카 원산 가축보다도 많은 수의 소가 사육되고 있었다. 그 역사적 의미에 대해 크로스비(Crosby 2006)는 다음과 같이 말한다.

"말, 나귀 그리고 황소가 신세계 사람들의 가용 에너지에 미친 혁명적인 변화는 와트의 증기 기관이 18세기 말경 유럽인들에게 미친 영향에 비견될 수 있는 것이었다. 가축은 아메리카를 침탈해가는 과정에서 동력을 제공해주었을 뿐 아니라 침탈의 결과로 생겨난 산물이기

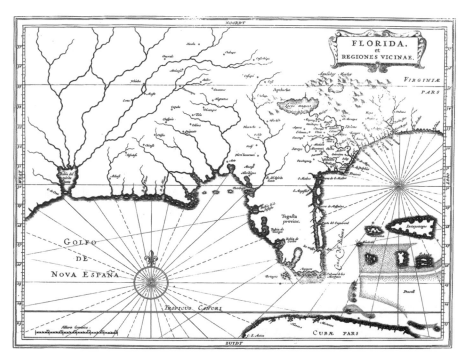

1600년대 플로리다 지역의 지도. 훗날 미국 헌법과 연방의회가 만들어지는 데 영향을 미친 세인트오거스틴 요새는 이 지역 북동부에 위치해 있었다.

도 했으며, 침략지역을 확산해나가도록 유럽인들을 추동한 요인이기
도 했다.”

플로리다 지역의 인디언들은 스페인군의 식량을 공급하기 위한 밀
경작에 동원되었는데, 이들은 1649년 황열병이 플로리다를 덮쳤을 때
치명적인 타격을 입었다. 플로리다의 인디언 인구가 격감하자 흑인들
이 점차 이 지역 인구의 다수를 점하게 되었다.

세인트오거스틴 요새는 훗날 미국 헌법과 연방의회가 만들어지는
데에 영향을 미친 이유 중의 하나가 되었다. 1780년대에 플로리다와

미시시피강 하류지역을 보유하고 있던 스페인은 미국연합의 접근을 막았기 때문이다. 미시시피강 하류지역에 대해 각기 다른 이해관계를 갖고 있던 아메리카 국가들은 국가별로 스페인과 접촉하여 자신들에게 유리한 통상조건을 조성할 뿐 공동의 대처를 하지 못했다. 미국연합은 조약체결권을 갖고 있었지만 조약을 실질적으로 집행할 수 있는 권한이 없었고 통상규제권을 갖고 있지 않았기 때문이다.

스페인의 식민제국은 훗날 북미대륙에 건설된 영국 식민지와는 매우 달랐다. 스페인은 왕이 직접 식민지에 대하여 강력한 행정권한을 행사했다. 식민지에서 금과 은 등을 채취하는 데엔 훗날의 영국보다 훨씬 성공적이었지만 상대적으로 식민지에 유익한 농사와 상업은 등한시했다. 아메리카 대륙으로부터 쉽게 부를 공급받자 자국 경제를 성장시키려는 동기가 약화돼 국력을 약화시키는 결과를 초래하고 말았다.

브링클리(Brinkley 1998)는 "바로 이 점이 스페인이 북유럽의 경쟁국가들보다 발전이 더뎠고, 그 힘이 17세기에 급격히 쇠퇴한 이유 중의 하나이다. 그러나 스페인 제국과 훗날 북미 대륙에 세워진 유럽 식민지와의 가장 큰 차이는 식민지인들의 성격에 있었다"며 다음과 같이 말한다.

"영국, 프랑스, 네덜란드가 세운 식민지들은 농사와 영구정착에 주력하였고 가정생활을 강조하였다. 따라서 북미의 유럽인들은 일단 초기의 어려움을 극복하고 나면 매우 빠른 속도로 그 수가 증가하였고, 어느 정도 지나서부터는 원주민들보다 많아졌다. 스페인은 이와 대조적으로 제국을 통치하였지 사람을 이식시키고 정착시키지 않았다. 스페인 식민지의 유럽 정착민 수는 언제나 적었고, 재앙과 전쟁에도 불구하고 원주민들이 식민지 인구의 대다수를 구성하였다. 따라서 스페인 제국은 수세기 동안 서로 전혀 다른 노선으로 독자적으로 발전해온 두 문명 간의 충돌과 혼합의 결과였다."

스페인 무적함대의 패배

이미 15세기부터 스페인은 영국의 앙숙이었으며, 이 같은 반감은 영어 단어에까지 흔적을 남겼다. 스페인식 행동(Spanish practice)은 사기, 스페인 동전(Spanish coin)은 낯 뜨거운 아첨, 스페인 성(Spanish castle)은 백일몽, 스페인 발진(Spanish pox)은 매독을 의미했다.

영국의 엘리자베스 여왕은 반스페인 정책의 하나로 해상 게릴라 작전을 지원하였다. 그것은 '바다의 매(Sea Hawks)' 또는 '바다의 개(Sea Dogs)'로 불리던 영국 해적을 이용하여 신대륙과 스페인을 왕래하는 선박과 신대륙에 있는 스페인의 식민지를 습격·약탈하는 행위를 조장하거나 지원하는 방식이었다.

1568년 영국 플리머스 출신 프랜시스 드레이크(Francis Drake, 1540~1596)는 남아메리카에서 약탈한 보물을 싣고 영국으로 돌아오는 도중 멕시코 부근에서 스페인 함대에게 갖고 있던 황금을 모두 빼앗겼다. 이로 인해 스페인과 영국의 산발적인 해상전쟁이 벌어졌다. 드레이크는 엘리자베스 1세의 지원을 받아 1572년 8월 남아메리카 파나마 황금저장소를 습격해서 많은 황금을 빼앗아 플리머스로 귀환했다. 이후에도 수차에 걸쳐 드레이크는 이런 약탈을 성공적으로 해내 영국인의 영웅이 되었다. 이런 약탈원정은 공동출자자의 경비로 이루어졌

공격받는 무적함대. 16세기 바다를 주름잡았던 무적함대는 엘리자베스 1세의 영국에 의해 그 명성을 잃고 패퇴하게 된다.

다. 엘리자베스 1세는 스페인을 의식해 공개적으로는 이런 약탈을 나무랐지만, 실제론 공동출자자의 한 사람이었다. 그녀는 드레이크에게 귀족의 작위를 수여하기까지 했다.

스페인이 그녀의 이중 플레이를 모를 리는 없었다. 양국 관계가 악화된 가운데, 스페인의 필리페 2세(Philip Ⅱ, 1527~1598)는 자신의 구혼을 거절한 바 있는 엘리자베스 1세를 제거하고 가톨릭의 스코틀랜드 여왕이었던 메리 스튜어트(Mary Stuart, 1542~1587)를 그 자리에 앉히고자 하였다. 메리 스튜어트는 간통과 살인 등의 스캔들로 반란이 일어나자 1568년 5월 잉글랜드로 도망해 엘리자베스의 보호 아래 19년째 유폐생활을 하고 있던 중이었다. 그런데도 권력에 대한 미련은 남아 있었던 걸까? 그녀는 엘리자베스 암살음모에 가담했다. 그러나 그 음모는 메리 스튜어트의 보호에 반대한 엘리자베스의 신하들이 판 함정이었다. 메리 스튜어트는 1587년 2월 8일 런던탑에서 처형되었다. 이에 1588년 6월 스페인의 필리페 2세는 131척의 함정(3만의 병사)으로 구성된 '무적함대(La Armada Invencible)'를 이끌고 나서면서 다음과 같은 목표를 내세웠다.

"스페인 해군은 런던에서 몇 리그 이내에 있는, 신중하게 선택한 공격지점으로 보병을 이동시킬 것이다. 엘리자베스 여왕은 곧 생포되거나 오지로 내쫓길 것이다. 가톨릭교는 부활할 것이고, 신교는 진압될 것이다. 그리고 1년 전 집행되었던 스코틀랜드의 여왕 메리의 처형에 대한 응징이 이루어질 것이다."

무적함대가 영국 해협에 들어섰을 때 그 길이만 해도 2마일에 이르렀다. 7월 30일 플리머스 절벽의 영국 파수병들이 전진해오는 스페인 함대를 발견하고 신호용 횃불을 이용해 이를 런던에 알렸다. 준비가 돼 있지 않은 영국은 공포에 사로잡혔지만, 영국의 모든 주(州)들이 여왕을 위해 군대를 제공하겠다고 나섰다. 펠리페 2세가 간과한 것도 바로 이런 결사항전 의지였다. 게다가 거센 폭풍우까지 몰아쳤다. 하늘까지 영국의 편이었다. 결국 무적함대의 영국 공격은 실패로 돌아가고 말았다. 스페인군 3만 명 중 1만 명이 죽었고 스페인으로 귀환한 배는 약 50척 뿐이었다.

미겔 데 세르반테스(Miguel de Cervantes, 1547~1616)는 무적함대는 '자연의 위력'에 의해서 패배당했노라는 펠리페 2세의 표현을 정당화하면서 "우리들의 함대가 퇴각한 것은 적의 능란함 때문이 아니라 저 감당할 수 없는 폭풍과 바람과 바다와 하늘 때문이노라"라고 썼다. 그러나 세르반테스는 스페인 제국의 검열의 화살이 자신에게 날아옴을 느끼기 시작하면서 우화적이고 간접적인 언어로 글을 써야만 했다. 이렇게 해서 탄생된 것이 1605년의 그 유명한 『돈키호테(Don Qui-xote)』다. 인쇄술 덕분에 이 소설은 곧 스페인 전역에서 유명해졌고 영어 · 프랑스어 · 독일어로 번역돼 17~18세기 유럽 전역의 작가들에게 영향을 주었다. 바로 이 해에 영국의 윌리엄 셰익스피어는 『리어 왕(King Lear)』과 『맥베스(Macbeth)』를 출간했으며, 두 사람 모두 우연히 1616년 4월 23일에 사망했다.

다양한 혼혈인의 탄생

1619년 남아메리카와 카리브해에 있는 포르투갈 · 스페인 식민지의 광산이나 사탕수수 농장에서 일할 100만 명의 흑인 노예들이 아프리카에서 끌려왔는데, 3분의 1 가량이 항해 도중 사망했다. 중남미의 유럽 이주민들은 적어도 10 대 1의 비율로 남성이 다수였기 때문에, 원주민 인디오 여자와의 성적 접촉이 많았고 이에 따라 혼혈인 메스티소(mestizo)가 인구의 다수를 차지하게 되었다. 스페인어로 혼혈인이라는 뜻을 가진 '메스티소'는 오늘날에도 중남미를 대표하는 인종인데, 모든 혼혈을 통칭하여 메스티소라고 부르기도 하지만 좀 더 세분화해서 나누기도 한다. 백인과 흑인 간의 혼혈인은 물라토(mulatto), 인디언과 흑인 간의 혼혈인은 잠보(zambo)라고 한다. 물라토는 원래 작은 노새를 뜻하는 스페인 말이다.

위계질서의 원리는 피부색주의(Pigmentocracy)였다. 혼혈이라도 이들의 지위는 유럽인과 닮았느냐 인디오와 닮았느냐 하는 신체의 유사성 정도에 따라 결정되었다. 스페인인과 거의 흡사한 외모인 메스티소는 스페인인과 다름없이 인정받고 대접받을 수 있었던 반면, 인디오를 닮은 메스티소는 인디오로 간주됨과 동시에 인디오에게 부과한 납세와 부역의 의무를 져야 했다.

17세기 들어 새로운 혼혈이 생겨나면서 이를 부르는 용어도 양산되었다. 스페인인과 물라토 사이에서 태어난 아이는 '모리스코', 스페인인과 모리스코 사이의 아이는 '알비노', 알비노와 스페인인 사이의 아이는 '토르나트라스' 그리고 스페인인과 토르나트라스 사이에서 태어난 아이는 '텐테 엔 엘 아이레('공중에 떠 있는 이'라는 뜻)'라고 불렀다. 이런 식으로 인종 간 분류는 계속 세분화의 길을 걸었기 때문에, 나중에 외모에 대한 판단을 통해 유전적 기원의 위계질서를 세우려던 시도는 실패로 돌아갔다. 여기에다 재산이라고 하는 새로운 계급 기준이 등장함으로써 피부색주의는 더욱 문제가 되었지만, 그럼에도 인종은 여전히 경제적인 기회를 포착하는 데 큰 영향을 미쳤다.

오늘날까지도 미국의 경우에는 백인에 흑인의 피가 한 방울이라도 섞이면 흑인으로 간주하지만, 중남미에서는 흑인에 한 방울의 백인 피라도 섞이면 흑인으로 간주하지 않는다. 물라토가 되는 것이다. 미국에서 통용되는 이른바 '한 방울(one drop)' 원칙은 때로 한편의 코미디를 방불케 한다. 겉보기에 백인이라도 흑인의 피가 단 한 방울이라도 섞여 있으면 흑인으로 분류된다.

지금도 그렇다. 이를 잘 보여주는 사례가 가수 머라이어 캐리(Mariah Carey)다. 어머니는 백인이지만 아버지는 베네수엘라인과 흑인의 혼혈이기에 그녀는 자신을 '혼혈'이라고 했지만, 많은 미국인들이 양자택일을 요구했다. 이런 압박에 못 이겨 또는 이런 압박을 조롱하기 위해 그녀는 결국 자신을 흑인이라고 선언함으로써 쓰레기 같은 논쟁에서 해방되었다. 캐리의 뒤를 이어 수난을 당한 사람은 골프 황제 타이거 우즈(Tiger Woods)다. 백인 피가 섞인 흑인 아버지와 중국인 피가 섞인 태국인 어머니 사이에서 태어난 우즈는 자신이 네덜란드인, 태국인, 미국 흑인 등 여러 가지 피가 섞여 있는데도 '흑인'으로 분류되는 것

미국의 44대 대통령 버락 오바마. 케냐 출신의 흑인 아버지와 캔자스주 출신 백인 어머니 사이에서 태어난 그 또한 미국을 지배하는 '한 방울의 원칙'에서 자유롭지 못하다.

은 이상하다며 항의했지만, 감히 '한 방울' 원칙의 벽을 넘어설 수는 없는 일이었다. 케냐 출신 흑인 아버지와 캔자스주 출신 백인 어머니 사이에서 태어난 현 대통령 버락 오바마(Barack Hussein Obama)도 마찬가지다. '한 방울' 원칙이 시사하는 백인 우월주의는 아직 건재하다.

참고문헌 Brinkley 1998, Bryson 2009, Burns 2006, Collett 2006, Crosby 2006, Davis 2008, Dobyns 2000, Elliott 2003, Englert 2006, Fuentes 1997, Harris 1995, Hart 1993, Kay 2006, Loewen 2001, Mann 2005, Maurois 1997, Rietbergen 2003, Schroeder 2000, Zinn & Stefoff 2008, Zweig 1996, 강석영·최영수 1988, 권홍우 2008, 김용관 2009, 박상익 2009, 박영배 1999, 송기도 2003, 아루가·유이 2008, 이보형 2005, 조지형 2007

영국 최초의 아메리카 식민지
버지니아 제임스타운의 건설

1606년 런던 회사 · 플리머스 회사의 탄생

영국 식민정책의 개척자는 험프리 길버트(Humphrey Gilbert, 1539~
1583)와 그의 배 다른 형제 월터 롤리(Walter Raleigh, 1552~1618)였다. 두
사람 모두 엘리자베스 여왕과 가까웠다. 여왕의 행차 중 물 웅덩이가
나오자 롤리가 망토를 벗어 웅덩이를 덮어 여왕의 발이 젖지 않게 했
다는 이야기가 있다. 꾸며낸 이야기일 가능성이 높지만, 롤리가 수려
한 외모와 뛰어난 언변으로 여왕을 사로잡아 한동안 그녀의 총애를
받았다는 건 분명한 사실이다.

　길버트의 탐험은 그가 1583년 뉴펀들랜드로 건너가 사정을 알아보
고 귀국하던 중 폭풍우로 바다에서 실종되는 바람에 실패로 돌아갔지
만, 롤리는 일단 성공을 거둬 자신의 탐사지역을 버지니아(Virginia)라
고 이름 붙였다. 이는 '처녀 여왕(Virgin Queen)'으로 알려진 엘리자베
스 여왕을 기리기 위함이었다. 롤리는 1587년 조카인 리처드 그렌빌

엘리자베스 여왕에게 망토를 깔아주는 롤리. 여왕의 행차 중 물웅덩이가 나오자 자신의 망토를 벗어 깔아주었다는 롤리의 일화는 꾸며낸 이야기일 가능성이 높지만 롤리가 여왕의 총애를 받았음을 드러내는 일화이다.

(Richard Grenville, 1600~1658)을 불러들여서 지금의 노스캐롤라이나 연안에 위치한 로아노크(Roanoke)섬으로 탐험대를 보내 식민지를 건설하는 지휘를 맡게 했다. 여자 17명을 포함한 이민자 150여 명이 보내졌다. 스페인과의 전쟁이 터져 돌보지 못하다가, 1590년 식량을 실은 배가 다시 그곳을 방문했을 땐 사람의 흔적조차 없었다. 다 어디로 간 걸까? 지금도 미스터리로 남아 있어 '사라진 식민지(lost colony)'라는

말이 쓰이고 있다.

1588년 스페인의 무적함대 격파 이후 영국은 유럽의 강국으로 부상하면서 본격적인 식민정책을 펴기 시작했다. 당시 영국은 비용이 많이 드는 유럽 내 전쟁에 자주 휘말렸고, 자국 내에서 계속되는 종교분쟁을 겪었고, 농촌에서 비롯된 힘든 경제적 전환 때문에 고통을 받고 있었다. 게다가 1485년 300만이었던 영국 인구가 1603년에 400만으로 늘어나자 식량부족사태에 직면했다. 이는 식민정책을 적극적으로 펴야 할 이유가 되었다.

1603년 튜더 가문(Tudors)의 마지막 왕인 엘리자베스 여왕이 죽고 스튜어트 가문(Stuarts)의 제임스 1세(James I, 1566~1625)가 즉위했다. 제임스 1세의 왕위계승을 반대했던 롤리는 12년간 감옥에 갇혔으나 제임스 1세를 설득해 베네수엘라에 있는 오리노코강으로 탐사를 떠난다. 그러나 이 탐사는 실패로 돌아가고 1618년 단두대 처형을 받게 된다. 이때 그의 사형집행 영장을 직접 쓴 사람은 다름 아닌 프랜시스 베이컨(Francis Bacon, 1561~1626)이었다. 제임스 1세는 왕의 권위는 신(神)으로부터 나온다는 왕권신수설(the divine right of kings)을 주장하면서 퓨리턴을 억압했다. 퓨리턴들은 다른 곳으로의 이주를 열망하였지만, 아직 그들의 때는 오지 않았다.

길버트와 롤리의 실패는 식민사업이 한 개인의 창의와 역량만으론 성공할 수 없다는 것을 말해주는 것이었다. 이에 1600년에 설립된 동인도회사의 경우처럼 국왕의 특허장과 많은 사람들의 출자로 이루어진 회사를 조직해 사업을 하는 방식이 도입되기 시작했다. 이에 따라 1606년 런던 회사와 플리머스회사가 조직되었다. 런던회사는 1606년

12월 3척의 배와 144명의 남자를 아메리카로 파견하였다. 이들은 오랜 항해 끝에 1607년 4월 24일 오늘날의 버지니아와 메릴랜드 근처의 체사피크만(Chesapeake Bay)에 도착해 제임스강(James River) 하구에 영국의 첫 번째 식민지인 제임스타운(Jamestown)을 건설하기 시작했다.

프랑스의 퀘벡, 허드슨의 뉴욕탐험

한편 프랑스는 그로부터 1년이 채 안되는 때인 1608년 아메리카 대륙에서 최초의 영구 정착지를 캐나다의 세인트로렌스강가에 건설했다. 퀘벡(Quebec)이다. 이후 오대호(五大湖, 슈피리어호 · 미시건호 · 휴런호 · 이리호 · 온타리오호) 지방을 중심으로 원주민과 모피 거래를 하였는데, 대부분 비버가죽이었다. 당시 값이 상당히 비쌌던 비버가죽은 펠트 모자나 한창 유행하던 커다란 모자를 만드는 데 사용되었다. 인디언들이 모피 상거래를 하던 초기에 비버는 '은총'의 선물로 여겨졌으며, 17~18세기 모피를 찾는 사람의 수가 증가하면서 북아메리카 대륙은 유럽의 모피 공급소가 되었다.

1609년 네덜란드 동인도회사는 헨리 허드슨(Henry Hudson, 1550~1611)이라는 영국인을 고용해 현재 그의 이름을 따서 부르고 있는 뉴욕주의 강을 거슬러 올라가는 탐험을 했다. 이때까지도 탐험가들은 여전히 중국 가는 길을 찾으려던 중이었다. 콜럼버스가 첫 항해를 한 지 100년이 지난 뒤에도 유럽인들은 여전히 중국으로 가는 더 빠른 항로는 아직 찾지 못했고 신세계는 단지 우회로인 성가신 장애물일 뿐이라고 믿고 있었다. 러시아의 위쪽을 돌아가는 '북서항로(Northwest Passage)'를 통해 중국으로 가는 길을 찾으려는 사람들도 있었는데, 허드슨이 소속된 탐험대도 바로 그런 경우였다.

원래 허드슨강은 1524년 이탈리아의 탐험가 지오바니 다 베라차노(Giovanni da Verrazano, 1485~1528)가 발견했지만, 허드슨의 이름이 붙게 된 원인은 그가 불미스런 사건에 연루되어 그 연안에서 행방불명되었기 때문이다. 평소 허드슨은 의심이 많고 부하들을 혹사시키는 독재자 기질이 있었는데, 부하 선원들이 반란을 일으켜 그와 그의 아들 그리고 7명의 선원을 작은 보트에 태워 허드슨만 근처의 바다에 떨어뜨리고 달아나버렸던 것이다.

담배가 살린 제임스타운

1607년부터 시작된 버지니아 제임스타운의 정착 시도는 이후 17년간 실패의 연속이었다. 끝까지 살아남았다는 것일 뿐, 그곳은 가난과 질병과 죽음의 장소였다. 배를 통해 이주해 온 쥐떼까지 기승을 부려 얼마 되지 않은 식량을 놓고 인간과 쥐 사이에 한판 전쟁이 벌어지기도 했다. 데이비스(Davis 2004)는 "제임스타운은 신세계에 용감히 맞선 영웅적인 이주민들의 거류지, 즉 '미국의 탄생지'로 오랫동안 기념되었다. 하지만 제임스타운의 적나라한 실상은 교과서에 소개된 제임스타운 이주민들의 멋진 모습을 여지없이 일그러뜨린다"며 다음과 같이 말한다.

"1609~1610년의 '기아 연도'에는 상황이 더욱 궁핍해졌다. 질병과 가뭄으로 인한 기근과 인디언들의 공격이 한꺼번에 밀어닥쳤다. 배가 고파 눈이 뒤집힌 일부 이주민들은 식인종으로 전락했다. 당대의 한 문헌에는 '도저히 허기를 참을 수 없어' 영국인의 무덤이건 인디언의

1612년 존 롤프가 버지니아 토착담배에 그보다 순한 자메이카 종자를 교배시켜 버지니아 최초의 환금작물 생산에 성공한 이후, 제임스타운에서는 담배농사가 급성장했다.

무덤이건 가릴 것 없이 무덤으로 가서 '자연이 혐오하는 그런 것들을 먹을 수밖에 없었던' 사람들에 대한 이야기가 기록돼 있다. 극단적인 경우에는 남편이 잠든 아내를 죽여 '머리를 뺀 나머지 부분이 말끔히 사라질 때까지 식량으로 삼았다'는 이야기도 전해진다."

정말 그렇게까지 먹을 게 없었던 걸까? 태너힐(Tannahill 2006)은 "그 땅에는 사냥감도 풍부했고, 바다에는 물고기가 많았으며, 숲에는 먹을 수 있는 열매들이 가득했지만, 제임스타운 이주자들은 사실상 까다롭고 무능한 사람들로, 일하기를 싫어하고 연장이나 도구들을 잘 갖추고 있지 않았으며 점잔만 빼고 있었다"고 말한다.

왜 그런 일이 벌어진 걸까? 영국에서 이루어진 이주민 모집 광고가 허황된 과장일색이었다는 데에도 책임이 있는 건 아니었을까? 1609년에 나온 광고는 버지니아의 생활이 '훌륭한 결과' 를 보장해준다고 설명했는데, 이는 한 번도 아메리카 대륙을 본 적이 없는 사람들에 의해 쓰였다. 당시 탐험과 이주는 비용부담과 위험분산 차원에서 주식회사 형식으로 이루어졌는데, 여기에 이미 '자본논리' 의 탐욕이 작용하고 있었던 것이다. 과장은 갈수록 심해져 이후에 나온 광고들은 영국 하층계급의 식민지에 대한 막연한 동경심을 이용해 아메리카 식민지를 지상낙원처럼 묘사하게 된다. 좋은 의미에서건 나쁜 의미에서건, 부어스틴(Boorstin 1975 · 1991)이 "미국의 건설 자체가 광고의 역사였다"고 말하는 이유가 바로 여기에 있다.

제임스타운을 살린 건 담배였다. 콜럼버스가 서인도제도에서 쿠바 원주민들이 타바코(tabacos)라 불리는 작은 담배를 콧구멍에 집어넣고 피우는 것을 보고 이를 가지고 돌아온 후부터 유럽인들은 담배에 매료되었다. 1500년대 중반 이후 유럽에선 담배가 만병통치약 또는 모든 불쾌감을 제거하는 식물로 급속히 부유층에게 확산되었다.

1612년 제임스타운의 농장주인 존 롤프(John Rolfe, 1585~1622)는 버지니아의 토착담배에 그보다 순한 자메이카 종자를 교배시켜 버지니아 최초 환금작물(換金作物, 상품작물)을 생산하는 데에 성공했다. 제임스 강변에서 담배농사가 급성장했다. 영국에 첫 수출을 한 1617년 이후 런던 사람들은 담배 없이는 못 살 정도가 되었다. 영국에서는 담배가 버지니아에서의 생산단가보다 5배에서 10배의 가격으로 판매되었기 때문에 단기간에 버지니아의 경작 가능한 모든 땅에는 담배가 심어졌다.

인두권제도와 버지니아 하원의 탄생

담배는 매우 빠르게 토양을 척박하게 만들기 때문에 더 많은 토지가 필요하게 되었고, 이에 따라 정착민들은 점점 더 내륙으로 들어가기 시작했다. 또한 담배농사는 1년 중 9개월간 매달려야 할 정도로 많은 노동력을 필요로 하였기 때문에, 버지니아회사는 새로운 노동력을 식민지로 유치하기 위해 소위 인두권(headright)제도를 고안해냈다. 인두권은 한 사람당 50에이커의 땅을 받는 권리였다. 이미 식민지에 사는 사람들은 2개의 인두권을 받았고, 새로운 이주민들은 1개의 인두권을 받았다. 가족을 많이 데려갈수록 넓은 땅을 가질 수 있었기에 인구는 점점 더 늘어났다.

1619년 7월 30일 여러 정착지의 대표들이 모여서 버지니아 하원(the House of Burgesses)을 구성했다. 이 모임이 미국이라는 나라가 될 지역 내에선 처음으로 선출된 의회 모임이었다. 버지시스란 시민으로서의 권리를 지닌 사람을 말하며, 프랑스어 부르주아(bourgeois)와 똑같은 어원적 뿌리를 가지고 있다. 부르주아란 원래 성벽(bourg) 안에 사는 도시민을 뜻했다. 이해 8월 말경 한 네덜란드 배가 적어도 3명의 여자를 포함한 20여 명의 흑인들을 데려왔다. 최초로 버지니아에 온 이 아프리카인들은 노예라기보다는 하인으로 여겨졌다는 주장도 있지만 곧 노예로 변질된다.

데이비스(Davis 2004)에 따르면, "담배의 경제적 중요성을 말하지 않고 초기 미국사를 이야기할 수는 없다. 사람들은 보통 서류와 결정의 중요성만을 언급하지만 사실 신세계에서 영국 식민지를 유지시켜준 것은 담배였다. 담배는 환금작물이었고 그것은 말 그대로 이주민들의 생명줄이나 다름없었다. 이것을 고려하면 담배업자들의 강력한 로비도 전혀 생소할 것이 없다. 유럽인들이 최초로 정착한 이래 그들 곁에는 늘 막강한 정부가 있었던 것이다."

2007년 4월 24일 미국에선 제임스타운 400주년을 맞아 영국인들이 건너올 당시 탔던 배 세 척의 모사품이 햄프턴 로드 항구에 모습을 드러냈으며, 엘리자베스 2세 여왕과 조지 부시 미 대통령이 잇달아 방문하고 각종 행사가 축제분위기에서 치러지면서 미국의 역사적 정체성에 대한 논의도 이루어졌다. 지금까지는 1620년 메이플라워호를 타고 건너와 매사추세츠만의 플리머스에 마을을 건설한 청교도들의 첫 정착촌이야말로 구대륙의 종교탄압과 신분차별을 없애고 자유와 번영의 신세계를 연 미국사의 출발점이라는 게 공식적인 해석이었다. 그러나 『워싱턴 포스트』는 '미국 만들기(Inventing America)' 라는 제목의 특집에서 "우리는 플리머스로부터 미국의 이상을 추적하고 있지만, 기실 강력하고 유복하며 거칠고 괴상한 미국의 씨앗을 처음 볼 수 있는 곳은 제임스타운" 이라고 주장했다.

미국 정체성의 원조가 제임스타운이냐 플리머스냐 하는 건 미국의 행복한 고민인 셈이다. 돌이켜 보건대, 1588년 스페인 무적함대의 패배는 세계 제국주의사의 대전환 장면이었다. 데이비스(Davis 2004)는 "미국인들은 청교도 조상과 제임스타운이 중요한 것처럼 떠들고 있지만, 알고 보면 영국인들이 도착했을 때 이미 아메리카 대륙의 상당 부분은 에스파냐인들이 휘젓고 다닌 뒤였다" 며 "사실 엘리자베스 여왕의 영국을 혼내주러 나간 에스파냐의 무적함대가 1588년 폭풍과 영국의 '해적들' 에게 결딴만 나지 않았어도 이 나라는 로스 에스 다도

스 유니도스(합중국을 뜻하는 스페인어)가 되었을지 모르고, 투우장에서 타코를 먹고 있었을지 모른다"고 했다.

사실 스페인의 발전에 무적함대의 패배보다 더 치명적인 건 필리페 2세가 1580년부터 시행한 종교 쇄국정책이었다. 로마 가톨릭의 수호자를 자처한 스페인은 신교사상의 침입을 우려해 쇄국상태가 되었으며, 이에 따라 과학과 학문이 쇠퇴해 과거에 머무르는 나라가 되고 말았다. 그러나 어떤 사람들의 입장에선 그런 차이가 무슨 의미가 있으랴. 스페인이 오늘의 미국을 먹었다 하더라도 이후 전개될 인디언과 흑인들의 비극이 달라졌을 것 같지는 않다.

참고문헌 Boorstin 1975 · 1991, Brinkley 1998, Crosby 2000, Davis 2004, Diamond 외 2001, Jacquin 1998, Johnson 2009, Quarles 2002, Shenkman 2003, Smith 1990, Tannahill 2006, Vardaman 2004, Weil 2003, 김진호 2007, 유종선 1995, 이구한 2006, 이보형 2005, 이주영 1995, 정시련 · 전경희 2003

포카혼타스는 나오미 캠벨인가?
'포카혼타스 신화'의 탄생

존 스미스와 포카혼타스

버지니아 정착민들은 흑인 노동력에 의존하였을 뿐만 아니라 인디언들을 효과적으로 제압했다. 이 과정에서 디즈니의 만화영화로도 만들어진 그 유명한 포카혼타스(Pochahontas, 1595~1617) 신화가 탄생한다. 이 사건의 전말은 이렇다.

제임스타운 식민지의 지도자 존 스미스(John Smith, 1580~1631) 선장은 포와탄(Powhatan) 인디언들에게 생포되었다. 인디언들이 스미스의 머리를 돌덩이 위에 얹어놓고 몽둥이로 내려치려는 찰나 포와탄 추장의 딸인 11세 소녀 포카혼타스(본명 마토아카)가 나타났다. 포카혼타스라는 별명은 '활달한' 혹은 '모험심이 강한'이라는 뜻이다. 그녀는 "팔로 그의 머리를 감싸며" 스미스의 목숨을 구해달라고 간청해 그의 목숨을 살렸다.

스미스가 영국으로 떠난 뒤 2년 동안 토마스 데일 경(Sir Thomas

Dale, ?~1619)은 포와탄 인디언을 무자비하게 공격했고 그 과정에서 포카혼타스를 납치했다. 이때 그녀는 17세였다. 포와탄이 몸값을 지불하고 그녀를 되찾아가기를 거부하자, 포카혼타스는 백인들과 살게 된다. 그녀는 1614년 담배로 제임스타운을 살린 존 롤프와 결혼했다.

1615년 롤프는 포카혼타스와 그녀 사이에서 낳은 아들을 런던으로 데리고 갔다. 이미 기독교 세례까지 받은 그녀는

제임스타운 식민지의 지도자 존 스미스는 포와탄 인디언들에게 생포되었으나 포카혼타스의 간청으로 목숨을 구할 수 있었다.

'레이디 레베카'로 불렸다. 런던에서 그녀는 센세이션을 일으키며 국왕 알현의 기회까지 얻었다. 그간 죽은 것으로 알고 있던 존 스미스도 만났다.

그런데 포카혼타스가 스미스를 구했다는 이야기는 스미스의 자서전에 나오는 이야기로 신빙성이 좀 의심된다는 주장이 있다. 스미스가 1616년에서야 그 얘기를 꺼낸 이유가 뭐냐는 것이다. 스미스의 주장을 믿는 옹호자들은 당시 포카혼타스가 왕실의 환대를 받고 있었기 때문에 스미스가 왕가의 환심을 사기 위해 포카혼타스 얘기를 꺼냈다고 말한다.

디즈니가 왜곡한 포카혼타스

포카혼타스는 22살이 되던 1617년 런던에서 천연두로 사망해 템즈강 변에 묻혔지만, 많은 미국인들에게 강한 인상을 남겼다. 1805년 존 데 이비스가 『버지니아의 첫 정착자들(The First Settlers of Virginia)』에서 처 음으로 포카혼타스 이야기를 소설화한 이후 미국인들의 사랑을 받는 인물이 되었다. 버지니아 제임스타운 정착촌엔 포카혼타스와 존 스미 스의 동상이 세워졌으며, 워싱턴 D.C.의 의사당 천장에는 그녀의 세 례 장면을 담은 그림이 그려져 있다.

1995년 디즈니사가 33번째 장편 만화영화로 〈포카혼타스〉를 제작 해 개봉한 것도 바로 그런 이유 때문이었으리라. 이 영화는 역사적 사 실의 왜곡이 너무 심했지만 그렇다고 디즈니사만 탓할 일도 아니었 다. 서정아(1995)는 "디즈니 만화영화 〈포카혼타스〉가 전 세계를 강타 하고 있는 가운데 실존인물 포카혼타스에 대한 재조명이 활발하다" 며 다음과 같이 말한다.

"포카혼타스는 자신의 어떤 말도 남기지 않고 사라졌으나 그녀의 삶은 호사가들에 의해 이리저리 부풀려졌다. 신대륙으로 이주한 영국 인들이 토착영웅을 찾아 헤맬 때 포카혼타스의 얘기가 그들의 의도에 들어맞았던 것. 이때부터 그녀의 이야기는 아름다운 전설이 돼 웹스 터사전에 실렸으며 포카혼타스의 조각품도 만들어져 한 성당에 영구 전시됐다. 포카혼타스는 사람들의 입맛에 따라 시시때때로 변했다. 남부사람들은 그를 귀족가정의 시초로 숭앙했으며 북부인들은 노예 제도 철폐주의자의 상징으로 여겼다. …… 몸을 사리지 않는 구조, 영 국 왕실의 연회, 비극적인 단명 등 포카혼타스 실제의 삶도 마치 소설

같다. 그러나 포카혼타스 전설을 소재로 삼은 시인이나 극작가들은 단 한 가지 구조적 결함을 발견했다. 바로 포카혼타스와 스미스 사이에 로맨스가 부족하다는 것. 따라서 존 데이비스라는 소설가는 1798년 롤프라는 재미없는 인물을 버리고 스미스를 주요 인물로 꾸몄다. 포카혼타스는 이후 미국의 '뮤즈'로, 순결한 영혼의 처녀 등으로 탈바꿈하다가 마침내 1995년에 '흥행의 마술사' 디즈니사를 만나 슈퍼모델 나오미 캠벨을 본뜬 멋쟁이 여성으로 변모했다. 게다가 시공을 초월해 헌신적으로 스미스를 사랑하는 착한 마음씨에 평화 · 환경보호주의자이기도 하다. 포카혼타스는 숨진 지 300여 년 만에 17세기 판 원더우먼으로 거듭나게 됐다."

그렇다. 포카혼타스는 나오미 캠벨이 되고 말았다. 디즈니 만화영화를 좋아하는 어린 학생들은 그대로 믿기 마련이다. 그래서 역사가들은 곤혹스러울 수밖에 없다. 데이비스(Davis 2004)는 다음과 같이 개탄한다.

"역사 선생님들은 디즈니사가 창조한 새로운 신화인 〈포카혼타스〉를 보고 역사를 배운 사춘기 이전의 미국 어린이들과 싸움을 벌여야 하는 상황이다. 이 영화에서 풍만한 가슴을 가진 관능적인 인디언 처녀는, 멜 깁슨이 목소리 연기를 한 서핑 선수처럼 생긴 존 스미스 선장에게 광적인 사랑을 느끼는 것으로 묘사되어 있다. 아이고, 맙소사."

연동원(2001)은 영국에서 포카혼타스의 가족은 "아메리카 대륙으로의 이주의 성공 가능성을 홍보하기 위한 광고용 가족처럼 행동하였다. 즉 영화 속에서는 포카혼타스가 왜 미국 역사에서 중요한 의미를 지니고 있는가를 전혀 설명하고 있지 않다"며 다음과 같이 말한다.

"이 영화는 역사적 고증을 통해 그려낸 최초의 작품이라는 디즈니의 슬로건과는 달리, 원주민과 침략자 간의 갈등을 양비론적 시각으로 단순하게 미화한 데 지나지 않다. 더불어 디즈니가 인디언과 백인간의 충돌을 '화해'라는 형식으로 결말짓기에는, 아메리카대륙의 실제 주인이라 할 수 있는 인디언들이 이제까지 당한 '피의 역사'를 너무나도 뻔뻔스럽게 도외시하는 것이 아닌가 생각된다."

반면 김성곤(1997a)은 이 영화에서 포와탄 추장의 목소리를 맡은 인디언 운동가가 이 영화를 긍정 평가했다는 점을 들어 다음과 같이 말한다. "그렇다면 우리나라 일부 젊은이들의 성급한 반제국주의적 가치판단은 보다 더 신중하게 행사되어야만 할 것이다. …… 〈포카혼타스〉는 미국의 성립이 사실은 유럽인들의 제국주의적 땅뺏기였다는 사실을 인정함으로써, '역사적 진실' 만큼은 제대로 파헤치고 있다는 긍정적인 평가를 받고 있다."

그러나 '레드롤프족(Red Rolfes)'으로 알려져 있는 포카혼타스의 인디언 후손들은 디즈니의 영화에 불만을 표했다. 추장 로이 크레이지호스(Roy Crazy Horse)는 포와탄족 웹사이트에서 "영화가 역사적 사건을 완전히 왜곡했다"고 비난했다. 이 영화는 미국에서 1995년 6월 23일 개봉됐는데, 해외시장 중 처음으로 한국에서 같은 해 7월 1일 개봉되었다. 디즈니사가 전 세계에서 가장 시장성장률이 높은 아시아를 겨냥해 아시아의 황인종과 같은 인종인 아메리칸 인디언을 만화영화의 주인공으로 내세웠다는 분석이 나왔다. 디즈니사는 이 영화를 이용한 캐릭터 상품으로 '포카혼타스 파자마' 등을 제조해 팔았는데, 이건 또다른 이유로 비판의 대상이 되었다. 아이티에서 시간당 11센트 이

1619년 제임스타운에 처음으로 도착한 아프리카인들. 이들은 노예가 아니라 계약하인이 되어 일을 했으며 정해진 기간을 봉사하고 나면 자유인으로 살 수 있었다.

하의 임금을 지급하는 노동자 착취공장을 이용했기 때문이다. 한때 전 대통령 조지 부시가 '레드롤프족'이라는 설이 떠돌았는데, 이는 사실이 아니었으나 실제로 포카혼타스의 후손과 먼 인연은 가지고 있는 것으로 밝혀졌다.

계약하인의 등장

다시 제임스타운 이야기로 돌아가보자. 당시 제임스타운에는 여자가 매우 드물었다. 포카혼타스의 영국 방문 덕분이었는지는 몰라도, 1619년 처녀 90명이 영국에서 도착했다. 신부 한 명을 얻는 데 드는 비용은 담배 120파운드로 영국에서 제임스타운까지의 수송비용과 같았다.

토지를 소유하게 해주겠다는 유혹에 빠져 1624년까지 버지니아로 이주해온 정착민 수만도 6000여 명에 이르렀지만, 그해의 인구통계를 보면 6000여 명 중에서 1277명만이 생존한 것으로 돼 있다. 본국의 왕실회의에선 "실종된 여왕 폐하의 5000명 백성들에게는 대체 무슨 일이 일어난 것인가"라는 질문이 제기되었다. 견디다 못해 떠난 사람들도 있었지만 대부분은 굶주림, 나머지는 인디언과의 전투로 죽었다. 국왕은 이에 대한 책임을 물어 1624년 버지니아사에 내린 특허장(patent)을 취소하고 버지니아를 왕실의 직할 식민지로 만들었다.

식민지의 인구구성상 독특한 계급은 계약하인(indentured servants)이었다. 이는 주인이 아메리카로 가는 경비, 음식, 숙소를 제공해주는 대신에 정해진 기간 동안(주로 4~5년) 하인으로 봉사하는 제도였다. 인덴처(indenture)는 톱니꼴의 절취선이 있는 날인증서를 말하는 것으로, 대개 종이 한 장에 두 부 이상의 문서를 작성한 다음 톱니꼴 절취선을 따라 자른 후 당사자들이 각각 한 부씩 보관하는 데에서 나온 말이다.

대부분의 계약하인들은 자발적으로 식민지에 왔으나, 1617년부터 영국 정부는 수척의 배에 죄수들을 실어서 그들을 하인으로 팔아넘겼다. 고아, 부랑자들, 빈민들을 비롯하여 1650년대엔 스코틀랜드와 아일랜드와의 전쟁에서 잡은 포로도 이주시켰다. 탐욕스러운 투기꾼들에 의해 납치돼 강제로 끌려온 사람들도 있었다. 17세기 말에 이르면 식민지 계약하인의 수가 식민지 인구 중에서 차지하는 비율이 가장 높아진다.

참고문헌 Braudel 1995-1997, Brinkley 1998, Davis 2004, Edwards & Cromwell 2006, Englert 2006, Moore 2009, Shenkman 2003, 김성곤 1997a, 서정아 1995, 연동원 2001, 채인택 1995

제2장
청교도의 수난과 희망

청교도의 탈출
메이플라워호의 뉴잉글랜드 도착

분리주의 청교도의 네덜란드 이주

버지니아 식민사업이 이루어지던 때에 청교도들은 무엇을 하고 있었던가? 자신들의 종교예식을 거행한다는 이유로 수년 동안 박해를 당하자 1608년 스크루비(Scrooby)라는 마을의 분리주의자들은 조용히(불법으로) 한 번에 몇 명씩 종교의 자유를 누릴 수 있는 네덜란드의 라이덴(Leiden)으로 이주하기 시작했다.

그러나 그들의 라이덴 생활은 순탄치 않았다. 청교도들이 라이덴에서 망명생활을 한 10여 년 기간은 아르미니우스주의(Arminianism)의 전성기였다. 폴란드 출신의 네덜란드 개혁주의 신학자 아르미니우스(Jacobus Arminius, 1560~1609)는 인간의 구원이 그리스도를 통한 하나님의 은총에 의한 것임을 인정하면서도, 그 은총에 대한 인간의 응답은 인간의 자유의지에 의존한다고 주장함으로써 칼뱅의 예정론적 신앙을 비판했다. 칼뱅파였던 청교도들은 망명처지에 끼어들 일은 아니었건만 반아르미니우스파의 교묘한 사주에 의해 반아르미니우스파의 편에 서게 됨으로써 입장이 매우 난처해졌다.

여기에 망명집단 내부에서 인쇄소사업으로 성공을 거둔 브루스터(William Brewster, 1566?~1644)가 영국 국교회를 비판하는 인쇄물을 찍어냈는데, 이게 나오기가 무섭게 영국으로 흘러들어가 영국 왕 제임스 1세의 분노를 샀다. 체포령이 떨어지고 이에 네덜란드 당국이 협조하자 브루스터는 도피했지만 청교도집단의 불안감은 커져만 갔다. 게다가 평소 청교도들이 네덜란드에 동화되는 걸 염려해오던 차에 새로운 돌파구가 필요했다. 해결책은 대서양을 건너는 것밖에 없다는 쪽으로 의견이 모아졌다. 1616년에 일어난 30년전쟁(1616~1648)의 와중에서 종교적 박해에 대한 공포도 영국의 청교도들에게 이주의 자극을 주었다.

30년전쟁. 프로테스탄트와 가톨릭 간에 벌어진 최대이자 최후의 종교전쟁. 1618년 시작해 1648년 종전했으며, 이 전쟁으로 인해 종교적 박해에 대한 공포가 유럽 전역을 뒤덮었다.

원래 영국 왕실로부터 식민 특허장을 최초로 받은 건 버지니아회사가 아니라 런던회사와 플리머스(Plymouth)회사였다. 플리머스회사는 1606년에 첫 번째 특허장을 받아놓고서도 성공적인 식민사업을 시작하지 못한 채 탐사를 지원하고만 있었다. 존 스미스 선장은 제임스타운에서 돌아온 후에 플리머스회사의 상인들을 위하여 탐사여행을 떠났는데, 그는 1616년 자신이 본 지역에 대해 열광적으로 소개하는 소책자를 출간했다. 그는 자신이 탐사한 지역을 뉴잉글랜드(New England)라고 불렀다.

지도까지 들어있는 스미스의 소책자는 퓨리턴(청교도) 중에서 불만을 지녔던 분리주의자들에게 자극을 주었다. 특히 이들의 관심을 끈 건 대구(cod)라는 물고기였다. 스미스는 이미 대구를 잡아 부자가 되었으므로, 분리주의 청교도들도 대구로 얻게 될 수익에 대한 기대감에 들뜨게 되었다. 1618년 가을 약 200명에 달하는 일부 성급한 청교도들이 아메리카행을 시도했다. 이들은 버지니아와의 공식 협상이 끝나기도 전에 프란시스 블랙웰(Francis Blackwell) 장로를 지도자로 뽑아 무턱대고 아메리카 대륙으로 떠나는 돌출행위를 저질렀다. 준비도 없는 무모한 행위의 대가는 가혹했다. 이들이 6개월 만에 가까스로 버지니아 해안에 도착했을 때 살아남은 사람은 50여 명뿐이었다.

최초의 성문 헌법 '메이플라워 서약'

1620년 스크루비 그룹은 버지니아 회사로부터 버지니아에 정착할 수 있는 허가를 얻었고, 왕으로부터 "만약 조용히 떠나만 준다면 그들을 괴롭히지 않으리라"는 언질을 받았다. 그해 7월 22일 30여 명은 스피

드웰(Speedwell)호를 타고 일단 영국으로 향했다. 수가 적어 동행할 사람을 모집했다. 1620년 9월 6일 35명의 '성도(saints, 분리주의 퓨리턴)'와 67명의 '이방인(strangers, 그들의 교파에 속하지 않은 사람들)' 등 102명을 태운 메이플라워(Mayflower)호가 영국 플리머스를 출발했다.

메이플라워호는 길이 90피트, 무게 180톤짜리 노르웨이 목조 범선이었다. 원래 화물수송선이어서 배엔 고기 썩은 냄새와 기름 냄새 등 악취가 진동했다. 청교도들은 66일간의 길고 위험한 항해 끝에 1620년 11월 11일 육지, 즉 현재 케이프코드(Cape Cod) 해안을 발견했다. 그곳은 그들의 목적지가 아니었지만 더이상 항해하기에는 너무 늦은 계절이라 정착지를 케이프코드 북부 지역으로 결정했다. 계약조건을 내세우는 선장과 식민지회사 일부 관계자들이 하선을 재촉하는 바람에 그런 결정을 내렸다는 설도 있다. 이곳은 존 스미스가 뉴잉글랜드를 탐험하는 동안 그린 지도 위에 '플리머스'라고 이름붙인 지역이었다. 플리머스는 버지니아 회사의 영역 밖에 있었기 때문에 정착민들은 회사의 법칙에 복종할 필요가 없었다. 바로 이 점을 노리고 선장에게 뇌물을 먹여 일부러 엉뚱한 곳으로 갔다는 설도 있다.

청교도들이 버지니아사 권한 밖에 있는 육지로 상륙할 것을 결정하자 '이방인들'은 청교도 지도자들의 명령을 받지 않겠다고 선언했다. 청교도와 이방인들은 이미 항해 중에 서로 융합하기 어렵다는 걸 깨닫고 있었다. 이에 대해 정만득(2001)은 다음과 같이 말한다.

"배 위에서는 수시로 목소리를 높여 찬송을 부르며 큰 소리로 기도하는 이 '성도'들은 '이방인'들을 곱지 않은 눈초리로 바라보았다. '성도'들은 자기들의 신앙을 동승한 국교도들에게 기어이 전수하고

재건된 메이플라워호. 길이 90피트, 무게 180톤의 목조 범선으로 종교박해를 피해 아메리카로 떠나는 청교
도들을 태우고 대서양을 건넜다.

야 말겠다는 드센 기세였고, '이방인'들은 전체의 3분의 1밖에 되지
않는 이 '성도'들이 너무 극성스럽게 배타적으로 행동하는 것을 용납
하려 하지 않았다. 심지어 그들은 이 소수 '성도'들의 과격한 행위 때
문에 하나님의 진노를 사 배가 무사히 목적지까지 도착할 수 있을지
조차 걱정스러워 했다."

청교도 필그림(Pilgrim, 순례자) 지도자들은 이 반란의 위협에 신속히
대처하면서 성인 남자 대부분의 동의를 받아 짤막한 자치정부 선언문
을 만들었다. 거친 양피지 위에 쓰인 서약의 내용은 다음과 같다.

"하나님의 이름으로, 아멘. 경외하는 군주이신 제임스 왕에게 충성
하는 우리 서명자 일동은 하나님의 영광과 기독교신앙의 전파, 그리

고 우리 국왕과 국가의 명예를 위하여 북부 버지니아의 첫 식민지 개척사업에 착수하였다. 이에 하나님 앞에서 엄숙하게 서로에 대하여 계약을 맺고, 위에 언급한 우리의 목적을 더욱 잘 가다듬고 보존하고 추진해나가기 위하여 우리 자신들을 하나의 시민적 통치체 안에 통합하며, 그에 따라 수시로 식민지 전체의 이익을 위해 적합하다고 판단되는 여러 가지 정당하고 평등한 법, 규정, 조례, 헌법, 관직 등을 제정하고 구성하고 설치할 것이며, 그 모든 것들에 대한 우리의 굴복과 순종을 약속하는 바이다." (정만득 2001)

1620년 11월 11일 남자 성인 41명이 선상에서 이에 서명했다. 이것이 북아메리카 최초의 성문헌법으로 간주되는 메이플라워 서약(Mayflower Compact)이다. 윌리엄 브래드퍼드(William Bradford, 1590~1657)가 "이 땅에서의 최초의 정부의 기반"이라고 이름 붙인 이 문서는 북아메리카 영국 식민지의 자치에 관한 최초의 문서가 되었다. 이에 따라 청교도 지도자 존 카버(John Carver, 1576?~1621)가 만장일치로 정착지 지사로 선출되었다. 영국 식민지에서 선출된 첫 민선 지사였다. 그들은 몇 차례에 걸쳐 무장 선발대를 보내 인근 지역을 탐사한 뒤 한 달여 만인 12월 21일 보스턴에서 동남쪽으로 60킬로미터 떨어진 플리머스 록(Plymouth Rock)해안에 내렸다.

오늘날 플리머스라는 항구도시는 청교도들이 맨 처음 디딘 돌에 '1620년'이라는 글자를 새겨 박물관에 전시해 소중히 기념하고 있다. 독립전쟁 중 이 바위가 애국주의의 상징이 될 수 있다고 판단해 바위를 광장으로 옮기려던 순간 바위가 두 쪽으로 깨지자 사람들은 이것을 미국이 반드시 영국으로부터 분리될 것임을 예언하는 것이라고 해석했다고 한다. 깨진 바위의 위쪽 반만이 광장으로 옮겨져 전시되다가, 1830년 세워진 박물관 전시실로 옮겨졌다. 그게 과연 진짜로 처음 디딘 돌인지 확인할 길은 없지만, 관람객들이 기념 삼아 자꾸 그 돌을 잘라가는 바람에 사람의 손이 닿지 않도록 조치했다고 한다. 관람객들은 대부분 생각했던 것보다 바위의 크기가 작다는 것에 놀란다.

추수감사절의 기원

메이플라워호를 타고 온 이주민들은 첫해 겨울에 영양실조와 질병 등으로 반이 죽었다. 이들은 믿기지 않을 정도로 생존법에 무지했다. 고기잡이에 큰 기대를 걸었으면서도 필요한 도구도 제대로 챙겨오지 않았거니와 고기를 잡는 방법도 몰랐다. 뉴잉글랜드 바다에선 10여 척의 영국 배가 대구를 무더기로 건져 올리고 있었지만, 이들은 거의 굶어 죽어가고 있었다.

1621년 3월 16일 이들에게 행운이 일어났다. 이전에 영국 탐험대에 동행했던 덕분에 영어를 할 줄 아는 인디언 사모세트(Samoset)가 나타난 것이다. 그는 이들과 부근 왐파노아그(Wampanoags) 인디언들 사이에 물자를 거래할 수 있는 길을 터주었다. 이후 인디언들이 물고기를 잡고 옥수수를 기르는 법을 가르쳐준 덕분에 백인들은 연명할 수 있었다. 10월 첫 번째 추수 후 정착민들은 추수감사절 파티를 열고 원주민들을 초대했다. 겨울에 사망한 카버에 이어 새 지사가 된 브래드퍼드는 이 날을 '감사의 날(thanksgiving day)'로 선포했다. 이게 바로 오늘날 미국의 최대 명절인 추수감사절의 기원이다. 1789년 11월 29일 조지 워싱턴(George Washington, 1732~1799) 대통령이 처음으로 추수감

1621년 인디언의 도움으로 연명할 수 있게 된 백인들은 10월 첫 번째 추수 후 파티를 열고 원주민들을 초대했다. 브래드퍼드는 이 날을 '감사의 날'로 선포했고, 이것이 오늘날 미국 최대의 명절이 된 추수감사절의 기원이다.

사절을 국경일로 선포했으며, 1939년에는 11월 셋째 주 목요일로 추수감사절을 변경했다가 1941년 의회에서 법률을 통해 11월 넷째 주 목요일로 확정해 오늘에 이르고 있다.

추수감사절에 반드시 칠면조 요리를 해먹는 것은 인디언들이 백인들에게 칠면조 사육법을 가르쳐준 일을 기리기 위해서인데, 칠면조와 관련해선 지금까지도 재미있는 일화가 전해지고 있다. 인디언 사냥꾼과 백인 사냥꾼이 사냥한 동물을 반으로 나누기로 하고 함께 사냥을 했다. 그런데 늘 백인이 야생 칠면조를 갖고 그보다 못한 까마귀 등을 인디언이 갖게끔 하자, 참다못한 인디언이 "나는 언제쯤 칠면조를 갖겠다고 말할 수 있는가?'라고 물었다고 한다. 여기서 유래돼 오늘날 'talk turkey'는 '솔직하게 터놓고 말하다' '진심으로 정색하고 말하다'의 뜻을 갖게 되었다. 칠면조를 'turkey'라고 부르게 된 것은 1523~1524년경 터키 상인들에 의해 칠면조가 유럽에 처음 소개되었기 때문이라는 설이 유력하다.

그런데 추수감사절이 원래 인디언의 축제라는 주장도 있다. 로웬(Loewen 2001)은 "추수감사절의 진실한 역사는 당혹스런 사실들을 폭로한다. 이 전통은 순례자들이 만든 것이 아니라, 동부 인디언이 몇 세기 동안 가을 추수 축하의식을 행하면서 시작되었다"며 다음과 같이 말한다.

"조지 워싱턴이 추수감사절을 국가적 날로 챙겼다고는 하지만 지금과 같은 축하의 날로 된 것은 사실 1863년이 되어서였다. 남북전쟁 동안 북군은 이런 의식이 불러일으킬 수 있는 애국주의를 필요로 하였기 때문에, 에이브러햄 링컨이 추수감사절을 국경일로 선포한 것이었다. 순례자들과 추수감사절은 아무 관련이 없다. 1890년대까지 이들은 전통에 포함조차 되지 않았고, 1870년대까지 어느 누구도 '순례자'라는 어휘를 사용하지 않았다. 미국 역사가 추수감사절에 부여한 이데올로기적 의미는 당황함을 증폭시킨다. 추수감사절 전설은 미국인을 민족중심주의자로 만든다. 결국 신이 우리 문화 편에 있다면, 왜 우리가 다른 문화를 심각하게 생각해야 하는가?"

1970년 매사추세츠주 상무성이 순례자 상륙 350번째 기념을 축하하기 위해 왐파노아그 인디언에게 연사를 선택해달라고 요청했다. 프랭크 제임스(Frank James)라는 이름의 인디언이 선택되었지만, 연설원고를 사전에 검열한 상무성 당국은 그의 연설기회를 박탈했다. 도대체 무슨 내용이었기에 그랬을까? 그 내용은 다음과 같다.

"오늘은 당신들을 축하할 시간입니다. …… 그러나 나로서는 축하할 시간이 아닙니다. 내 동족에게 일어났던 일을 회상해 볼 때 가슴이 무겁습니다. …… 순례자들은 내 조상의 무덤을 파헤쳐 물건을 훔치고 옥수수, 밀, 콩 낱알을 훔치면서, 케이프코드를 4일간 탐험하였습니다. …… 왐파노아그족의 위대한 추장이신 마사수와는 이 사실을 알았지만, 정착민을 환영했고 우정으로 대해 주었습니다. …… 다음과 같은 사실을 알지 못하고 말입니다. …… 50년이 지나기도 전에 왐파노아그족과 정착민 주변에 살았던 다른 인디언은 그들의 총에 맞아 죽었거나, 그들로부터 전염된 질병으로 죽었습니다. …… 비록 우리의 삶의 방식은 거의 사라지고 우리의 언어는 사멸되었지만, 우리 왐파노아그족은 여전히 매사추세츠의 땅을 걸어다닙니다. …… 과거의 일은 변화될 수 없지만 오늘날 우리는 보다 좋은 미국, 사람과 자연이 다시 한 번 중요한 인디언의 미국을 향해 일합니다."(Loewen 2001)

2005년 11월 24일 미국의 심장부 뉴욕이 화려한 추수감사절 퍼레이드로 흥청이던 날, 북아메리카 원주민 3000명은 인디언 권리운동의 성지(聖地)인 미국 샌프란시스코의 앨커트래즈(Alcatraz)섬을 찾아 추수감사절을 애도하면서 "추수감사절(Thanksgiving Day)이 아니라 추수강탈절(Thankstaking Day)이다"고 주장했다. 이들은 "식량을 나눠주며 백인들이 겨울을 날 수 있도록 도와준 것은 명백한 실수였다"면서 "기력을 차린 백인들은 원주민을 배반하고 땅을 빼앗았다"고 말했다.

네덜란드의 맨해튼 정착

제임스타운과 플리머스에 영국 식민지가 자리 잡기 시작한 지 얼마 되지 않은 1624년 네덜란드인들은 네덜란드 서인도회사가 허드슨강, 델러웨어강, 코네티컷강에 일련의 교역소들을 설치하자 제임스타운과 플리머스 사이의 지역에 끼어들었다. 그 결과 맨해튼(Manhattan) 섬에 '뉴네덜란드' 식민지와 주요 도시인 '뉴암스테르담(New Armster-dam)'이 건설되었다. 이들은 교회를 짓기보다는 돈을 벌기 위해 상점을 열었기 때문에 뉴암스테르담은 17세기 100년 동안 교회가 없는 '불신자의 도시'였다.

전체 길이가 12마일에 불과한 맨해튼의 좁다란 섬에 도착한 네덜란드의 최초 이주민들은 자신들의 정착지로 택한 땅의 지대를 인디언들에게 지불하지 않았다. 1624년 그곳에 도착한 피터 미누이트(Peter Minuit, 1580~1683)가 이주민 대표로 뽑혀 인디언 추장들과 협상을 벌였다. 그는 맨해튼 섬 전체를 60길더(24달러) 상당의 물품 2상자(아마도 전투용 도끼, 옷, 금속 냄비류, 투명구슬 등)로 구입했다. 신앙심도 약한 데다 교역지라 각양각색의 이주민들이 모여들어 1640년경엔 최소한 18개 언어가 통용되었다. 네덜란드와 왈룬(Walloon, 프랑스어를 쓰는 벨기에 남부 신교도) 이주민 중에는 훗날 미국 대통령을 2명이나 배출한 루스벨트가의 조상도 있었다.

1643년 와핑거족 학살사건이 일어났다. 네덜란드인 농부 한 명이 살해된 일을 계기로 뉴암스테르담 총독이 와핑거족에 대한 학살명령을 내린 것이다. 와핑거족은 피난처를 찾아 그들을 찾아온 우호적인 종족이었건만 학살의 잔인성은 훗날에 발휘될 영국인들의 잔인성 이상이었다. 데이비스(Davis 2004)는 다음과 같이 말한다.

"여든 명의 인디언들이 자다가 머리가 잘려나가는 봉변을 당했으며, 잘려나간 머리는 장대에 꽂혀 맨해튼에 전시되었다. 어떤 네덜란드 여인은 그 머리들을 발로 차 땅바닥에 떨어뜨렸다. 포로로 잡힌 어떤 인디언은 거세가 된 뒤 산 채로 가죽이 벗겨졌으며, 네덜란드인 총독이 낄낄대며 보는 앞에서 자신의 살점을 먹도록 강요당했다."

이주민들은 인디언들에 대한 일종의 보호막으로 1653년 맨해튼 남단에 벽(Wall)을 세웠는데, 훗날 월스트리트(Wall Street)라는 이름은 여기서 유래되었다. 당시 네덜란드의 항해가 매우 활발했다는 건 항해 중 조선에 표착한 네덜란드인 얀 얀스 벨테브레(Jan Janse Weltevree, 1595~?)와 헨드릭 하멜(Hendrick Hamel, 1630~1692)을 통해서도 알 수 있다. 1627년(인조 5년)에 표착한 벨테브레는 조선에 귀화해 박연(朴淵)이라는 이름으로 살았고, 1653년(효종 4년) 8월 16일 표착한 하멜은 1666년 9월 14일 일본으로 탈출할 때까지 조선에서 약 13년을 살았다. 1668년 암스테르담과 로테르담에서 출간된 『하멜 표류기』는 선풍적인 인기를 얻음으로써 그때까지는 전혀 알려지지 않았던 조선이 유럽인들의 관심을 불러일으켰다.

그러나 조선은 관심의 대상만 되었을 뿐 나라 밖을 관심의 대상으로 삼지는 못했다. 역량부족과 더불어 당파싸움이라고 하는 내부 갈등에 관심과 에너지를 소진시켰기 때문이다. 효종이 죽자 어머니인 자의대비가 얼마 동안 상복을 입어야 하는지를 둘러싸고 서인과 남인 간에 이른바 '제1차 예송(禮訟) 논쟁'(1659년)이 일어났고, 효종비가 죽자 다시 '제2차 예송 논쟁'(1674년)이 일어나는 등 그야말로 비생산적인 일에 목숨을 거는 싸움을 하고 있었다. 물론 싸움을 하는 당파의 당사자들에겐 권력의 향방이 걸린 중요한 일이었겠지만, 국력을 키우는 데엔 백해무익한 일이었다.

참고문헌 Brinkley 1998, Boorstin 1991, Brown 1996, Bryson 2009, CCTV 2007, Davis 2004, Gordon 2002, Kurlansky 1998, Loewen 2001, Tannahill 2006, Weil 2003, 김동길 1987, 김영원 외 2003, 정만득 2001, 진인숙 1997, 최민영 2005, 하일식 1998

'언덕 위의 도성'
매사추세츠 식민지의 건설

매사추세츠회사의 식민사업

1625년 제임스 1세의 사망 후 그의 아들 찰스 1세(Charles I, 1600~1649, 재위 1625~1649)가 왕위를 계승하자 퓨리턴 탄압은 더욱 심해졌다. 찰스 1세는 1629년 3월 10일 의회를 해산하고 절대군주로 군림하고자 했다. 이런 상황에서 퓨리턴 상인들은 아메리카 대륙에서 기회를 잡을 수 있는 새 기업을 조직했다. 그들은 의회 해산 1주일 전 매사추세츠 회사(Massachusetts Bay Company)를 세우고 그들의 종교적 성향을 알지 못한 왕으로부터 신세계에서 식민사업을 할 수 있는 특허를 받아냈다. 1629년 그들은 상당수의 정착민을 뉴잉글랜드로 보낼 준비가 되어 있었다.

이 회사의 구성원 중에는 상업적 모험이 아니라 종교적 피난처를 건설할 것을 결심한 이들이 있었다. 이들은 1629년 10월 20일 영국에 머물기를 선호하는 회사 주주들로부터 지분을 사들여 존 윈스롭(John

Winthrop, 1588~1649)을 식민지 초대 지사로 선출했다. 윈스롭은 1630년 4월 8일 뉴잉글랜드로 향하는 항해를 총감독했다. 대부분 가족단위로 구성된 1000명의 사람들이 두 차례에 걸쳐 17척의 배에 나누어 타고 뉴잉글랜드로 향했다. 세일럼(Salem) 근처에 도착 후 처음 맞는 겨울 동안 거의 200명이 죽었고, 많은 사람들이 다시 돌아갈 것을 결심했지만, 제임스타운보다는 훨씬 빨리 사람이 많아지고 번성하게 되었다.

반면 메이플라워호를 타고 온 퓨리턴들이 살고 있는 플리머스의 영향력은 현저히 위축되었고, 인구는 제자리걸음상태를 면치 못했다. 플리머스는 1691년 영국 정부의 결정에 따라 매사추세츠에 병합돼 독립 식민지로서의 지위를 잃게 된다.

정착 10년 후 매사추세츠 동부 지역에 찰스타운, 뉴타운(후에 케임브리지로 개명), 록스베리, 도체스터, 워터타운, 입스위치 콘코드, 서드베리 등의 마을이 건설되었으며, 찰스강 어귀의 보스턴항이 그 중심지가 되었다. 1640년경 보스턴의 인구는 2만 명으로 증가했다. 이 퓨리턴들은 플리머스 식민지 건설자인 분리주의자들과는 달리 영국 국교회로부터 분리하겠다는 생각이 없었다. 이

존 윈스롭. 식민지 초대 지사로 1630년 분리파 및 독립파 청교도 1000여 명을 이끌고 신대륙으로 건너갔다. 매사추세츠 식민지의 아버지라 불린다.

들은 종교적 자유를 누리는 것만으로 만족했다. 각 교회가 자기들의 목사를 선출하고 교회 일을 관장함에 따라 회중(會衆)들에 의해 운영되는 회중교회(Congregational church)가 성립되었다. 1592년 로버트 브라운(Robert Browne, 1550~1633)이 발표한 조합이론을 토대로 형성되었다고 해서 조합교회라고도 했다. 영국에서는 칼뱅을 따르는 장로파와 구별하기 위해 스스로 독립파(Independents)라고 불렀다.

'언덕 위의 도성'과 종교갈등

뉴잉글랜드는 훗날의 메인, 뉴햄프셔, 버몬트, 매사추세츠, 로드아일랜드, 코네티컷 등 6개 주를 포괄하는 지역인데, 퓨리턴들에게 뉴잉글랜드는 성서에 나오는 가나안(Canaan) 땅의 새로운 구현이 되었다. 이들은 하나님의 진리가 언제나 살아 있는 성스러운 공화국(a holy commonwealth)의 수립을 소망하였으며, 죄인은 그 자신의 어떤 장점이나 노력을 통해서가 아니라 하나님의 은혜에 의해서만 구원을 받는다는 확신을 신앙의 근간으로 삼았다.

퓨리턴은 부패한 세계에 대해 모범이 되는 신성한 사회, 즉 '언덕 위의 도성(都城, city upon a hill)'을 건설해야 한다고 믿었다. 이는 신약성경의 마태복음 5장 14절에 근거한 것이었다. "너희는 세상의 빛이라 산 위에 있는 동네가 숨기우지 못할 것이요(You are the light of the world. A city upon a hill cannot be hidden)." 윈스롭은 자신들이 건설한 '언덕위의 도성'이 기독교적 사랑의 기능이 무엇인가를 구체적으로 보여주는 공동체가 되어야 한다고 생각했다. 그러나 그것은 실현되기 어려운 이상이었다. 윈스롭은 상륙 후 채 두 달이 지나기도 전에 아내에게 보낸 편지에서 "사탄이 우리들 가운데 힘을 뻗쳐 …… 일부 사람들은 영국에 있을 때보다 훨씬 더 사악해진 것 같다"고 개탄했다.

내실이야 어찌됐건 청교도들은 적어도 겉으로는 순수함과 신성함을 강조했다. 그래서 이교도들은 영국에서 퓨리턴들이 자유를 누리지 못했던 것처럼 이곳에서도 자유를 누리지 못했다. 1637년 존 윌라이트(John Wheelwright, 1592~1679) 목사는 자기들을 반대하는 모든 사람을 죽이는 것이 하나님의 말씀을 따르는 길이라는 내용의 설교를 해 논란을 빚었는데, 이런 유형의 갈등은 끊임없이 일어났다. 종교는 식민지 내에 여러 독립세력이 생겨나는 가장 큰 이유가 되었다.

특히 메릴랜드 식민지의 종교갈등이 주목할 만하다. 첫 번째 볼티모어경(Lord Baltimore)인 조지 캘버트(George Calvert, 1579~1632)는 영국 국교의 탄압을 받는 영국 가톨릭교도에게 피난처를 제공할 수 있다는 장삿속으로 가톨릭으로 개종하였다. 그가 식민지를 건설할 수 있는 특허를 왕으로부터 얻어내고자 협상하던 중에 죽자 두 번째 볼티모어경인 그의 아들 세실리우스 캘버트(Cecilius Calvert, 1605~1675)가 마침내 특허장을 받아내 1634년부터 식민지 건설사업을 시작했다. 식민지는 찰스 1세의 왕비인 앙리에타 마리아(Henriette Marie de France, 1609~1669)의 이름을 따서 메릴랜드(Maryland)로 명명되었다.

캘버트는 정착민이 모자라자 프로테스탄트교도들도 이주하도록 장려했다. 그는 식민지에서 가톨릭교도는 언제나 소수일 것임을 깨닫고 1649년 '종교에 관한 법(Act Concerning Religion)'으로 구현된 종교적 관용정책을 채택했다. 이 법은 모든 기독교도들에게 종교의 자유를 보장했지만, 메릴랜드의 정치는 수년 동안 소수인 가톨릭교도들과 다수인 프로테스탄트교도들 간의 긴장과 잦은 폭력으로 재앙상태에 이르렀다.

코네티컷 · 로드아일랜드의 탄생

1636년 뉴타운의 목사인 토머스 후커(Thomas Hooker, 1586~1647)는 매사추세츠정부에 반기를 들고 자신의 신도들을 데리고 서쪽으로 가서 하트포드(Hartford) 마을을 건설했다. 4년 후 하트포드 사람들과 근처에 새로 건설된 두 개의 마을 사람들이 모여 정부를 세우고 '코네티컷 기본법(the Fundamental Orders of Connecticut)'으로 알려진 헌법을 채택했다.

코네티컷강 연안의 뉴헤이번 주변에서 또 다른 식민지가 성장하였고, 하트포드와 달리 이 식민지는 보스턴 식민지 건설자들의 종교적 방종에 대해 우려했다. 1639년에 만들어진 '뉴헤이븐기본법(the

내러갠시트 인디언에게 가 몸을 피하는 로저 윌리엄스. 인디언에게 우호적이던 로저 윌리엄스는 식민정부에 의해 위험인물로 낙인되었으나 2년간 숨어 지내다가 새로운 마을, 로드아일랜드를 건설했다.

Fundamental Orders of New Haven)' 은 매사추세츠 식민지보다 더 엄격한 신정(Bible-based)정부를 건설했다.

매사추세츠 세일럼에 살던 목사 로저 윌리엄스(Roger Williams, 1603~1683)는 확고한 분리주의자로서 매사추세츠교회가 영국 국교회에 대하여 명목상의 충성도 하지 말아야 한다고 주장했다. 그는 인근의 인디언들에게 우호적이었고 식민지인들이 차지하고 있는 땅이 본래 왕이나 매사추세츠회사 소유가 아니라 원주민들의 땅이라고 주장했다. 식민지정부가 그를 위험인물로 간주해 쫓아내려고 하자 그는 그 전에 도피했다. 그는 1635~1636년의 겨울 동안 내러갠시트(Narragansett) 인디언들에게 숨어 있다가 봄이 되자 그들로부터 일대의 땅을 사서 몇몇 추종자들과 함께 프로비던스(Providence, 섭리) 마을을 건설해 완벽한 종교의 자유를 실현하고자 했다. 고통과 박해 속에서도 자신을 돌보시는 하나님의 놀라운 섭리의 역사(役事)임이 분명하다고 판단해 '섭리의 땅'으로 명명한 것이다. 1644년 영국 의회로부터 특허장을 받아낸 윌리엄스는 프로비던스 주변의 정착지를 통치할 정부를 만들었다. 로드아일랜드(Rhode Island)의 탄생이다. 한동안 로드아일랜드는 모든 종교가 아무런 제약 없이 허용된 유일한 식민지였으며, 뉴포트(Newport)는 최초의 유대인 정착지가 되었다. 식민지 최초의 구빈법(1647)이 제정된 곳도 바로 로드아일랜드였다.

로드아일랜드가 건설 중이던 1637년 매사추세츠 성직자들과 치안판사들에 의해서 재판을 받고 반란 및 사회기강혼란 조성혐의와 그들의 사회에 맞지 않는 여자로 낙인이 찍혀서 추방명령을 받은 앤 허친슨(Anne Hutchinson, 1591~1643)과 그녀의 추종자들(35세대)이 프로비던스로 이주하였다. 14명의 자녀를 둔 허친슨은 로저 윌리엄스처럼 인디언을 옹호했으며, 일반인들도 성경을 스스로 해석할 수 있다고 주장하면서 목사의 권위에 도전하였다. 그녀는 오직 성령이 인도하는 내적 광명에 의해서만 구원받을 수 있으며 인간은 하나님이 부여한 내적 성령의 은혜에 따라서 행동해야 한다고 주장했었다.

뉴햄프셔와 메인은 1629년 두 사람의 영국인 경영인에 의해 건설되었다. 뉴햄프셔는 1679년에 독자적인 식민지가 되었으나 메인은 1820년까지 매사추세츠 식민지의 한 부분으로 남아 있었다. 이렇게 해서 1630년대 말 영국 정착민들은 앞으로 미국 공화국을 구성할 13개의 주 중에서 버지니아, 매사추세츠, 메릴랜드, 코네티컷, 로드아일랜드, 뉴햄프셔 등 6개 주를 건설하였다.

1637년 '피쿼트전쟁'

뉴잉글랜드 초기 정착민들은 일반적으로 인디언들과 우호적인 관계를 유지하였고 그들로부터 농업에 대해 많은 것을 배웠지만, 점차 갈등 관계로 접어들었다. 그 이유에 대해 브링클리(Brinkley 1998)는 다음과 같이 말한다.

"이는 백인 식민지인들이 토지에 대하여 지나치게 탐욕스럽고 그 결과 인디언 영토를 계속 잠식해 들어갔기 때문이었다. 이 갈등의 특수한 성격과 백인이 인디언을 매우 잔혹하게 공격한 것은 원주민에 대한 퓨리턴의 태도에 기인하였다. 뉴잉글랜드의 종교 지도자들은 인디언들을 신세계에서 그들이 신국을 건설하는 데 위협이 된다고 간주하였고, 특히 로저 윌리엄스와 같은 이단들이 그들과 가까운 관계를

피쿼트전쟁을 그린 삽화. 1637년 영국 장교를 죽인 살인자를 인도하기를 거부했다는 이유로 피쿼트족과 백인 간에 전쟁이 벌어졌다. 백인들은 인디언 주민 600명을 살해하고 마을을 불태웠다.

맺자 더욱 그런 생각을 굳혔다. 점차 인디언들은 고마운 이웃이라던 생각이 그들은 '이교도'이고 야만인이라는 생각으로 바뀌어갔다."

1631년부터 천연두가 기승을 부리자 식민지 개척자들은 신의 뜻이 인디언과 싸우고 있는 자신들의 편에 있다고 확신하게 되었다. 훗날 청교도 목사 인크리스 매더(Increase Mather, 1639~1723)는 "신이 인디언들 사이에 천연두를 보냄으로써 갈등을 끝냈다"고 말했다. 물론 인디언들은 천연두에 대한 면역력이 없는 것을 두고 한 말이었다. 훗날 한 선교사는 "인디언들은 전염병에 너무도 쉽게 죽어갔기 때문에 마치 서양인의 모습과 냄새가 그들의 영혼을 빼앗는 것 같았다"고 말할 정도였다.

1637년 5월 코네티컷 계곡의 영국인 정착민들과 그 지역의 피쿼트(Pequot) 인디언 사이에 큰 불화가 발생했다. 1년 전 피쿼트족이 한 영국 장교를 죽인 살인자들을 영국에 인도하기를 거부했다는 이유로 발생한 이 전쟁은 '피쿼트전쟁(Pequot War)'으로 알려지고 있다. 백인들은 인디언 주민 600명을 살해하고 마을을 불태웠다. 성인남자들은 모두 살해했는데, 윌리엄 브래드퍼드는 훗날 "사람들을 불태워 죽이는 광경은 차마 눈뜨고 볼 수 없을 정도로 참혹했다. 그러나 승리하는 데 있어 이것은 달콤한 희생처럼 보였는지, 이들은 자신들을 위해 이런 놀라운 일을 하신 신을 찬양하였다"고 썼다. 백인 정착민들은 인디언 소년들을 노예 상인에게 팔았으며 여자들은 청교도의 노예로 만들었다. 이 전투로 피쿼트족은 사실상 소멸되었다.

영국 정착민들에게 가장 큰 축복은 대구였다. 1629년 세일럼의 청교도 목사 프랜시스 히긴슨(Francis Higginson, 1588~1630)은 "바닷물고기가 얼마나 많은지 거의 믿기지 않을 정도"라고 했는데, 1640년에 이르러 매사추세츠만 식민지는 세계시장에 30만 마리의 대구를 수출했다. 대구는 각종 공식 문장(紋章)으로 사용되었으며, 훗날(1776) 발행된 아메리카의 첫 주화에도 대구가 들어갔다. 일반적인 미국사 책들은 워낙 '정치과잉'인지라 이 시기 대구의 중요성에 대해 거의 언급하고 있지 않지만, 대구가 없었더라면 미국사는 크게 달라졌을지도 모른다. 대구의 풍요는 아메리카가 자연적으로 축복받은 땅이었다는 걸 말해주지만, 미국인들은 이러한 축복을 자신들이 특별한 사람들임을 입증해주는 걸로 이해하게 된다.

참고문헌 Brinkley 1998, Davis 2008, Jacquin 1998, Kurlansky 1998, Loewen 2001, McNeill 2005a, Parker 2009, Persons 1999, Zinn 1986, 이구한 2006, 이주영 1995, 정만득 2001, 최웅·김봉중 1997, 한국복지연구회 1988

"그래도 지구는 돈다"
갈릴레이 종교재판

코페르니쿠스의 지동설

역사의 이해에서 자주 저지르는 오류 중의 하나는 수백 년 전의 세상을 자꾸 오늘의 잣대로 평가하려는 유혹에 빠지는 것이다. 지구가 태양 주위를 돈다는 지동설은 오늘날엔 의심할 나위가 없는 자명한 진리이자 상식으로 통용되고 있지만, 매사추세츠 식민지가 건설되던 시기의 유럽사회는 지동설을 종교의 이름으로 탄압하고 있었다. 이 시대에 대한 정확한 이해를 위해 그런 '종교독재'의 실상을 살펴보고 넘어갈 필요가 있다.

북부 폴란드 출생으로 아마추어 천문학자인 니콜라우스 코페르니쿠스(Nicolaus Copernicus, 1473~1543)가 지동설을 발표한 때는 1530년대 말이었다. 문예부흥의 분위기가 무르익던 시절이다. 그는 레오나르도 다빈치가 한창일 때 태어났으며, 미켈란젤로(Michelangelo, 1475~1564)와 동년배였다. 그는 지동설을 취미로 창안해냈는데 친구와 제자들이 이것을 출판하도록 유도했다. 그는 거부했지만, 제자인 오스트리아 출신 게오르그 요아힘(Georg Joachim, 1514~1574)이 대신 요아힘의 이름으로 출판하는 것은 허용했다. 요하힘은 마법사로서 참수를 당한 마을의사인 아버지의 낙인을 피하기 위해 이름을 레티쿠스(Rheticus)로 바꾼 인물이다. 그는 1540년 초 단치히(Danzig)에서 책을 출판하였다.

니콜라스 코페르니쿠스. 지동설을 주장했다.

이후 코페르니쿠스의 『천구(天球)의 회전에 관하여(De revolutionibus orbium coelestium)』가 출간되었다. 지동설은 당시로선 용납되기 어려운 이단이었지만, 코페르니쿠스가 자신을 강하게 드러내지 않은데다 서기 2세기에 형성된 기존 프톨레마이오스체계의 많은 부문은 건드리지 않고 그대로 두어 큰 문제가 되진 않았다. 게다가 책은 라틴어로 쓰여 교회를 크게 위협하지도 않았다. 책의 출간 이전에 이미 코페르니쿠스의 주장을 접한 루터는 1539년의 설교에서 코페르니쿠스를 '건방진 점성가'로 부르면서 "이 바보는 전 천문 과학을 뒤엎으려 하고 있다. 그러나 거룩한 성경은 여호수아가 멈추게 한 것은 태양이지 지구가 아니었다고 우리에게 가르쳐주고 있다"며 그의 처형을 주장했다. 반면 교황 레오 10세(Leo X, 1475~1521)는 코페르니쿠스를 지원하고 자문을 구하기도 했으니, 참으로 묘한 일이었다. 『천구의 회전에 관하여』가 널리 배포되면서 점차 문제가 되었을 땐 코페르니쿠스는 이미 죽은 뒤라 문제 삼기도 어려웠다.

그래서 코페르니쿠스의 지동설은 반세기 동안 아무 일도 없었다는 듯이 별 주목도 받지 못한 채 그냥 흘러가고 말았다. 반세기가 지난 1596년 독일의 요하네스 케플러(Johannes Kepler, 1571~1630)가 『우주의 신비(Mysterium cosmographicum)』라는 책을 통해 코페르니쿠스의 이론을 열렬히 옹호했지만, 지동설이 떠들썩하게 문제가 된 건 갈릴레오 갈릴레이(Galileo Galilei, 1564~1642)에 대한 종교 재판 사건 때였다.

갈릴레이의 망원경 관찰

이렇듯 문제가 불거지게 만든 결정적인 원인은 망원경이었다. 이미 1300년대의 베네치아에서는 안경제작이 보편화되었으며, 망원경을 처음 발명한 사람도 단순한 안경 제작자였다. 1608년 네덜란드의 요하네스 리페르스헤이(Johannes Lippershey, 1570~1619)라는 안경제작자가 망원경을 발명하여 네덜란드에서 특허를 신청했다. 갈릴레이는 1609년 우연히 망원경에 대한 소문을 듣고 자신이 직접 제작에 나섰다.

1608년 말 갈릴레이는 30배의 배율을 가진 망원경제작에 성공했다. 그는 망원경을 베네치아 상원에 선물로 기증했다. 당시 망원경은 중요한 전쟁용품으로 여겨졌다. 상원은 망원경제작의 공로를 인정해 다음 해로 끝나는 갈릴레이의 교수 임기를 종신교수로 개정하고, 연봉을 두 배로 올려주었다. 이게 그를 질투하는 동료 학자들의 원한을 사게 했고, 나중에 그의 인생이 험난해지는 이유가 되었다. 갈릴레이는 이미 발명된 망원경을 개량했을 뿐인데, 그에 대한 보상이 지나치다는 게 원한을 사게 된 주요이유였다.

이미 1589년 피사의 사탑에서 낙체(落體)의 법칙을 실험한 바 있는 갈릴레이는 1610년 1월초 망원경으로 하늘을 관찰하기 시작했다. 갈릴레이는 생애 마지막 4년간 눈이 멀었는데, 이것은 망원경을 통해 하루 몇 시간씩이나 태양을 관측했기 때문이었을 것으로 추정된다.

갈릴레이는 그 관찰결과를 1610년 3월 24페이지의 조그만 책자인 『별의 사자(使者, Sidereus Nuncius)』로 출간했다. 이 책자는 코페르니쿠스의 이론에 대한 지지를 표명했다. 그간 케플러마저도 갈릴레이를 설득할 수 없었으나 망원경이 설득한 셈이었다. 갈릴레이는 자신이 발견한 4개의 목성의 위성을 피렌체 메디치(Medici)의 코시모 2세(Cosimo II, 1590~1621) 대공의 이름을 따서, '메디치 행성(Medicean planet)'이라고 명명했다. 또한 그는 대공에게 정교한 망원경 하나를 보냈다. 대공은 갈릴레이에게 금사슬과 메달 하나를 주었을 뿐만 아니라 그해 6월 그를 피사(Pisa)대학교의 수석 수학자 및 대공의 철학자로 임명하고, 수업부담 없이 높은 연봉을 지급하게 했다. 갈릴레이는 1611년 4월 1일 로마에 도착해 교황 바오로 5세(Paulus V, 1552~1621)를 알현하였고, 교황은 그에게 무릎을 꿇고 있지 않아도 좋다는 극히 드문 은혜를 베풀었다.

"그래도 지구는 돈다"

피렌체로 돌아온 갈릴레이는 성경과 코페르니쿠스 이론이 둘 다 진리라고 하는 논쟁을 제기하기 시작했다. 상호모순을 피하기 위해 교묘한 설명을 제시했다. 진리는 하나뿐이나 이것은 두 개의 형태, 즉 성경과

종교재판을 받는 갈릴레이. 『태양 흑점 서신』 출간으로 이단혐의를 받은 갈릴레이는 1615년 초 로마로 소환되었다.

자연의 두 개의 언어형태로 전달된다는 주장이었다. 그럼에도 그는 1613년 『태양 흑점 서신(Lettens on Sunspots)』을 출간함으로써 이단 혐의를 받게 되었다.

1615년 초 갈릴레이는 로마로 소환돼 종교재판을 받았으나, 코페르니쿠스의 『천구의 회전에 관하여』를 교재로 강의하는 것을 중지하라는 명령만 받고 무사히 넘어갔다. 이후 침묵하면서 지내던 갈릴레이는 1624년 자신의 후원자였던 마페오 바르베리니(Maffeo Barberini) 추기경이 새 교황 우르바누스 8세(Urbanus VIII, 1568~1644)로 취임하자 로마를 방문해 1615년의 금지 조치를 철회시켜 달라고 요청했다. 이 만남을 포함해 갈릴레이는 교황과 모두 6차례에 걸쳐 개인적인 만남을 가졌지만 교황은 매번 갈릴레이의 요청을 거절했다.

이 거부가 시사하듯, 성직자들은 점점 갈릴레이가 이단이라는 심증을 굳혀가기 시작했다. 사정이 그러함에도 불구하고 갈릴레이는 1632년 2월 아리스토텔레스적인 우주와 코페르니쿠스적인 우주를 비교하는 『두 우주체계에 관한 대화(Dialogo dei due massimi sistemi del mondo)』를 출간했다. 이는 그의 비판자들에게 좋은 먹잇감이 되었다. 1633년 2월 갈릴레이는 로마로 송환돼 종교재판을 받았다. '공식 이단' 판정보다는 한 단계 낮은 '중대한 이단혐의' 판정이 내려졌다. 6월 16일에 나온 교황의 선고는 무기징역형이었다. 『두 우주 체계에 관한 대화』는 금서가 되었고, 갈릴레이는 자신의 주장에 대한 공개적이고 공식적인 포기 선서를 명령받았다.

6월 22일 수요일 아침 그는 법관 앞에서 무릎을 꿇고 공손하게 자신의 주장이 '명예욕과 질투와 순수한 무지에 의한 실수'였음을 고백했다. 그는 자신의 이전 주장들을 포기했을 뿐만 아니라 앞으로 이단 색출에 적극 임하겠다고 밝히면서 다만 70세의 나이 등 개인적인 고통을 호소하며 선처를 호소했다. 그는 피렌체 교외 아체트리의 한 격리된 집에 유폐되었다. 그는 유폐소로 가기 위해 마차에서 내리던 중 "그래도 그것은 돈다!"(즉 지구는 태양 둘레를 돈다는 의미)고 외쳤다고 한다. 이 이야기는 130년이 지난 후에야 처음으로 알려졌는데, 누군가가 꾸며낸 것일 가능성이 높다는 주장도 있다.

독일 극작가 베르톨트 브레히트(Bertolt Brecht, 1898~1956)의 희곡 『갈릴레이의 생애(Das Leben des Galileo Galilei)』(1938-39)에서 갈릴레이는 고문도구를 보고 겁이 나 신념을 철회한 비겁자로 그려지지만, 종교재판 후 갈릴레이가 죽을 때까지 9년간 가택연금상태에서 시력을 잃어가면서도 저술작업에 몰두했다는 사실을 감안해야 할 것이다. 교황 대리자의 허가 없이는 아무도 갈릴레이를 방문할 수 없었다. 갈릴레이는 이후 4년 동안 책을 저술하는 것으로 시간을 보냈다. 종교재판이 그의 책을 금지했기 때문에 이 책은 나라 밖으로 밀반출되어 출판되었다.

갈릴레이가 복권되기까지는 350년이 더 지나야 했다. 1983년 교황 요한 바오로 2세(Johannes Paulus II, 1920~2005)는 "우리는 갈릴레이가 교회조직으로부터 고난을 받았다는 것을 인정한다. 누구에게 실수가 있었든지 신앙과 학문 사이의 성과 있는 협력을 반대하는 불신을 제거하기 위해서 우리는 우리의 잘못을 정직하게 고백해야 한다"고 선언했다.

갈릴레이가 쓴 최후의 책 『새로운 두 과학(Discors e dimonstrazioni mathematiche intorno a due nuove sienze attenenti alla meccanica)』(1638)은 훗날(1687) 갈릴레이가 죽은 해에 태어난 아이작 뉴턴이 만유인력의 이론을 개발하는 실질적인 기초가 되었다. 뉴턴은 1705년 케임브리지의 트리니티대학에서 여왕 앤(Anne, 1665~1714)이 그에게 기사 작위를 내림으로써 영국에서 과학적 공로로 영예를 받은 최초의 사람이 되었다.

코페르니쿠스에서 뉴턴까지의 과학적 성과를 조선에 본격적으로 소개한 인물은 『지구전요(地球典要)』(1857)를 쓴 혜강(惠岡) 최한기(1803~1877)였다. 이광표(1998)는 "최한기가 빠진 한국 과학사는 있을 수 없다. 그는 개항 이전까지 서양의 자연과학을 가장 많이 그리고 제대로 소개한, 서양과학의 전도사였기 때문이다. 코페르니쿠스의 지동설, 뉴턴의 만유인력에서 망원경, 온도계, 습도계, 파동의 원리, 병리학, 해부학에 이르기까지 과학에 대한 그의 관심과 식견은 놀라울 정도다"고 평가했다.

'대중의 경험'으로 변한 천문학

갈릴레이가 겪은 시련, 과연 무엇이 문제였을까? 권력자를 향한 갈릴레이의 뛰어난 처세술이 적을 많이 만들어 화를 부른 이유가 되긴 했지만, 그게 결정적인 이유는 아니었다. 문제는 망원경이었다. 부어스틴(Boorstin 1986)은 다음과 같이 말한다.

"망원경이 있기 전에는 기독교 정통의 옹호자들도 코페르니쿠스의 사상을 금지시킬 필요를 느끼지 않았다. 그러나 감각에 직접 호소하는 이 새로운 발명품은 하늘에 대한 신부들의 공소(控訴) 영역을 앞질러 침범했다. 천문학이 유식한 자의 신비스러운 이론으로부터 대중들의 경험으로 변모한 것이다."

또 랭턴(Langton 2000)은 "다른 어떤 도구도 사람들의 세계관을 그토록 철저하게 바꿔놓지는 못했다. 망원경의 등장으로 사람들은 지구가 우주의 한 부분에 불과하다는 사실을 받아들일 수밖에 없었다"고 말한다.

로버트 훅이 고안한 현미경. 훅은 개량한 현미경으로 동식물을 상세하게 관찰하고, 코르크 조각을 관찰해 식물의 세포구조를 발견하기도 했다.

망원경의 반대편에 현미경이 있었다. 현미경은 망원경과 같은 시대의 산물이다. 갈릴레이도 망원경을 현미경으로 사용하고자 애썼다. 현미경에 의한 관찰결과로 나온 의미 있는 작업은 1665년 로버트 훅(Robert Hooke, 1635~1703)의

『현미경 도보(Micrographia)』라는 소책자였다. 그가 그의 렌즈를 통하여 보았다고 주장한 '신세계' 는 처음에는 조롱의 대상이 되었다. 이어 안토니 판 레이번훅(Antoni van Leeuwenhoek, 1632~1723)은 한 걸음 더 나아간 관찰을 했는데, 그건 바로 인간 정자(精子)의 관찰이었다. 레이번훅은 1677년 관찰결과를 왕립학회에 보고하면서 "나는 이것들 100만 마리라도 큰 모래 한 알에 미치지 못할 것이라고 판단한다" 며 "그들은 뱀장어가 물속에서 헤엄치는 것처럼 꼬리를 뱀처럼 움직여 이동했다" 고 말했다. 사람들은 "확대경으로 본 것이 아니라 환상으로 본 것" 이라고 그를 비난했다. 이런 비난을 예상했던 그는 보고 시 "식자(識者)들에게 불쾌하거나 분노를 사게 한다면 폐기해도 좋다" 며 깊은 사죄를 표명해야만 했다.

그의 발견은 훗날 프랑스의 세균학자 파스퇴르(Louis Pasteur, 1822~1895)가 출현할 때까지 응용되지 않은 채 방치되었다. 지금으로서는 잘 믿기지 않는 일이겠지만, 17세기는 바로 그런 시대였다. 과학을 수용하는 변화가 일어난 뒤에도 오랫동안 '문화지체' 로 인한 의식과 관습의 완고함 그리고 여기에서 비롯된 광신과 광기는 익숙한 풍경이 되었다. 하긴 그런 게 사람 사는 모습이 아니겠는가.

참고문헌 Bernstein 2005, Boorstin 1983 · 1986, Bury 2006, Friedman 2003, Langton 2000, Rietbergen 2003, Simmons 1997, 김희경 2006, 오철우 2009, 이광표 1998, 이규호 2000, 채수일 1997

성직자를 양성하기 위한 교육
하버드대학의 탄생

하버드가 이끈 '아이비리그'

뉴잉글랜드에서 종교와 교육은 하나였다. 청교도 지도자들의 대부분이 영국 케임브리지대학교의 임마누엘대학(Emmanuel College) 졸업생들이었으므로, 그들은 후손들의 종교교육에 큰 관심을 갖고 있었다. 1636년 이들은 목사를 양성하기 위해 매사추세츠에 최초의 식민지 대학을 세웠는데, 그게 바로 하버드대학이다. 학교 이름은 찰스턴의 목사인 존 하버드(John Harvard, 1607~1638)의 이름을 따랐으며, 대학이 세워진 지역은 나중에 영국의 케임브리지대학을 의식해 케임브리지(Cambridge)라고 불렀다. 하버드 목사는 자신의 300권의 장서와 재산의 반을 이 학교에 기증했다. 하버드는 목사 양성소로 설립되었지만 당시의 유일한 대학이었기 때문에 목회에 뜻이 없는 사람들도 입학했다. 17세기의 하버드 대학 졸업생들 중 목회를 한 사람은 절반이 안되었다.

하버드대학 설립 이후 반세기가 넘게 새로운 대학은 세워지지 않았다. 1693년에서야 영국 국교회가 버지니아 윌리엄스버그에 영국 왕과 여왕의 이름을 딴 윌리엄앤메리대학(William and Mary College)을 설립했는데, 이 학교도 목사를 훈련하기 위한 대학이었다. 1701년 보수적인 회중교도들이 하버드가 자유주의로 흐르는 데 불만을 가지고 코네티컷의 뉴헤이븐에 예일대학을 세웠다. 후원자 중의 한 사람인 일라이후 예일(Elihu Yale, 1649~1721)의 이름을 딴 학교였다. 1746년 대각성(Great Awakening)운동으로 뉴저지대학(College of New Jersey)이 세워졌는데, 나중에 위치한 읍 이름을 따서 프린스턴(Princeton)이 되었다. 이건 신파의 장로교파 대학이었다.

1754년 영국 국교도와 장로교도가 뉴욕에 설립한 킹스대학(King's College)은 후에 컬럼비아대학이 되었다. 1755년 벤저민 프랭클린(Benjamin Franklin, 1706~1790)의 격려로 세속인에 의해 건립된 필라델피아대학(Academy and College of Philadelphia)은 펜실베이니아대학(University of Pennsylvania)으로 바뀌었다. 1765년 부흥주의파의 침례교도는 로드아일랜드에 브라운대학을, 1766년 네덜란드 개혁파의 부흥주의교도는 뉴저지에 퀸스대학(뒤에 럿거스대학)을, 1769년 회중파의 목사는 뉴햄프셔 하노버에서 인디언을 개종시키기 위한 목적으로 세워진 전도학교(1750년 개교)를 다트머스(Dartmouth)대학으로 바꾸었다.

이 대학들은 훗날 아이비리그(Ivy League)로 불리게 되는데, 구체적으로는 하버드, 예일, 프린스턴, 다트머스, 컬럼비아, 펜실베이니아, 브라운, 코넬대 등 미국 동북부에 있는 8개 명문 사립대를 가리킨다. 1902년 8개 대학 간에는 미식축구와 농구 등 경기리그가 공식적으로

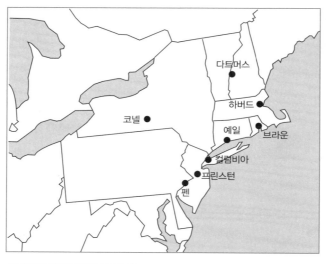

아이비리그 대학의 위치를 나타낸 지도.

결성됐는데, 아이비리그라는 이름의 기원은 이 경기리그에서 비롯되었다. 1930년대 중반 최고의 풋볼 팀은 포드햄(Fordham)대학이었는데, 사람들이 컬럼비아와 프린스턴대학을 포드햄대학과 비교·평가해 달라고 하자 『뉴욕트리뷴』의 스포츠 전문작가인 캐스웰 애덤스(Caswell Adams)는 "두 대학은 그냥 아이비리그에 지나지 않는다"고 대답했다. 학교 건물을 뒤덮은 담쟁이덩굴을 염두에 두고 그냥 역사가 오래된 대학일 뿐이라는 뜻이었다. 스포츠면 편집장인 스탠리 우드워드(Stanley Woodward)는 이 표현에 주목해 그 다음날 이 용어를 인용해서 기사를 썼는데, 이후 널리 쓰이는 표현이 되었다.

'아이비리그=우수 대학'이라는 인식이 강해 아이비리그에 못지않은 명문대인 스탠퍼드대, 매사추세츠공대(MIT), 시카고대, 존스홉킨스대 등을 모은 '아이비 플러스'와 앤아버 미시간대, 오스틴 텍사스대

등 우수한 공립대들을 모은 '퍼블릭 아이비'란 별칭도 있다. 이왕 말이 나온 김에 아이비리그 대학에 대해 오늘날까지의 이야기를 더 해보자.

'아이비리그'는 상류층의 대학

하버드를 아이비리그 중에서도 우뚝 서게 만든 주인공은 1869년 하버드 총장(당시엔 학장)으로 선출돼 이후 40년간 그 자리를 유지한 35세의 화학교수 찰스 윌리엄 엘리엇(Charles William Eliot, 1834~1926)이었다. 그는 기부금 모금에 앞장섰으며, 교수 봉급을 인상해 우수한 교수진을 확보했고, 비즈니스 등 새로운 학과들을 창설했다. 의무적인 예배모임을 폐지했고, 필수과목 대신 학생들에게 강좌선택의 자유를 주는 선택과목제를 도입했다. 번스(Burns 2006)는 이 중에서 엘리엇의 가장 큰 업적은 선택과목제였다며 다음과 같이 말한다.

"엘리엇 시대에 학생의 과목선택권은 뜨거운 감자였다. 아직 10대인 신입생들에게 강좌목록을 자세히 살펴보고 숙고하여 자신만의 '메뉴'를 작성할 권리를 준다는 생각은 저주받을 짓이었다. 사람들은 자유 선택과목제에 대한 엘리엇의 신념뿐만 아니라 그것을 신입생부터 최고 학년까지, 그리고 개론과목에서 전공과목에 이르기까지 모든 강좌로 확대하겠다는 그의 일관되고 완강한 요구에 놀랐다. …… 그는 모든 미국인들의 시민적 자유가 그랬듯이, 자유는 학생들의 자결, 성숙, 책임, 판단력 등 그들 안에 있는 최선의 것을 드러나게 하리라고 믿었다."

1886년 하버드는 기독교 학교로서의 전통을 포기하고 의무적인 교

일반 공립학교 출신 학생선발을 위해 입시절차를 개혁한 로런스 로웰. 1909년부터 1933년까지 하버드대학 총장을 지냈다.

회 출석제도를 폐지했는데, 이는 예일보다 30년이나 앞섰고 프린스턴보다는 반세기나 앞선 조치였다. 학부 학생을 뽑을 때 비공식적이지만 유대인에게 일정하게 할당되는 비율도 다른 아이비리그 대학에 비해 훨씬 관대했다. 그 덕분에 유대인 재벌들의 거액 기부금을 유치할 수 있었다.

이 모든 개혁은 부유한 보스턴 금융가들의 후원에 의존했다. 하버드를 포함한 아이비리그 대학들은 처음부터 부유층의 자녀들이 다니는 귀족학교가 되었다. 하버드의 경우, 17세기에는 성적에 따라 학생들의 등급을 정했지만, 18세기에는 가족의 지위에 따라 석차를 매겼다. 19세기에 상황은 개선되었지만 크게 달라지지는 않았다. 1890년대 하버드·예일·프린스턴 등 세 대학엔 보스턴 상류층의 74퍼센트와 뉴욕 상류층의 65퍼센트가 입학했다. 1900년 10인의 대부호의 15명의 아들을 조사한 결과, 12명은 하버드나 예일대학에 입학하였고, 다른 3명은 각각 앰허스트, 브라운, 컬럼비아대학에 입학했다.

이런 경향을 문제로 인식했던 로런스 로웰(Abbot Lawrence Lowell, 1856~1943) 하버드대 총장은 일반 공립학교 출신 남학생들을 뽑기 위해 라틴어와 그리스어를 입학시험에서 제외했고, 곧 다른 대학들도 이 조처를 뒤따랐다. 그러나 이 조처는 유대인 입학생 급증이라는 예상 밖의 결과를 낳았다. 하버드대와 컬럼비아대의 유대인 비중이 40퍼센트까지 늘었다. 이와 관련, 권태선(2009)은 다음과 같이 말한다.

"즉각 움직임에 나선 것은 컬럼비아대였다. 1910년 이 대학은 성격·지도력 따위의 비교과 기준을 입학사정에 도입했다. 이 영역에 대한 평가는 입학사정관이 담당했다. 유대인 학생들은 학문적으로는 유능했지만, 이들 대학이 추구했던 '신사'의 범주에는 속하지 못했기 때문에 비교과 영역에서 불이익을 받을 수밖에 없었다. 하버드·예일·프린스턴도 곧 이 제도를 수용하고 주관적 판단을 통해 '바람직하지 않은' 학생들을 걸러낼 수 있었다. 이렇듯 원하지 않는 학생들을 배제하는 장치였던 입학사정관제도가 지금의 모습으로 변한 것은 1960년대 이후다. 대학 간 경쟁이 심해지면서 지적으로 우월한 학생들이 필요해진 데다, 민권운동의 영향으로 동등한 기회에 대한 요구가 높아졌기 때문이다."

아이비리그 대학들의 학생선발엔 가문이 큰 영향을 미친다. 미국 제43대 대통령 조지 W. 부시의 경우가 그걸 잘 말해준다. 그는 대학 진학 시 원서를 예일대와 텍사스대 두 곳에 냈는데, 텍사스대엔 불합격했다. 또 부시는 예일대를 나온 후 텍사스대학원에 진학하려고 했지만 자격미달로 입학을 거부당해 하버드대학원으로 발길을 돌려야 했다.

미국 내에서도 아이비리그 대학이 상류층 대학으로 권력자만 양산한다는 비판의 목소리가 높다. 아이비리그인 컬럼비아대를 나와 예일대에서 10년간(1998~2008) 영문학을 가르친 윌리엄 데레시에비츠

(William Deresiewicz) 교수는 2008년 아이비리그 대학들이 반지성적이고 비도덕적인 교육을 통해 출세 지상주의와 특권의식에 사로잡힌 속물(俗物)을 양산하는 공장으로 전락했다고 비판했다. 그는 아이비리그 대학 학생들은 "우리가 최고"라는 자아도취에 빠져, 다른 대학 출신들과는 대화하는 것도 힘들 지경이라며 이를 '아이비 정신지체(Ivy retardation)' 현상이라고 불렀다.

아이비리그 학생들 중 고소득 가정 출신의 비중이 갈수록 높아지고 있어 아이비리그는 '부자들의 리그'라는 말까지 나오고 있는 실정이다. 권력이 '종교'에서 '국가'로 이동하면서 부와 권력을 가진 상류층이 과거의 성직자 역할을 하는 것으로 이해한다면, 성직자를 양성하기 위한 목적으로 세워진 아이비리그 대학들의 원래 목표는 달성되었다고 볼 수도 있겠다.

명문 사립 고등학교의 힘

아이비리그 대학 모델은 고등학교에도 적용되었다. 1778년 매사추세츠의 앤도버(Andover)엔 필립스 가문에 의해 명문 사립학교들이 설립되었다. 1781년 뉴햄프셔의 엑시터(Exeter)를 비롯하여 이후 많은 사립학교들이 이들을 모델로 하여 세워졌다. 이 또한 지배층의 자녀들이 다니는 귀족학교였다. 찰스 라이트 밀스(Charles Wright Mills, 1916~1962)는 1956년에 출간한 『파워 엘리트(Power Eillit)』에서 다음과 같이 말한다.

"이곳에서의 교육이 끝나면 프린스턴, 하버드, 예일, 다트머스와 같은 대학으로 진학한다. 이들 학교교육은 각 대학의 법학부를 졸업하는 것으로 마무리 지어진다. 이러한 식의 교육단계는 상류계급 남녀의 지위나 신분형성에 있어서 대단히 중요하다. 또한 이와 같은 교육 과정은 미국의 모든 일류 도시의 상류계급에게는 공통된 성격이다. 사실 이들 모든 도시에서 상류계급의 자제들은 뉴잉글랜드주의 유명한 기숙학교나 예비학교로 모여드는 경향이 강하게 나타난다. 그곳에서는 24개 정도의 특정 주로부터 온 학생들이나 또는 국외로부터 그곳에 온 학생도 쉽사리 찾아볼 수가 있다. 이제는 가문을 배경으로 하여 사회적 지위를 주장하는 것이 곤란해짐에 따라서 사교계의 중요한 자리를 차지하기 위해서는 가문보다도 전통 있는 학교에서 배운다는 것이 그만큼 더 중요하게 되었다. 그러므로 오늘날 미국의 상층 사회계급을 전국적으로 단결케 하는 하나의 열쇠가 있다면 그것은 여자를 위한 배타적인 성격의 기숙학교와 남자를 위한 예비학교라고 해도 지나친 말은 아닐 것이다."(C. Wright Mills 1979)

이어 밀스는 "하버드나 프린스턴, 예일대학 출신이라는 것만으로는 충분하지가 않다. 모든 것을 결정지어주는 것은 상류계급의 자제들밖에 들어갈 수 없는 배타적인 예비학교인 것이다"라며 다음과 같이 말한다.

"대학의 클럽이나 서클과 같은 것은 전통 있는 하급학교 시절에 맺어진 교우관계나 또는 그때 획득한 명성을 가지고 들어가서 성립되는 것이 보통이기 때문이다. 하버드에서의 친구는 예비교시대에 사귀었던 친구들인 것이다. 그러므로 상층 사회계급에 있어서는 아이비리그라고 불리는 몇몇 이름 있는 대학의 하나로부터 학위를 받았다는 것만으로는 대단한 것이 못된다. …… 정평이 있는 예비교를 졸업하고 전통이 있는 아이비리그의 대학에서, 또한 전통을 자랑하는 그 대학

클럽의 회원이 되었다는 학력이 가져다주는 사회적 위신은, 미국의 주요 대도시 어디를 가도 통용되고 있는 클럽이나 파티에 출입할 수 있는 표준적인 입장권인 것이다. 이러한 학교에서 이루어진 재능과 예절이 보여주는 사회적 위신 앞에서는 한낱 지방적인 긍지 따위는 고개를 숙이게 마련이다. …… 같은 교육을 받은 사람들 사이에서는 자연적으로 학교가 결혼 중매꾼과 같은 역할을 하게 된다."

한국 상류층 '성골 중의 성골'은?

다시 부시의 경우를 보자. 그는 텍사스 휴스턴에서 부유층 자녀들이 다니는 사립고교 킨케이드고등학교를 다니다가 1961년 매사추세츠 주 앤도버에 있는 필립스 아카데미로 전학을 갔다. 필립스는 부시의 할아버지와 아버지가 나온 부자 귀족학교로, 어린 부시는 그곳에서 '인맥'을 쌓는다. 그가 예일대에 진학해서 들어간 '스컬 앤 본즈(Skull and Bones, 해골과 뼈)'라고 하는 비밀단체 역시 상류층 인맥 동아리다. 170여 년의 역사를 가진 이 동아리는 매년 3학년 학생 가운데 출신 배경을 고려해 15명씩만 선발한다. 회원들은 의리, 비밀존중, 상호협력의 법칙을 지켜야 한다. 미첼(Mitchell 2001)에 따르면, "4학년 초에 스컬 앤 본즈의 신입회원들은 디어섬으로 여행을 가는 전통이 있다. 그곳에서 신입회원들은 선배회원들 및 그들의 가족들과 상견례를 갖는다. 조지 부시가 처음 디어섬에 갔던 그해에 어떤 사람들이 그 자리에 있었는지는 스컬 앤 본즈 회원들만 아는 비밀이다."

2009년 2월 '스컬 앤 본즈'가 때 아닌 뉴스가 되었다. 인디언계 미국인인 할린 제로니모(Harlyn Geronimo)가 스컬 앤 본즈의 멤버들이

예일대 상류층 인맥 동아리인 스컬 앤 본즈의 기념사진. 중앙의 시계 오른쪽이 미국 43대 대통령 조지 부시 이다.

1918년 유명한 아파치 전사(戰士)인 자기 증조부의 무덤을 약탈했다고 소송을 제기했기 때문이다.

부시의 아버지와 할아버지도 이 비밀단체의 회원이었는데, 부시 가문의 번영엔 스컬 앤 본즈 회원들의 엄청난 도움이 있었다. 어느 정도였을까? 아버지 부시의 경우를 보자. 미첼(Mitchell 2001)은 다음과 같이 말한다.

"조지 부시가 1942년 앤도버의 입학식에서 모든 역경에 과감히 맞서 싸우겠다고 결심을 굳히던 순간 축사를 하던 사람은 다름 아니라 스컬 앤 본즈 회원으로 전 국방장관을 지낸 헨리 스팀슨이었다. 텍사스 주의 드레서에서 조지 부시에게 처음으로 일거리를 준 사람도 같은 회원인 닐 말론이었다. 조지 부시가 1964년 상원의원 선거에서 패배했을 때 『내셔널 리뷰』지를 보고 공화당 선거구를 조정할 수 있다는 아이디어를 제시해준 인물로 회원인 빌 버클리였다. 대법원 판사로 조지 부시를 CIA 국장에 앉을 수 있게 해주었고 두 번씩 부통령이 될 수 있게 해준 포터 스튜어트 역시 스컬 앤 본즈의 회원이었다. 이들은 조지 부시가 살아가는 동안 꼭 필요한 도움을 적시에 제공해 준 스컬 앤 본즈 회원들 중 일부에 지나지 않는다."

그로부터 반세기 후엔 한국의 상류층도 미국의 명문 사립고 인맥을 형성하게 된다. 한국에서 아이비리그 대학으로 진학하는 학생 수는 2009학년도에 100명을 넘어섰지만(수도권 외고 15곳과 자사고 5곳만 집계), 이것만으론 부족하다. 미국 사회에서도 상류층만 입학할 수 있는 명문 보딩스쿨(사립 기숙학교)을 거쳐 아이비리그 대학을 졸업해야만 한국 상류층에서도 '성골 중의 성골'로 분류된다.(이남희 2006)

나중에 자세히 살펴보겠지만, 한국에서 아이비리그 출신이라는 상징자본을 활용한 원조는 하버드 석사학위(1908)에 프린스턴 박사학위(1910)를 받은 이승만(1875~1965)이다. 한국의 아이비리그 숭배현상은 부정적으로 볼 수도 있겠지만, 늘 현실을 있는 그대로 인정하면서 보다 높은 곳을 향해 질주하는 한국인들의 강한 성취욕으로 볼 수도 있지 않을까? 그렇게 긍정적으로 이해하기로 하자.

참고문헌 Bell 1994, Boorstin 1991, Brinkley 1998, Burns 2006, Bush 2001, Carden 1994, Frank 2005, Mills 1979, Mitchell 2001, Shenkman 2003, Thernstrom 2003, 권태선 2009, 김창원 2009, 남혁상 2004, 송호근 2006, 이용수 2008, 진인숙 1997, 황규인 2009

'청교도혁명'과 '표현의 자유' 투쟁
올리버 크롬웰과 존 밀턴

신문의 탄생

16세기 베니스에서는 『아비조(Aviso)』라는 '찌라시'가 주간으로 발행되었다. 『아비조』한 부를 사거나 큰소리로 읽어주는 대가로 지불되는 돈은 동전 하나였다. 당시 베니스의 동전 이름은 가제타(gazetta)였는데, 훗날 이는 '신문'이라는 뜻을 갖게 되었다.

16세기에 등장한 초기 신문들은 중앙권력이 막강한 영국보다는 중앙집권력이 약한 독일이나 상업이 발달한 스페인·네덜란드 등에서 더 발달했다. 당시 상업적으론 2류 국가에 지나지 않았던 영국의 헨리 8세는 1529년 금서목록을 발표하여 철저한 언론통제를 시작했으며, 1530년엔 출판·인쇄 허가제를 실시하면서 인쇄소에 대한 허가는 정부·대학·교회에만 국한시켰다.

당시 상업의 발달 정도는 전반적인 관용의 진보에도 기여했다. 룬(Loon 2005)은 관용의 진보에 기여한 몽테뉴(Michel de Montaigne,

1533~1592)를 탐구하면서, 그의 아버지와 할아버지가 청어무역에 종사했고 어머니가 스페인계 유대인 혈통이었다는 점에 주목한다.

"상인 집안 출신이라는 배경은 이 남자의 전반적인 시각에 대단히 큰 영향을 미친 것으로 보인다. 다시 말해 군인과 정치가로서의 그의 이력 전체를 특징짓는, 광신과 위선에 대한 격렬한 혐오는 보르도 부둣가 한 구석의 작은 생선가게에서부터 시작되지 않았을까."

『아비조』를 비롯하여 16세기에 발행된 간행물들은 오늘날의 기준으로 신문으로 보긴 어렵다는 이유로, 세계 최초의 신문은 1605년 벨기에의 앤트워프에서 발행된 신문으로 보는 설이 유력하다. 영국 최초의 신문은 1622년 너새니얼 버터(Nathaniel Butter, ?~1664)가 발행한 『위클리 뉴스(Weekly News)』였다. 'News'는 '새로운 것'이라는 뜻으로 만들어진 단어인 것 같은데, 1640년에 나온 다음과 같은 시(詩)에서 유래된 것이라는 설도 있다.

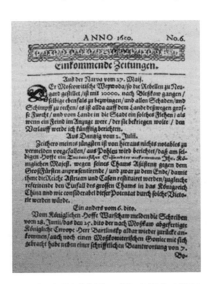

세계 최초의 일간지 『아인 코멘덴 자이퉁겐』. 1660년 라이프치히의 티토모스 리취가 발간했다.

"어느 때든 그 말의 뜻을 따질 경우에는 이렇게 풀게나. 뉴스(News)는 글이나 말로 전달되고 사방(North, East, West, or South)에서 우리에게로 오는 것이라고."

『위클리 뉴스』는 제목 그대로 주간신문이었는데, 1660년에서야 세계 최초의 일간지인 『아인 코멘덴 자이퉁겐(Ein

Kommenden Zeitungen)』이 독일에서 발간된다. '뉴스의 도래' 라는 뜻을 가진 『아인 코멘덴 자이퉁겐』은 라이프치히에서 티모토스 리취(Timotheus Ritzsch, 1614~1678)에 의해 발간된다. 영국에서 언론자유를 위한 본격적인 노력은 정치투쟁, 즉 청교도혁명의 과정에서 이루어졌다.

1642년 청교도혁명

재정적으로 궁핍해진 영국의 찰스 1세는 1640년 해산했던 의회를 소집하고 새로운 세금을 부과할 것을 요구했다. 그는 2년 내에 2번이나 의회를 해산시켜 의회의 불만을 샀고, 1642년 마침내 의회가 군대를 조직함으로써 영국 내란이 시작되었다. 왕을 지지하는 기사당(Cavaliers)과 대부분 퓨리턴으로 구성되었고 의회를 지지하는 원두당(Roundheads)간의 싸움은 이후 7년간 지속된다. 원두당이란 이름은 퓨리턴들이 머리를 빡빡 깎고 있었기 때문에 왕당파가 조롱하여 붙인 것인데, 이는 이들이 경건하되 경직돼 있었다는 점을 시사한다 하겠다.

이런 청교도혁명의 영향으로 인해 영국인들의 삶은 경건이 지나쳐 음울하기까지 했다. 청교도 지배자들은 유곽과 도박장을 폐쇄하고 영국인이 좋아하던 연극, 경마, 투계(鬪鷄), 주점 등의 오락까지 금지시켰다. 1644년 의회는 일요일에 여행, 물자수송, 일상노역, 식료품의 판매까지 금지시켰다. 위반자에게는 5실링의 벌금을 부과했으며, 어린이의 벌금은 양친 또는 후견인이 지불하도록 했다. 이날만은 누구나 가정에서 성서를 읽거나 시편을 노래해야만 했다.

청교도혁명의 와중인 1644년 11월 존 밀턴(John Milton, 1608~1674)은 『아레오파기티카(Areopagitica)』를 출간하였다. '아레오파기티카' 는

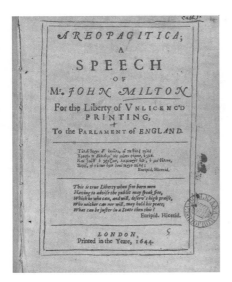

밀턴의 『아레오파기티카』. 혁명의회의 다수파이던 장로파가 출판검열제를 부활시키려 하자 밀턴은 이 팸플릿을 통해 언론의 자유를 주장했다.

아레오파고스(Areopagos)라고 부르는 아테네의 한 언덕에서 따온 말인데, 아테네인들은 이 언덕에 최고재판소를 두고 있었기 때문에 대법관이란 뜻으로 통했다.

당시 혁명의회의 다수파였던 장로파는 청교도혁명으로 폐기했던 출판검열제를 부활시키기 위해 '출판허가법' 제정을 주도하고 있었다. 왕당파와 국교파에 대항해 함께 싸웠던 장로파가 혁명정신을 배반하고 새로운 지배세력이 되고자 했던 것이다. 밀턴은 이들에 맞서 싸우기 위해 쓴 이 팸플릿에서 "나의 양심에 따라, 자유롭게 알고 말하고 주장할 수 있는 자유를, 다른 어떤 자유보다도 그런 자유를 나에게 달라"며 다음과 같이 주장했다.

"진리와 허위가 대결하게 하라. 자유롭고 공개된 대결에서 진리가 불리한 편에 놓이는 것을 본 사람이 있느냐. 모든 사람으로 하여금 자유롭게 말할 수 있게 하라. 그러면 진리의 편이 반드시 승리하고 생존한다. 허위와 불건전은 '공개된 자유시장'에서 다투다가 마침내는 패배하리라. 권력은 이러한 선악의 싸움에 일체 개입하지 말라. 설혹 허위가 일시적으로 득세하는 일이 있더라도 선악과 진위가 자유롭게 싸워간다면 마침내 선과 진이 '자가교정(self-righting) 과정'을 거쳐 궁극적인 승리를 얻게 되리라."

　유폐된 갈릴레이를 찾아가 만나기도 했던 밀턴은 이 책에서 갈릴레이를 영웅적인 희생자로 기술하면서 "이것은 이탈리아의 영예로운 지혜를 썩게 한 것이다"고 했다. 그러나 그는 20년 후 『실락원(Paradise Lost)』에선 전통적인 프톨레마이오스-기독교적 우주론의 입장을 취하게 된다.

　밀턴이 처음부터 표현의 자유를 위해 싸우고자 했던 건 아니다. 골치 아픈 가정생활로 인해 우연히 표현의 자유에 관심을 갖게 되었다고 한다. 그는 1642년 34세의 늦은 나이에 결혼했지만, 결혼생활은 몇 주 만에 끝나고 말았다. 그는 다음 해에 이혼의 자유를 역설하는 책을 썼다. 당시 이혼을 옹호하는 저서는 방탕한 난봉꾼이나 하는 것으로 여겨졌기 때문에, 이 책은 곧 폐기처분되었다. 이후 어떠한 책이나 팸플릿, 신문도 당국의 사전 승인 없이 발행될 수 없다는 내용의 법규가 공포됐다. 밀턴이 『아레오파기티카』를 쓰게 된 이유는 바로 이 법규 때문이었다.

밀턴은 크롬웰의 이데올로그

의회를 장악한 청교도혁명세력은 1645년 하원의 결의에 따라 그간 청교도 탄압의 선봉장이었던 캔터베리 대주교 로드(William Laud, 1573~1645)를 교수형에 처했다. 그때까지 주관해온 교회재판소는 해체되었다. 1649년 원두당은 왕의 세력을 패배시키고 찰스를 체포하여 교수형에 처하였다. 군부 중심의 과격파로 원두당 지도자인 올리버 크롬웰(Oliver Cromwell, 1599~1658)은 1653년 영국을 공화국(Commonwealth)으로 만들고 왕을 대신하여 '호국경(護國卿, Lord Protector)'에 취임했다. 크롬웰은 이미 1641년 아일랜드 폭동 시 무자비한 진압을 주도한 인물로 이름을 떨쳤다. 10년간 60만 명이 죽었는데, 크롬웰은 일기에서 하나님의 더 큰 영광을 위하여 아일랜드 인들에게 고통을 가하는 즐거움을 표현했다. 지금까지도 아일랜드인들이 크롬웰을 증오하는 이유도 바로 여기에 있다.

밀턴은 격렬한 논쟁과 독설 등을 통해 크롬웰의 전제정치를 옹호함으로써 '크롬웰의 이데올로그'라는 별명을 얻었다. 크롬웰의 라틴어 비서였던 밀턴은 1649년 3월 15일 크롬웰 내각에 참여한 이후론 구교(舊敎)사상에 대한 충실한 검열관으로 일했다. 이런 노력에 대한 보답이었을까? 1651년 밀턴이 열렬한 집필의 과로로 인해 시력을 완전히 잃었음에도 크롬웰은 그의 공직을 계속 유지시켜주었고 1655년에는 종신연금까지 받게 해주었다.

1657년 크롬웰의 열성 지지자들은 크롬웰을 왕으로 만들려고까지 했다. 이 시도는 무산되었지만, 크롬웰은 모든 의례(儀禮)에서부터 기사 작위를 내리는 것에 이르기까지 사실상 왕처럼 군림하였다. 크롬웰이 1658년 9월 3일에 죽자 호국경 자리를 물려받은 그의 아들 리처드(Richard Cromwell, 1626~1712)는 무능하여 그의 자리를 유지하지 못했다. 결국 처형당한 왕의 아들인 찰스 2세(Charles II, 1630~1685)가 2년 후인 1660년 망명에서 돌아와 왕위에 복귀하였다. 찰스 2세는 크롬웰의 시체를 무덤에서 파내 교수대 위에 올려놓고 사형을 집행하는 보복을 가함으로써 스튜어트가의 왕정복고(Stuart Restoration)가 완수되었음을 만천하에 과시했다. 찰스 2세는 가톨릭 부활을 위한 전제정치를

올리버 크롬웰. 청교도혁명 이후 1653년 호국경에 올라 전제정치를 펼쳤다. 밀턴은 크롬웰을 옹호함으로써 '크롬웰의 이데올로그'라는 별명을 얻었다.

펼쳤고 의회는 심사령과 인신보호법을 제정해 이에 대항했다.

찰스 2세의 왕정복고 음모가 이루어진 곳은 커피하우스(coffee house)였다. 1657년에 최초로 출현한 커피하우스는 카드놀이를 즐기면서 가십과 최근 뉴스를 들을 수 있는 사교장소인 동시에 상업활동이나 보험업무가 이루어지는 상업적 공간이었으며, 정치적 파당의 매개체이자 상징물이기도 했다. 1700년경 런던에는 3000여 개의 커피하우스가 성업하게 되지만, 찰스 2세는 커피하우스를 폭동의 근원지로 보고 근절하려는 시도를 하기도 했다.

『아레오파기티카』는 밀턴의 사후 20년인 1694년 영국의회로 하여금 인쇄·출판의 통제를 포기케 하는 데 기여하였지만, 밀턴의 생존 시엔 아무런 영향을 미치지 못했다. 그는 출판허가법으로 박해받지도 않았다. 그의 주장은 당대의 기준으로 너무도 고상하다 못해 허황돼 '논설문이 아니라 시(詩)'로 여겨졌기 때문이다. 다른 사람들을 무자비하게 공격했던 장로파도 밀턴을 '무해한 몽상가' 정도로 간주했다.

밀턴의 '자유방임주의'?

그러나 밀턴의 『아레오파기티카』는 세월이 더 흐른 뒤에 화려하게 부활해 자유언론, 특히 미국 언론의 경전처럼 여겨지는 지위를 누리게 된다. 찬양이 지나쳐 그 한계와 기원을 지적하는 주장까지 무수히 쏟아져 나올 정도이다.

하그리브스(Hargreaves 2006)는 "밀턴이 주장하는 언론의 자유라는 개념은 비록 철학, 종교 등에서 서로 다른 견해를 견지하면서도 전체적으로는 심오한 이성을 가진 진중한 저술가들을 위한 것이었다"며 다음과 같이 말한다.

"그는 모든 형태의 문학을 포괄하거나, 자신이 속했던 고학력 프로테스탄트 학자들 이외 사람들의 언론자유에 대해서는 숙고의 대상으로 삼지 않았다. 그가 공들여 상술한 언론자유의 원칙이 나중에 그가 뿌리 뽑아야 할 생각을 가진 사람들이라고 여겼던 가톨릭교도나 이신론자(理神論者) 혹은 무신론자들에게까지 허용될 정도로 확대될 것이라는 상상을 했다면, 그는 아마 까무러치고 말았을 것이다."

네론(Nerone 1998) 등은 "우리는 밀턴이 열렬하게 자유를 옹호했다는 것을 잘 알고 있다. 그런데 그것은 누구를 위한 자유였던가? 분명히 그것은 소수, 특히 높은 덕성을 지닌 교육받은 소수를 위한 자유였다"며 다음과 같이 말한다.

"밀턴은 무제한의 표현 자유를 주장한 것이 아니라, 제한된 종교적 관용을 요구했으며 …… 언론에 대한 국가통제의 종결을 주창하지도 않았다. …… '자유방임주의'는 밀턴과 아무 상관없는 용어이다. 그는 포괄적 자유를 요구하지 않았다. …… 밀턴을 고전적 자유주의자로 잘못 규정함으로써, 이중적인 오해가 발생하게 된다. 우리가 밀턴의 목적을 무엇이라고 생각하든지 간에, 첫째로 그가 모든 형태의 의

견들이 공표되기를 원했다거나, 둘째로 이것이 우리 매체의 특징인양 내세우는 것은 바보 같은 짓이다. 오늘날 밀턴을 선택적으로 읽는 학자들은 그에게 엄청나게 부당한 일을 하고 있을 뿐 아니라, 그가 특별히 혐오했던 이윤추구에 기초한 현대의 커뮤니케이션 체계의 성격을 신비화하고 있다."

훗날(1919년) 미국 대법관 올리버 웬델 홈즈(Oliver Wendell Holmes, 1841~1935)는 밀턴의 주장을 '사상의 자유시장(free marketplace of ideas)'이라는 개념으로 표현했다. 이 개념에서 비롯된 이론은 아름다운 말씀으로 가득 차 있지만, 현실은 꼭 그렇진 못하다. 많은 학자들이 이 이론의 한계를 지적해왔다. 상업적인 시장처럼 사상의 시장도 구조적으로 권력이 있고 경제적으로 힘이 있는 사람들에게 유리하게 되어 있다는 것이다.

그런 문제에도 불구하고 그 어떤 다른 이론과 제도도 '사상의 자유시장'보다 더 낫다는 걸 입증하진 못했기에 오늘날까지도 큰 힘을 발휘하고 있는 게 현실이다. 수많은 통제와 탄압이 있기는 했지만, 미국은 그 어떤 나라보다 더 사상과 표현의 자유를 잘 보장해왔기에 오늘과 같은 풍요의 축복을 누리게 된 것은 아닐까? 물론 이제 우리는 그 수많은 통제와 탄압의 실상에 대해서도 자세히 살펴볼 것이다.

참고문헌 Altschull 1991, Boorstin 1983 · 1986, Brinkley 1998, Hargreaves 2006, Loon 2005, Maurois 1997, Milton 1998, Nerone 1998, Parker 2009, Smith 1990, 고명섭 2008, 김병걸 1996 · 1999, 문정식 1999, 박상익 1999, 박지향 2002, 염규호 1994, 이재광 · 김진희 1999, 임근수 1986, 팽원순 1988, 홍사중 1982

제3장
종교적 갈등과 광신

'만인에 대한 만인의 투쟁'
토머스 홉스의 『리바이어던』

1648년 베스트팔렌 조약

합스부르크(Habsburg) 왕가의 황제 페르디난트 2세(Ferdinand II, 1578~
1637)는 대체로 독일어를 사용하는 국가들의 연합체인 신성로마제국
의 명목상 수장으로서 유럽에 가톨릭세력을 회복시키려고 하는 반개
혁세력을 옹호하였다. 그러니 신성로마제국은 볼테르(Voltaire, 1694~
1778)의 말마따나 "신성할 것도 없고 로마도 아니며 사실상 제국도 아
니었기 때문에" 프로테스탄트 계열의 독일 군주들은 페르디난트 2세
에 대항하여 반란을 일으켰고, 이에 따라 이른바 30년전쟁이 전개되
었다. 이는 독일 인구의 약 10퍼센트를 포함하여 약 1000만 명을 죽인
참혹한 종교전쟁이었는데, 1648년 맺어진 베스트팔렌 조약으로 종결
되었다. 『뉴욕 타임스(New York Times 2008)』는 '세계 역사를 바꿔놓은
지난 20세기의 베스트 조약'으로 베스트팔렌 조약을 선정하면서 다
음과 같이 말한다.

홉스의 저서 『리바이어던』. 교회를 국가에 종속시켜 법과 정부의 지배하에 놓자고 주장하고 있다.

"이 조약으로 인해 유럽은, 교황에 의해 영적인 지배를 받고 신성로마제국 황제에 의해 세속적인 통치를 받는 단일 기독교제국이라는 개념에 종지부를 찍게 된 것이다. …… 베스트팔렌조약으로 인해 보편적인 가치관을 지닌 세계가 끝났고, 각 국가는 자기의 이익을 추구하게 되었다. 이 조약은 성직자에게서 특권을 빼앗아 영주들에게 권력을 주었다. 그 결과 국가가 역사의 원동력이 된 것이다."

이때에 국가의 역사의 원동력이 된 시대를 이론적으로 설파한 이는 단연 영국의 토머스 홉스(Thomas Hobbes, 1588~1679)였다. 밀턴의 『아레오파지티카』가 출간된 지 7년 후인 1651년 5월 런던에서 발간된 홉스의 『리바이어던(Leviathan)』은 큰 논란을 불러 일으켰다.

'리바이어던'은 구약성서 '욥기(The Book of Job)'에서 나온 말이다. 이 말은 하나님이 자신의 힘을 드러내고 유한한 인간이 그 힘에 대항하는 일이 얼마나 헛된 것인가를 증명하기 위해 욥에게 보여주었던 무시무시하고 무자비한 바다괴물을 표현하기 위해 사용된 것이다. 욥이 하나님에게 복종했을 때, 하나님은 과거에 자만과 오만으로 얼룩

진 욥의 죄를 용서하고 그를 축복했다. 그런 '리바이어던'이라는 제목을 통해 홉스는 무엇을 말하고자 했던가?

홉스는 국가를 '유한한 하나님'으로 간주하여 교회도 국가에 종속시켰다. 그는 교회를 하나의 단체에 불과한 것으로 간주해 법과 정부의 지배하에 놓여야 한다고 주장했다. 그는 종교에 도덕적 비중을 부여하는 데 있어 마키아벨리(Niccolo Machiavelli, 1469~1527)보다 더 인색했다. 홉스는 '민주주의를 격렬히 비난한 국가 절대주의자'라는 비판을 받아왔지만, 이는 인간을 어떻게 보느냐는 인간관의 문제였다. "권력을 쉬지 않고 영원히 추구하는 것이 인간의 일반적인 경향이며, 이런 권력욕구는 오직 죽어서만 멈춘다"거나, "동정심은 타인의 불행을 보면서 자신에게 닥칠지 모르는 미래의 불행에 대한 상상 또는 허구"라거나, "웃음은 타인의 결점이나 자신의 과거 결점과 비교하여 느끼는 우월감에서 나오는 순간적인 자만심이다"라고 말한 그의 명언(?)은 많은 것을 시사해준다.

홉스는 인간은 선천적으로 협동적이지 못한 존재라고 생각했다. 게다가 "끊임없는 두려움과 폭력적인 죽음의 위협"이 있고, "인간의 삶은 외롭고 가난하고 역겹고 잔인하고 짧다"고 보았다. 국가의 존재 이전의 자연상태에서는 '만인은 만인에 대한 적'일 뿐이며, 인간을 협동으로 이끌 수 있는 유일한 경우는 국가의 통제하에 있을 때라는 게 그의 생각이었다. 인간은 공격적이고 욕심이 많으며 만인의 만인에 대한 투쟁은 인간의 자연스런 조건이고 이성은 대체로 열정을 제어하지 못한다는 것이다.

『리바이어던』 화형식

홉스의 인생경력도 그런 생각에 일조했을 것이다. 밀턴이 스튜어트왕정의 적이었으며 심지어 찰스 1세의 처형을 지지했던 데 비해, 홉스는 영국 내전 초기에 프랑스로 달아났던 철저한 왕당파였다. 그는 프랑스 망명 중에 훗날 찰스 2세가 된 사람에게 수학을 가르치기도 했다. 왕당파였지만 『리바이어던』에 드러난 가톨릭교회에 대한 공격은 프랑스 국왕을 분노하게 만들었다. 그래서 그는 11년간의 프랑스 망명 생활을 청산하고 1652년 2월 영국으로 귀국해 크롬웰에 대한 충성을 맹세했다. 그는 1660년 왕정이 복구될 때까지 조용히 지내다가 왕정이 복구되자 찰스 2세로부터 작은 연금을 받았다. 홉스는 미신적인 이 왕을 싫어했는데, 왕은 1666년의 런던 대화재와 대역병 이후에 홉스가 무신론자가 아닌지 의심해 조사까지 하였다.

홉스가 『리바이어던』에서 말하는 군주가 찰스 1세를 지칭한다는 소문과 시민전쟁에서 의회파를 승리로 이끈 올리버 크롬웰을 지칭한다는 소문이 공존했는데, 일부 사람들은 『리바이어던』이 크롬웰에게 아첨하기 위한 책이라고 생각했다. 진실이 무엇이건, 홉스는 기독교적 계시를 받아들인다고 주장하면서도 신에 대한 모든 묘사를 비유적인 것으로 간주했기 때문에 비난의 대상이 되었다. 옥스퍼드대학은 『리바이어던』을 교재로 선택하지 않았을 뿐 아니라 그것을 "잘못되고 반역적이며 불경스러운" 책이라고 해서 공공연히 불태웠다. 물론 홉스의 무신론이 이유였다.

홉스의 생존 시 그의 철학을 추종하는 사람들을 호비스트(Hobbist)라 불렀고, 호비즘(Hobbism)은 아주 위험하고 해로운 사상이며, 전통을 무시하고 상식에 어긋나는 주장으로 매도되었다. 그렇지만 선수들은 선수를 알아보는 법이다. 홉스의 사상은 로크(John Locke, 1632~1704), 스피노자(Benedict de Spinoza, 1623~1677), 라이프니츠(Gottfried Wilhelm von Leibniz, 1646~1716), 벤담(Jeremy Bentham, 1748~1832) 등에게 큰 영향을 미쳤다. 로크는 자신의 『시민정부론(Concerning Civil Government, Second Essay)』이 홉스의 작품 여러 곳을 표절했다는 혐의를 받자 공개적으로 홉스의 『리바이어던』을 결코 읽지 않았다고 주장했다. 그러나 그가 옥스퍼드 학생이었을 때 출판되었으며 엄청난 논란이 된 책을 읽지 않았다는 건 믿기 어려운 일이다.

세이빈 · 솔슨(Sabine & Thorson 1983)은 홉스는 철저한 공리주의자임과 동시에 철저한 개인주의자로서 국가권력과 법의 권위는 개인의 안전보장에 기여할 때만 정당화된다고 했다는 걸 강조한다. 이들은 "홉스의 철학을 당대에 가장 혁명적인 이론으로 만든 것은 다름 아닌 이 명백한 개인주의였다. 군주제의 옹호는 이에 비한다면 피상적인 것에 불과했다"며 다음과 같이 주장한다.

"국가는 하나의 거대한 동물(a leviathan)인데, 이 리바이어던을 사랑하거나 존경하는 사람은 아무도 없는 것이다. 국가는 국가가 행하는 바가 훌륭하다는 유용성의 차원으로 전락하며, 그나마도 개인적 안전을 지켜주는 종복에 불과하게 된다. 이러한 논리 속에서 홉스는, 인습적인 경제제도 및 사회제도들 속에서 생겨난 2세기에 걸친 퇴폐가 야기시킨 인간본성에 대한 어떤 관점을 종합했다. 더욱이 그는 적어도 앞으로 2세기 이상 동안이나 사회사상에 생기를 불어넣게 된 정신, 즉 자유방임(laissez faire)의 정신을 간파해냈다."

'위대한 콜럼버스'인가 '맘스베리의 악마'인가?

홉스는 "새로운 철학의 빛나는 땅을 개척한 위대한 콜럼버스였다"는 찬사와 "최고의 무신론자이며 맘스베리(Malmesbury, 홉스의 고향)의 악마였다"는 비난을 동시에 받았지만, 아무래도 찬사 쪽이 더 강한 것 같다. 프레스톤 킹(Preston King, 1806~1865)의 극찬이다. "홉스는 마키아벨리보다 더 분석적이며, 보댕보다 더 간결하며, 데카르트보다 더 역사적이며, 스피노자보다 더 통찰력이 있으며, 로크보다 더 일관성이 있으며, 아마도 이들 모두보다 더 근대적이었다."(김용환·Hobbes 2005)

홉스와 그의 사상에 우호적인 사람들에겐 리버틴(libertine)이라는 이름도 붙여졌는데, 오늘날 이른바 자유분방주의(libertinism)는 도덕률과 도덕적 구속력으로부터 자유로운 기질이나 행태를 뜻한다. 홉스

토머스 홉스. 인간은 선천적으로 협동적이지 못한 존재라고 보아 국가의 통제가 인간의 협동을 끌어내는 요건이라고 생각했다.

시절의 사람들이 홉스를 자유분방한 사람으로 부른 이유는 주로 그가 무신론자이고 국교를 믿지 않고 당시의 일반적인 도덕에 대해 비판적이었기 때문이다. 김용환은 홉스는 결코 무신론자가 아니었음에도 그렇게 오해돼 경멸적으로 불렸지만, 홉스는 자유주의자였다고 주장한다. 자유주의자라면, 그 시절엔 '매우 튀는 자유주

의자'였던 셈이다.

홉스는 물리과학의 모델을 사회연구에 응용한 최초의 사상가로서 종종 사회과학의 창시자라는 말을 듣는다. 홉스는 물질과 생명과 정신 사이에 아무런 차이가 없다고 믿은 유물론자인 동시에 유명론자(唯名論者, nominalist)였다. 그는 모든 사물을 당연한 것으로 받아들이지 않았으며 객관적인 세상에 대한 믿음을 거부했다. 홉스에게 보편적인 것은 없고 오직 '이름'만 존재했다. 이름이 없고, 단어가 없고, 언어가 없다면 진실과 거짓도 존재할 수 없다는 것이다. 진실이라는 단어와 허위라는 단어는 어떠한 내재적 의미도 없는 바, 이들은 사물의 속성이 아니라 말의 속성이라는 게 홉스의 생각이었다.

홉스는 평범하고도 단순한 말을 사용할 것을 주장하며 은유법(隱喩法, Metaphor)을 경멸했다. 은유법은 유추(類推)나 공통성의 암시에 따라 사물이나 관념을 대치 외연(外延)하는 수사법이다. 홉스는 언어를 잘못 사용하여 도덕과 정치의 세계에 나쁜 영향을 준다는 이유로 은유법을 포함한 수사학을 혹독하게 비판했다. 그는 수사학자들을 "정념에 적합한 말들을 비유적으로 사용함으로써 사람들의 감정을 자극시키며 수사적인 논리를 통해 진리를 찾는 것이 아니라 말로 다른 사람을 이기는 것을 목표로 삼는 사람들"이라고 주장했다. 또 그는 "수사학은 이성이 맞서서 싸워야 할 최대의 교활한 적이다. 사람의 감정에 주로 작용함으로써 사람들을 함정에 빠뜨리는 데 강력한 힘을 갖고 있다"고 했다.

그러나 홉스의 책 제목(리바이어던)도 은유법이었으며, 책의 본문에서도 다양한 수사법이 동원되었다. 그는 '만인에 대한 만인의 투쟁

(war of each against all)'을 말했지만, 자신도 자신이 묘사한 부정적인 인간의 전형이라고 생각하지는 않았을 것이다. 협동과 상부상조도 있지 않은가. 하지만 그의 사후 수백 년간 적어도 국제질서에선 '만인에 대한 만인의 투쟁'이 지배적인 흐름이 되었다는 것을 어찌 부정할 수 있으랴. 미국은 그런 투쟁의 승자로 우뚝 서게 된다.

참고문헌 Altschull 1993, Collett 2006, Kaplan 2002, Minogue 1990, Moore 2009, New York Times 2008, Sabine & Thorson 1983, Trigg 1996, Zeitlin 1985, 김용환·Hobbes 2005, 조기숙 1996

영국 식민지의 팽창
뉴욕·캐롤라이나의 식민화

네덜란드로부터 빼앗은 뉴욕

영국에서의 청교도혁명은 뉴잉글랜드의 퓨리턴 식민지에겐 명암(明暗)이 있었다. 청교도 탄압이 끝나게 되었다는 점에선 축복이었지만, 동시에 탄압을 피해 아메리카로 건너올 청교도의 수가 급감하게 되었다는 건 그들에겐 좋지 않은 일이었다. 또한 내란상태에 빠진 모국(母國) 영국이 프랑스와 네덜란드 등 다른 식민세력으로부터 자신들을 보호해줄 수 없다는 것도 문제였다. 그래서 각 식민지는 1643년 플리머스, 매사추세츠, 코네티컷, 뉴헤이븐 등으로 구성된 뉴잉글랜드 동맹(New England Confederation)을 결성했다. 매사추세츠가 사실상의 맹주 노릇을 했다. 몇 해 전인 1637년 '피쿼트전쟁'이 일어났을 때에 식민지들 사이에서 군사적 협력이 미흡했다는 것도 하나의 이유로 작용했다.

15~16세기엔 스페인이 영국의 앙숙이었듯이, 17세기엔 네덜란드가 영국의 앙숙이었다. 이 또한 영어에 고스란히 반영되었다. 네덜란드

식 경매(Dutch auction)는 값을 깎아 내려가는 경매, 네덜란드식 매매 (Dutch bargain)는 술자리에서 맺는 매매계약, 네덜란드식 용기(Dutch courage)는 술김에 부리는 용기를 의미했다. 'Double Dutch'는 알아들을 수 없는 말을 뜻했고, "I'll be a Dutchman"은 "내가 틀렸으면 내 목을 쳐라"는 말로 통용되었다.

1660년 왕정복고 이후 아메리카 대륙에 대한 식민정책이 재개되면서 네덜란드에 대한 반감이 고조되었다. 1664년 찰스 2세는 코네티컷 강과 델라웨어강 사이의 모든 지역을 요크(York)의 공작인 동생 제임스에게 하사함으로써 이미 이 지역에 대해 권한을 주장하고 있던 네덜란드와 충돌하였다.

1664년 봄, 병사 1,000명을 태운 영국의 군함 네 척이 리처드 니콜스(Richard Nicolls, 1624~1671) 함장의 지휘 아래 뉴암스테르담항에 입항했다. 네덜란드의 서인도회사 경영에 불만을 느끼고 있던 네덜란드 및 다른 나라의 이주민들은 영국의 조건을 수용하였기 때문에, 권력을 남용하고 인기가 없었던 네덜란드 총독 피터 스타이브샌트(Peter Stuyvesant, 1612~1672)는 항복을 하지 않을 수 없었다. 1664년 9월 8일 네덜란드 주둔부대는 항복조약을 맺고 뉴암스테르담을 떠났다. 뉴 암스테르담은 "미국 역사에서 유일무이하게 무혈입성한 곳"이 되었다. 요크 공작의 소유가 된 도시는 곧 새 주인을 기리며 뉴욕(New York)이라는 새로운 이름을 얻었다. 몇 년 후인 1673년 네덜란드인들은 다시 이곳을 정복하고 잠시 동안 통치하였지만 1674년 그들은 다시 이곳을 빼앗겼고 이번에는 영원히 잃게 되었다. 이후 뉴욕은 영국 해적들의 피난처이자 밀수꾼들의 모항(母港)으로 기능하게 된다.

1664년의 뉴욕 풍경. 네덜란드의 서인도회사 지배하에 있던 뉴욕은 리처드 니콜스 함장에 의해 영국의 영토가 되었다.

　중상주의(重商主義, mercantilism)정책의 일환으로 나온 항해법(the Navigation Acts, 1651)도 영국이 네덜란드의 해운업에 타격을 주기 위한 것이었다. 이 항해법은 식민지인들에게도 영향을 주어 본국 정부와 식민지 사이에 긴장을 가져오는 결과를 초래했다. 항해법은 설탕, 담배, 생강, 염료, 쌀, 해운 필수품과 같은 식민지의 지정된 생산품목을 영국이나 영국령 식민지에게만 팔 수 있도록 규정했으며, 이에 따라 버지니아의 대농장주들은 담배를 유럽에 직접 팔지 못하고 영국인 중개상인에게만 팔아야 했다. 또 식민지인들은 유럽으로부터 직접 물품을 살 수도 없었다. 이에 불만을 느낀 식민지인들은 서인도 제도와의 불법무역으로 손실을 메워보려고 시도하면서 점점 더 영국에 대한 반감을 키워갔다.

뉴저지 · 캐롤라이나의 탄생

제임스는 특허장을 받은 직후 뉴욕 남쪽의 넓은 땅을 자신의 정치적 친구이며 캐롤라이나 영주인 존 버클리 경(Sir John Berkeley, 1602~1678)과 조지 케이터레트 경(Sir George Carteret, 1610~1680)에게 주었다. 케이터레트는 그 땅을 자신이 태어난 영국 해협의 섬 이름을 따서 뉴저지(New Jersey)라고 불렀다. 버클리는 1674년에 그 반을 팔아버려 이 식민지는 동(東)저지와 서(西)저지의 두 개의 행정구역으로 나뉘어 서로 다투다가 1702년 왕령 식민지로 다시 합해졌다.

찰스 2세는 재위기간 25년 동안 캐롤라이나, 뉴욕, 뉴저지, 펜실베이니아에 대하여 4개의 특허장을 더 발급했다. 이 새로운 식민지는 모두 버지니아와 매사추세츠보다는 메릴랜드를 본딴 귀족 소유의 식민지가 되었다. 특히 찰스(Charles)의 라틴어에 해당하는 이름인 캐롤라이나(Carolina)는 아메리카 대륙의 영국 식민지 중에서 가장 분파가 심한 식민지로 이름을 떨치게 된다. 캐롤라이나의 수도는 찰스타운이었으며, 후에 다시 찰스턴(Charleston)으로 개명하였다. 1719년 식민지인들은 영주들(Seigneurs)로부터 식민지의 통치권을 빼앗았고, 10년 후에는 왕이 이 지역을 노스캐롤라이나와 사우스캐롤라이나의 두 개의 왕령 식민지로 나누었다.

식민지 인구구성에도 변화가 일어나기 시작했다. 1660년경 영국 국왕 찰스 2세의 중상주의 정책에 따라 본국인이 국외로 이주하는 것을 금지하는 정책을 폈기 때문에 이후 영국 식민지로 이주하는 사람들의 구성은 잉글랜드 및 웨일즈 지역 이외의 영국인과 북서유럽인이 주종을 이루게 되었다. 또 1670년대부터 영국에서는 출생률이 저하되고 경제상황이 호전되면서 이주 인구가 줄자, 프랑스, 독일, 스위스, 아일랜드, 스코틀랜드, 스칸디나비아로부터의 이주가 시작되었다. 이 시기 가장 큰 이민집단은 스코틀랜드계 아일랜드인이었다. 잉글랜드는 아일랜드를 통치하는 수단으로 1500년경 스코틀랜드 사람들을 아일랜드 북부지방으로 강제 이주시켰는데, 이들은 새로운 경제적 기회를 찾아 대부분 계약하인의 형태로 미 대륙으로 건너갔다.

'필립 왕의 전쟁'과 '냇 베이컨의 반란'

식민지 인구가 늘면서 인디언들과의 충돌이 빈번하게 일어났다. 40여 년간 백인들과 평화를 유지해온 왐파노아그 인디언의 추장인 마사소이트(Massasoit)가 죽자 영국인들이 정복야욕을 드러내면서 1675년 '필립 왕의 전쟁(King Philip's War)'이 벌어졌다. 유럽식 복장과 관습을 받아들였다 하여 백인에게는 '필립 왕'으로 알려진 추장 메타코메트(Metacomet)의 지도하에 왐파노아그 인디언들은 3년 동안 매사추세츠 일대의 마을들을 공격하고 약 1000명 이상을 살해했다. 그러나 1676년부터는 백인이 우세해졌다. 백인들은 왐파노아그와 적대관계에 있는 모호크족(Mohawks) 인디언을 안내자와 스파이로 고용해 승리했다. 필립 왕은 살해되어 그의 머리는 장대에 꽂혀 전시되었다. 그의 아내와 아들은 서인도회사에 노예로 팔려갔다.

뉴잉글랜드 정착민들은 원주민들뿐만 아니라 몇몇 영국인 변경 정착지가 자기들의 땅이라고 주장하는 네덜란드인과 프랑스인의 공격에도 직면했다. 특히 프랑스인들은 알곤퀸족(Algonquins) 인디언과 동맹을 맺고 끊임없이 영국 정착민들을 위협했다.

버지니아는 어떠했던가? 버지니아 식민지는 30여 년 동안 단 한 사람, 즉 왕이 임명한 총독 윌리엄 버클리(William Berkeley, 1605~1677)에

버지니아와 서스퀘한녹족의 전투. 1676년 냇 베이컨은 산발적 전투에서 자신의 농장관리인이 살해되자 버지니아의 인디언정책이 온건하다고 비난하며 민병대를 조직, 반란을 일으켰다.

의해 통치되었다. 그는 1642년 36세에 총독으로 임명된 후 1670년대까지 한 번 잠시 쉬었을 뿐 줄곧 버지니아 식민지를 지배했다. 1650년경 버지니아 인구는 1만6000명으로 10년 전의 2배가 되었고, 1660년에는 다시 2배 이상 증가하여 4만 명에 달했다.

1676년 버지니아에서는 냇 베이컨(Nat Bacon, 1640~1676)의 반란이 일어났다. 과학자이자 철학자인 프랜시스 베이컨의 사촌인 냇 베이컨은 젊은 농장주이자 버지니아의 진취적인 지배 엘리트 계층에 속하는 사람이었다. 영국에서 이주해 온 지 얼마 되지 않은 베이컨은 버클리와 그의 추종자들이 독점하고 있던 인디언과의 교역에서 배제되자 이들에 대한 불만을 품고 있었다. 당시 버지니아는 인디언 서스퀘한녹족(Susquehannocks)과 산발적인 전투를 벌이고 있었는데, 베이컨은 자신의 농장 관리인이 살해되자 버클리의 인디언정책이 온건하다고 비난했다. 그는 총독의 허락도 없이 500명 규모의 민병대를 조직하여 그간 쌓인 분노를 폭발시켰다.

베이컨이 서스퀘한녹족보다 온순한 그 지역의 오카니치족을 공격하자 그는 그 지역의 영웅으로 떠올랐다. 그는 서쪽으로 더 나아가고자 '국민의 선언'이라는 글을 발표해 부당한 세금 징수, 측근의 고위직 기용, 서부 농부들을 인디언으로부터 보호해주지 않는 점 등을 지적하며 버클리의 식민지 경영을 비판했다. 2000명의 베이컨 지지자들이 제임스타운으로 진군해 들어가 그곳을 불살라버렸다. 버클리는 베이컨을 반역자로 몰아붙이면서도 그가 요구한 개혁안을 일부 수용함으로써 사태를 해결했다. 베이컨은 나중에 버클리에게 사과를 한 뒤 사면을 받았다.

그러나 베이컨의 불같은 성격은 다시 폭발해 하층 농장주, 하인, 소수의 자유민 흑인과 흑인 노예들을 이끌고 아메리카 대륙 식민지 최초의 민중반란을 일으켰다. 식민지 정부를 불태우는 수준에까지 이르렀다. 이는 인디언들에 대한 개척자들의 증오와 대지주에 대한 서민들의 분노가 한데 뒤섞인 반란이었다. 버지니아의 지배자들이 베이컨의 반란을 두려워한 가장 큰 이유는 흑인 노예와 백인 하인세력의 규합 때문이었다.

영국은 베이컨을 잡기 위해 소규모 함대까지 파견했으나 그들이 도착하기 전에 베이컨은 이질로 사망하고 말았다. 반란군 잔당들은 체포되었고 23명이 교수형을 당했다. 데이비스(Davis 2004)는 "냇 베이컨 반란은 식민지 정부에 대한 스무 건 정도의 자잘한 반란 중에서 가장 먼저 일어난 반란이었다"며 다음과 같이 말한다.

"이것들은 모두 아메리카 땅의 태반을 소유하고 번영이라는 명목으로 '갖지 못한 자들'을 좌지우지한 식민지의 '가진 자들'에 대한 반란이었다. '갖지 못한 자들'은 대개 벽지인이거나 생존을 위해 몸부림치는 하층 농민들이었다. 독립혁명 이전 시기에 일어난 수많은 반란과 노예폭동에 더하여, 식민지 '기득권층'에 대한 이들 민중들의 한 서린 유혈폭동까지 일어나자 식민지에서 이른바 상류층을 자처하는 광경은 완전히 사라졌다. 이제 아메리카 대륙에는 산적한 불만들이 쌓여 곧 터질 것 같은 폭풍 전야의 불안한 모습만이 희미하게 놓여 있었다."

냇 베이컨의 반란은 아메리카 식민지의 계층화 또는 계급화의 고착 과정을 보여주거나 시사해준다. 아메리카 식민지는 신세계를 표방했지만 점점 더 구세계의 모습을 닮아가게 된다. 그러나 신세계엔 구세계에 없는 것이 하나 있었으니 그건 바로 당시로선 무궁무진해 보였던 기회였다. 아메리카 식민지는 아직 개척할 수 있는 땅이 끝도 없이 펼쳐져 있었으니, 내부 갈등은 끊임없이 일어나지만 늘 산발적인데다 소규모로 분출하는 수준에 그치고 만다.

참고문헌 Brinkley 1998, Collett 2006, Davis 2004, Weil 2003, Zinn & Stefoff 2008, 손세호 2007, 이주영 1995, 이현송 2003, 정만득 2001, 홍사중 1982

"신의 이름에 부들부들 떨라"
퀘이커교도의 펜실베이니아 탄생

영국의 퀘이커교도 탄압

영국 프로테스탄트교의 또 다른 분파인 우정회 또는 친우회(the Society of Friends)는 1650년경 노팅엄(Nottingham)의 구두 제조업자인 조지 폭스(George Fox, 1624~1691)와 마가렛 펠(Margaret Fell, 1614~1702)에 의해 시작되었다. 이들은 '지극히 개인주의적인 좌파 프로테스탄트 조직'이었다. 그들의 추종자들은 "신의 이름에 부들부들 떨라"는 폭스의 명령으로 인해 퀘이커(Quaker, 떠는 사람들)교도로 알려졌다.

중류계급 출신이 많은 퓨리턴과는 달리 그보다 하층에 속했던 퀘이커교도들은 구원예정설과 원죄개념을 부인했다. 모든 사람은 자신 내부에 신성을 지니고 있으므로 이를 계발하는 법을 배워야 하고 모두가 구원받을 수 있다고 주장한 것이다. 그들은 그리스도는 '내면의 빛(inner light)'으로서 개인의 영혼에 존재한다고 믿었기에, 예배방식은 신과의 직접적인 영적 교신, 즉 내면의 빛을 받고 몸이 부들부들 떨릴

때까지 고요히 앉아 묵상하는 것이었다. 이
들은 자신들을 '빛의 아들(Children of Light)' 이
라고 불렀다.

일찍이 칼뱅은 "여성으로 하여금 복
종하는 것에 만족하게 하라. 그리고 여
성이 한층 우월한 성보다 열등하게 만
들어졌다는 사실을 잘못된 것이라고
생각하지 않게 하라"고 주장했
으며, 퓨리턴은 이 원리를 따랐
다. 그러나 퀘이커교도는 퓨리
턴과는 달리 완전한 남녀평등
을 지향했으며, 성과 계급도 구
분하지 않았다. 교회 건물이나

조지 폭스. 1650년경 마거렛 펠과 함께 '지극히 개
인주의적인 좌파 프로테스탄트 조직' 친우회를 결
성했다. 그 추종자들이 퀘이커교도다.

행정기구도 없고 집회소만 있을 뿐이었다. 월급을 받는 목사도 없었
으며, 예배를 볼 때엔 성령에 의해 감동받은 사람들이 차례로 돌아가
면서 이야기하는 방식을 취했다. 폭스는 성서의 계명 "살인하지 말
라"를 원뜻 그대로 취해 평화주의를 주장했다. 퀘이커교도들은 철저
한 평화주의자들로서 전쟁에 참여하지 않았다. 찰스 2세 치하에서 퀘
이커교도 3000명이 투옥되는 등 영국에선 박해를 받았기에 이들은 아
메리카로 이주해 자신들만의 식민지를 원했으나 특허장을 얻을 만한
영향력이 없었다.

식민지의 반응도 싸늘하다 못해 살벌했다. 보스턴에 퀘이커교도가
처음 들어온 1656년, 매사추세츠가 이들을 사탄의 사자로 규정하자,

로저 윌리엄스의 로드아일랜드를 제외한 모든 식민지가 떠들썩하게 반퀘이커교도법을 통과시켰다. 1658년엔 퀘이커교도들에 대한 조치가 더욱 강화되어 두 번 처벌받고 추방된 자가 또다시 뉴잉글랜드동맹 식민지에서 발각되면 사형에 처하도록 했다. 그후 2~3년 동안 청교도의 본거지 매사추세츠에선 실제로 추방되었다가 돌아온 퀘이커 교도들 4명을 교수형에 처하기도 했다.

1667년 퀘이커교도들에게 엄청난 행운이 찾아왔다. 바로 이 해에 윌리엄 펜(William Penn, 1644~1718) 등 일부 귀족들이 퀘이커교로 개종을 한 것이다. 펜의 아버지인 윌리엄 펜 경은 영국 왕실 해군의 제독이었고, 아일랜드에 엄청난 땅을 가진 대지주였다. 아들 펜은 아버지의 반대를 무릅쓰고 퀘이커교로 개종하여 복음주의를 지지하다가 여러 차례 감옥에 가기도 했다. 1670년 펜이 런던 거리에서 퀘이커교의 교리를 전파한 죄로 기소돼 받은 재판은 '역사적 사건'이 되었다.

그런 행위는 당시 영국 성공회를 유일한 합법종교로 정해놓은 영국 국법을 범한 것이었지만, 배심원들은 펜이 거리에서 구체적으로 무슨 말을 했는지 증명되지 않았다는 이유로 유죄가 아니라는 평결을 내렸다. 화가 난 재판부는 배심원들을 법정모독죄로 투옥시키는 명령을 내렸지만, 결국 펜과 배심원의 승리로 끝났다. 『뉴욕 타임스(New York Times 2008)』는 '세계 역사를 바꿔놓은 지난 20세기의 베스트 재판'으로 이 재판을 꼽으면서, "이 사건으로 인해 배심원들이 정부의 보복을 두려워하지 않고 무죄를 선고할 수 있는 명백한 주권이 확립되었다"고 평가했다.

윌리엄 펜의 '거룩한 실험'

1681년 아버지가 죽자 펜은 왕으로부터 뉴욕과 메릴랜드 사이의 넓은 땅을 하사받았다. 왕의 주장에 따라 그 지역은 아버지 펜의 이름을 따라서 펜실베이니아라 불렀다. '펜의 숲이 있는 곳'이라는 뜻이었다. 펜은 1682년 아메리카 대륙으로 건너와 그 지역에 살고 있던 인디언들과 협상을 벌였다. 협상은 부분적으로 워킹퍼체이스(Walking Purchase)라고 알려진 방식으로 맺어졌다. 남자 한 명이 사흘 동안 걸을 수 있는 크기의 땅을 갖기로 인디언들과 약속한 것이다. 펜은 천천히 걸었지만 그의 아들은 달리기 선수 세 명을 고용해 빠른 속도로 걷게 했고 그 결과 인디언들은 많은 사냥터를 포기해야 했다.

펜은 펜실베이니아를 '거룩한 실험(Holy Experiment)'으로 간주했다. 그는 델라웨어강과 슈일킬(Schuylkill)강 사이에 그리스어로 '형제애(Brotherly Love)'란 뜻을 가진 필라델피아(Philadelphia)란 이름의 도시를 설계했다. 이 도시는 직사각형의 거리로 설계되었고, 이는 훗날 미국 여러 도시의 모형이 되었다. '형제애'의 원리에 따라 빈부격차도 다른 지역에 비해 덜했다. 17세기 후반 필라델피아에서 인구의 10퍼센트를 차지한 부유층은 전체의 부에서 36퍼센트밖에 소유하지 않은 반면, 퓨리턴의 중심지인 보스턴에서는 10퍼센트의 부유층이 전체의 반 이상, 버지니아에서는 전체의 3분의 2가 넘는 부를 차지했다.

펜은 종교뿐만 아니라 정치적으로도 진보적이었다. 그가 만든 정부 조직은 투표에 의한 총독 선출(초대 총독은 펜)을 비롯하여 놀라울 정도로 진보적인 식민지 헌법을 채택했다. 또한 퀘이커교도들은 현세적인 계급제도에 경의를 나타내는 호칭, 예컨대 '서(Sir)' '마담(Madam)'

1682년 인디언과 협상을 맺는 윌리엄 펜. 펜은 남자 한 명이 사흘 동안 걸을 수 있는 크기의 땅을 갖기로 인디언과 약속하고, 그만큼의 땅을 얻었다.

'각하(Your Honor)' 따위로 다른 사람을 부르기를 거부하면서 대인관계에서도 평등주의를 지향했다.

1700년에는 필라델피아가 아메리카 대륙의 문화 중심지가 되어 오직 보스턴에만 뒤질 정도였다. 필라델피아는 식민지 중에서 두 번째로 인쇄소를 소유했으며, 식민지 중에서 세 번째로 신문을 발행했고, 식민지 최고의 병원과 자선단체를 운영했다. 상업적 위험에 대비하는 보험제도를 발달시킨 사람들도 퀘이커교도였는데, 이들은 훗날(1752) 저명한 보험회사인 필라델피아 화재보험 출자회사를 세우게 된다.

1690년대 말 거의 절대적인 권한 지닌 귀족에 대해 불만을 표현하는 주민들이 나타났다. 이들의 압력이 점점 커지자 펜은 마지막으로 영국으로 향하기 직전인 1701년에 식민지에 '자유헌장(Charter of

Liberties)'을 만들 것을 약속했다. 이 헌장에 따라 대의제의회를 만들어 귀족들의 권한을 크게 제약했다. 1703년에 3개의 카운티가 의회를 만들었는데, 그 결과 실제로 독립된 식민지인 델라웨어가 생겨났다. 델라웨어는 원래는 뉴스웨덴으로 네덜란드에 병합되었다가 다시 영국에 병합된 지역이었다.

미국 최초의 코스모폴리타니즘

펜은 큰 업적을 남겼지만 그 자신의 삶은 험난하고 불행했다. 정치적 분쟁에 휘말려 반역죄를 뒤집어썼는가 하면, 한때 식민지 소유권을 잃었다가 1694년에 되찾기도 했다. 그는 생애 말기에 채무로 인하여 영국 감옥에 갇혔고, 중풍을 맞아 반신불수가 되었으며, 1718년 궁핍한 가운데 죽었다. 널리 알려져 있진 않지만, 그는 여러모로 선구자였다. 그가 1693년에 출간한 『유럽의 현재와 미래의 평화에 대한 모색 (Essay towards the Present and Future Peace of Europe)』은 '유럽의회'를 제안했다. 그는 미국에도 큰 정신적 유산을 남겼다. 데이비스(Davis 2004)는 다음과 같이 말한다.

"그가 남긴 현실적 이상주의는 그를 아메리카 초기 영웅의 반열에 올려놓았다. 또한 그가 수립한 비폭력, 사회정의의 퀘이커 전통은 노예제도 폐지, 금주법, 보통선거권, 평화주의와 같은 운동의 선두에 퀘이커교도들을 서게 하면서 미국사에 지워지지 않는 흔적을 남겼다."

실제로 퀘이커교도의 인도주의는 인디언에 대한 양심적인 대우와 흑인노예에 대한 선구적인 반대로 나타났다. 이미 1657년에 일부 퀘이커교도들은 기독교의 정신과 노예제도의 상응성에 의문을 제기했었다. 이처럼 퀘이커교는 미국에서 최초로 나타난 일종의 코스모폴리타니즘이었다. 청교도가 하나님의 전능과 정의를 강조했던 반면 퀘이커교도는 하나님의 자비와 사랑을 강조했다. 가장 두드러진 특징은 자발주의였다. 청교도는 인간의 무가치와 무능을 강조한 반면, 퀘이커교도는 구원과 저주에 대한 궁극적인 책임은 각 개인에게 달려 있는 것이라고 주장했다. 이 같은 자발주의는 종교를 주로 도덕적인 문제로 만드는 효과를 낳기도 했다. 청교도들은 퀘이커교도들을 증오하고 두려워했기 때문에 아예 그들 대상의 선교를 포기했다. 반면 퀘이커 선교사들은 규칙적으로 청교도 정착지를 순회하였고 어느 정도 성공을 거두었다.

여러 종족과 종교적 교파들이 단일정부 밑에서 평등의 이념을 기초로 공존공영한 것은 펜실베이니아가 최초였다. 윌리엄 펜의 '거룩한 실험'은 18세기 유럽의 이상주의자들에게 큰 영향을 주었다. 이신론자(理神論者)로서 신을 질서 유지에 필요한 존재 정도로 간주한 볼테르가 군주제, 봉건주의, 종교적·인종적 단일성 없이도 사람들은 행복하게 살아갈 수 있다고 주장한 것은 이 '거룩한 실험'에서 영향을 받은 것이라고 한다.

프랑스를 망친 위그노 박해

반면 볼테르의 프랑스는 '거룩한 실험'과는 정반대의 방향으로 치닫고 있었다. 프로테스탄트 집안에서 태어난 앙리 4세(Henri IV, 1553~1610)는 왕권을 위해 가톨릭으로 개종했지만 1598년 낭트칙령(Edict of Nantes)을 반포해 프랑스의 칼뱅주의자들, 즉 위그노들에게 상당한 자

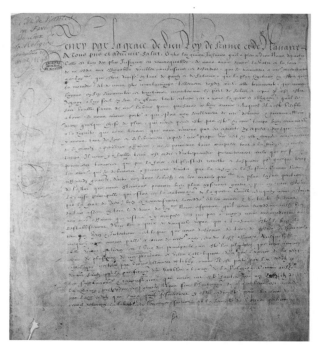

낭트칙령. 1598년 프랑스의 왕 앙리 4세가 낭트에서 공포한 칙령으로 30년전쟁을 종식시켰다는 점에서 의의가 크다. 그러나 루이 14세가 1685년 이 칙령을 무효화했고 30만 명 정도의 위그노들이 프랑스를 떠났다.

유를 허락했다. 그러나 프로테스탄티즘을 멸시한 루이 14세(Louis le Grand Monarque, 1643~1715)가 1685년 10월 18일 그 칙령을 무효화하자 거의 30만 명 정도의 위그노들이 프랑스를 떠났으며, 이들 중 일부가 아메리카로 향했다.

루이 14세의 위그노 박해는 프랑스의 국력을 망친 최악의 실정이었다. 위그노는 인구의 약 10분의 1인 200만 명을 밑돌았지만, 국왕에게 충실하고 근면한 시민이었다. 100일이 넘는 성일(聖日)과 성인 축제일을 지키는 가톨릭교도에겐 위그노의 근면과 그에 따른 상업적 성공이

영 불만이었으며, 이것이 위그노 박해의 한 이유가 되었다. 위그노 박해는 낭트칙령이 폐지되기 전인 1681년부터 시작되었는데, 낭트칙령 폐지의 근거도 박해로 인해 이제는 위그노가 존재하지 않는다는 이유에서였다.

과연 위그노는 존재하지 않았던 걸까? 예배를 보는 위그노 목사들을 마차로 찢어 죽이는 형에 처하는 공포 분위기에서 위그노는 사라진 듯 보였을 뿐이다. 그들은 탈출을 결심했다. 위그노는 어떤 사람들이었던가. 직물업자, 제지업자 등 그때까지 프랑스가 독점했던 기술의 소유자들이었다. 인쇄업자, 제본업자, 조선업자, 법률가, 의사, 목사, 은행가, 상인 등도 많았다. 이들이 숙련된 기술과 지식과 자본을 갖고 영국과 독일 등지로 빠져나갔다.

위그노의 가치를 깨달은 네덜란드는 즉각 그들에게 시민권을 부여하고 3년 동안 세금을 면제하는 특혜를 베풀었다. 브란덴부르크(훗날의 프로이센)의 제후 프리드리히 빌헬름(Friedrich Wilhelm, 1620~1688)은 낭트칙령이 폐지된 지 1주일도 지나지 않아 위그노를 자국으로 불러들이는 법령을 공포함으로써 베를린의 산업발전에 크게 기여했다. 심지어 500여 명의 장교가 포함된 2만여 명의 군인들마저 네덜란드로 달아나 루이 14세의 적인 윌리엄 3세(William III, 1650~1702)의 병력을 증강시켰다. 윌리엄 3세는 1688년 추방된 제임스 2세(James II, 1633~1701)의 뒤를 이어 영국 국왕이 된다. 터크먼(Tuchman 1997)은 루이 14세의 위그노 탄압을 통치자가 나라를 망친 대표적 사례로 들면서 다음과 같이 말한다.

"루이 14세가 아들이나 손자보다도 오래 살면서 72년간이나 통치하고 1715년에 죽었을 때 후손에게 남긴 것은 그가 꿈꿨던 국가의 통일이 아니라 증오로 가득 찬 반목이었고, 국부와 국력의 증진이 아니라 허약하고 가난한 데다 질서까지 잃은 국가였다. 이다지도 자기중심적인 지배자가 이렇게까지 철저하게 국익을 파괴한 사례는 달리 없다. …… 루이 14세는 경험에 의존해서 충동적으로 일을 처리했다. 랄프 왈도 에머슨은 뜻밖의 논거에 입각해서 이 의견을 날카롭게 보충했다. 그는 '역사를 분석할 때는 너무 깊게 파고들어서는 안된다. 때때로 사건의 원인이 지나치게 단순하기 때문이다' 라고 경고했다. 이것은 대개 정치학자가 간과하는 요소이다."

오늘날 프랑스 인구는 영국 인구보다 더 적지만 1600년경엔 2000만 명으로 500만 명인 영국 인구의 4배였다. 모든 인구유출이 위그노 탄압 때문이라고 할 수는 없지만, 유독 심했던 프랑스의 종교갈등이 인구유출의 주요 원인이었던 것은 분명하다. 오늘날 프랑스가 요란스럽게 '똘레랑스(tolerantia, 관용)' 를 외치게 된 역사적 배경이기도 하다.

위그노 탄압으로 국력을 소진한 프랑스의 반대편에 사람을 필요로 했던 아메리카 식민지가 있었다. 아메리카 식민지에도 종교탄압은 있었지만, 이주의 물결을 가로막을 정도로 심각한 것은 아니었다. 아메리카 식민지는 구세계의 불관용과 탄압에 지친 유럽인들을 빨아들이는 블랙홀이 되었고, 이런 포용과 흡입의 메커니즘은 훗날 미국을 세계 최강대국으로 떠오르게 만드는 동력이 된다.

참고문헌 Braudel 1995-1997, Brinkley 1998, Davis 2004, Evans 1998, New York Times 2008, Persons 1999, Rietbergen 2003, Tuchman 1997, Vardaman 2004, 유종선 1995, 정만득 2001, 홍사중 1997

'중간계급의 바이블'
존 로크의 『시민정부론』

1688년 영국의 명예혁명

1685년 뉴욕을 세운 요크의 공작이 영국의 제임스 2세로 즉위했다. 그의 재임 중에 주식회사 설립 붐과 투기의 시대가 열렸다. 이는 1687년 뉴잉글랜드호의 선장 윌리엄 핍스(William Phips, 1651~1695)가 히스파니올라섬 부근에 침몰한 스페인 해적선에서 건져 올린 은 32톤과 상당한 양의 보석을 싣고 잉글랜드로 돌아오면서부터 시작되었다. 왕과 선장, 선원들은 자신들의 몫을 챙긴 뒤 남은 것을 1만 퍼센트의 배당금형태로 항해를 지원한 파트너들에게 배분했다. 양치기 소년이었던 핍스 선장은 기사작위와 기념메달을 받았다. 이 성공담이 영국 전역에 퍼지면서 해저유물 인양에 뛰어드는 사람들이 폭증한 것이다.

그러나 제임스 2세는 인기 없는 왕이었다. 1688년 의회는 그의 딸인 프로테스탄트교 메리(Mary II, 1662~1694) 공주와 그녀의 남편인 네덜란드 왕 오렌지의 윌리엄 공(William of Orange, 1650~1702)을 왕으로 추대했다. 자신의 아버지인 찰스 1세에게 일어났던 일 때문인지 제임스 2세는 저항하지 않고 프랑스로 도피했다. 영국인들이 '명예혁명(Glorious Revolution)'이라고 부른 이 무혈혁명의 결과 윌리엄과 메리는 공동 왕이 되었고 의회와 국왕은 왕권이 의회에 종속되는 제한군주제에 합의했다. 이는 식민지에 심리적 영향을 미쳐 지배층에 대한 저항 분위기를 고조시켜 총독을 내쫓는 등 여러 식민지에서도 무혈혁명이 일어나게 된다.

이런 상황에서 존 로크의 『시민정부론』(1690)은 출간되자마자 영국에서 정치무대에 오르기 시작한 중간계급의 바이블이 되었다. 로크는 인민들이 부당하고 폭압적인 지배자에 반대할 때에는 언제든지 '하

존 로크. 『시민정부론』을 통해 인민들이 부당하고 폭압적인 지배자에 반대할 때에는 언제든지 '하늘에 호소할' 권리가 있으며 반역할 수 있다고 주장했다.

늘에 호소할' 권리가 있으며 또한 반역할 수 있다고 했다. 로크의 논문은 영국 의회개혁의 이론적 근거가 되었다. 그는 이전 사상가들과 마찬가지로 사유재산이 자연의 법이며 변경될 수 없다고 주장했지만 논리방식은 달랐다. 무엇보다도 노동의 가치를 고양하고 재산취득을 인간 존재의 최고 업적으로 칭송했다.

뉴턴의 친구였던 로크는 그의 첫 번째 저서인 『인간오성론(Essay concerning Human Understanding)』(1690)에선 그 유명한 '백지(白紙, tabula rasa)'의 원리를 들어 우리가 머릿속에 생각을 가지고 태어나는 것이 아니라고 주장했다. 정신은 비어 있는 상태로 태어나고 지식은 경험으로부터 온다는 것이다. 이는 프랑스의 수학자 데카르트(Rene Descartes, 1596~1650)나 당시의 이신론자들이 믿고 있던 '생득관념(生得觀念)'을 완전히 부정하는 것이었다. 로크는 인간의 문제에 대해 절대적인 대답이 있다는 생각을 배격하고 답은 하나씩 직접적인 실험을 통하여 찾을 수 있다고 주장했다. 그를 '경험주의(empiricism)의 아버지'라고 부르는 이유도 바로 여기에 있다. 로크는 경험주의를 온몸으로 구현했다. 그는 처음에 학자였다가 의사가 되었으며, 그 후 외교관, 공무원, 경제학자, 시사평론가 등으로 직업을 바꾸었는데, 이는 경험만이 어떤 것을 배울 수 있는 유일한 수단이라고 생각했기 때문이다.

18세기는 데카르트에서 로크로 옮겨간 시대지만, 그렇다고 데카르트가 완전히 죽은 것은 아니었다. 로크는 토론이 단어가 아닌 '본질'을 중심으로 이루어져야 한다고 주장했는데, 이는 홉스의 경우처럼 데카르트의 영향을 받은 것이었다. 버트런드 러셀(Bertrand Russell, 1872~1970)이 '근대철학의 창시자'라고 했던 데카르트는 과학적 방법의 발전에 중요한 공헌을 했다. 특히 "나는 생각한다, 고로 나는 존재한다(Cogito, ergo sum)"는 주장은 영국의 경험주의자들로 하여금 교회의 계시적 지혜에 의문을 제시하게 만들었다.

로크·몽테스키외가 미국에 미친 영향

로크는 경험주의의 아버지인 동시에 자유주의(liberalism)의 아버지다. 자유주의는 개인의 자유가 주요 관심사인 이데올로기다. 사회철학적으로는 개인의 합리성을 신봉하는 이념체계로서 의회민주주의와 시장경제를 주창하면서 방법론적으로는 사회현상에 대해 개인의 행동이 기반이 된다는 것을 기본입장으로 삼는다. 자유주의 전통에는 로크의 자유주의와 홉스의 자유주의가 혼재한다. 홉스의 냉혹한 개인주의와 달리 로크의 자유주의는 자본주의 사회의 무절제한 자기 이익을 위한 철학이 아니라 일종의 '덕성'을 요구하는 사상이다.(권용립 2003, 홍훈 1992)

그렇다고 해서 로크가 그런 덕성의 소유자였느냐 하는 건 별개의 문제다. 그가 말한 인민은 중간계층을 의미했으며, 로크 자신도 비단무역과 노예무역에 대한 투자, 대부나 저당으로 소득을 가진 부자였다. 그는 식민지 캐롤라이나의 고문으로서 헌법을 작성하는 일을 맡아 40명의 부유한 지주, 귀족들에 의하여 운영되는 노예소유자의 정부를 제안하기도 했다. 그는 불쌍한 어린이들의 노동에 대해 "그들이 12~14세가 될 때까지 일반적으로 사회에 대한 의무를 갖지 않는다"는 점을 유감스럽게 생각했으며, 구호대상 가족 가운데서 아이들이 3명을 넘을 경우 모든 어린이들은 "어릴 때부터 노동에 익숙하도록 노동학교에 보내라"고 주장했다.

식민주의의 정당성을 이론화한 최초의 자유주의자도 로크였다. 그는 문명화를 내세워 식민주의를 정당화했다. 스페인은 '칼에 의한 정복'이지만 잉글랜드의 식민화는 인간적이라며 긍정했다. 훗날 카를 마르크스(Karl Marx, 1818~1883)도 똑같은 논리를 편다. 마르크스는 『뉴욕 트리뷴』 1853년 6월 25일자에 쓴 「영국의 인도 지배」라는 글에서 식민주의를

로크의 사상은 볼테르의 논문을 통해 프랑스에 널리 퍼졌고, 볼테르의 숭배자였던 토머스 제퍼슨은 이 논문을 통해 로크를 혁명가로 보았다.

문명화의 사명으로서 정당화하는 관점을 피력하면서 "잉글랜드의 죄악이 무엇이건 간에 그들은 아시아에 근본적인 혁명을 가져오는 데 역사의 무의식적인 도구가 되었다"며 제국주의에 지지를 보냈다. 또 마르크스는 그해 8월 8일자에 쓴 「영국의 인도 지배의 잠정적 결과들」이라는 글에서 다음과 같이 주장했다. "영국은 인도에서 두 가지 사명을 수행해야 한다. 하나는 파괴적인 것이요 다른 하나는 재생적인 것인 바, 바로 케케묵은 아시아 사회를 폐기하고 아시아에 서구적 사회의 물질적 기반을 마련하는 것이다." (Plenel 2005, 박지향 2000)

로크의 사상을 프랑스에 널리 퍼지게 만든 것은 볼테르의 로크에 관한 논문이었다. 이 논문은 로크의 사상을 훨씬 더 급진주의로 바꿔

놓았다. 볼테르 숭배자인 토머스 제퍼슨(Thomas Jefferson, 1743~1826)이 로크를 혁명가로 본 것은 볼테르의 글을 통해서였다. 로크의 사상은 미국 독립전쟁의 철학적 기초를 제공했으며, 미국의 사회적 질서는 로크의 경험주의를 기반으로 하여 구축되었다.

로크 못지않게 또는 그 이상으로 미국 독립전쟁과 건국 초기에 영향을 미친 유럽의 사상가는 몽테스키외(Montesquieu, 1689~1755)였다. 몽테스키외의 『법의 정신(Dèlesprit des lois)』(1748)은 권력분립론을 내세운 절대주의 · 전제주의 비판서로 나오자마자 교황청의 금서목록에 올랐지만, 2년 동안에 22판이나 찍을 정도로 베스트셀러가 되었다. 이 책은 1750년대의 식민지 미국에도 잘 알려져 있었으며, 1787년 미국 헌법을 기초하기 위해 필라델피아에 모였던 '건국의 아버지'들의 필독서였다. 특히 제퍼슨과 더불어 미국 건국의 아버지 중의 한 명이었던 제임스 매디슨(James Madison, 1751~1836)이 몽테스키외의 찬미자였다. 1760년부터 1805년까지 미국에서 나온 정치적 저작물에서 인용된 사상가들의 수를 조사한 결과, 가장 널리 인용된 사상가는 로크가 아니라 몽테스키외인 것으로 밝혀졌다. 아마도 몽테스키외의 삼권분립 이론이 헌법제정자들의 가장 중요한 헌정원리가 되었기 때문일 것이다.

자유주의 · 공화주의 논쟁

로크로 대변되는 자유주의는 18세기 미국 정치사상사의 전부라고 해도 과언이 아닐 정도로 큰 영향을 끼쳤지만, 1960년대 후반부터 '공화주의적 수정론자'로 불리는 여러 학자들이 자유주의 대신에 공화주의를 강조하고 나섰다. 미국 혁명사상의 뿌리는 로크로 대변되는 자유주의가 아니라 공화주의라는 것이었다. 다시 자유주의 주창자들의 공세가 이어지는 등 치열한 논쟁이 벌어졌다. 1967년 『미국혁명의 이데올로기적 기원』에서 공화주의가 미국혁명의 사상적 기원이라는 주장을 내놓음으로써 미국혁명사상 연구의 새로운 지평을 열었던 버나드 베일린(Bernard Bailyn)도 1992년의 증보판에서 혁명기의 미국인들이 공화주의와 자유주의를 둘 다 받아들이고 있었다는 것을 인정했다.(정경희 2004)

혁명기의 미국인들이 공화주의와 자유주의를 둘 다 받아들이고 있었음을 밝힌 버나드 베일린의 『미국혁명의 이데올로기적 기원』.

이왕 이야기가 나온 김에 공화주의를 자세히 짚고 넘어가자. 공화주의(republicanism)는 직접민주주의(direct democracy)와 대의제(代議制) 민주주의(representative democracy) 사이의 균형을 취하기 위한 고민에서 비롯된 것으로, 이는 매디슨의 주장에서도 잘 나타난다. 매디슨은 "순수한 민주정은 한 사회를 구성하고 있는 많지 않은 수의 사람들이 직접 회합을 가지면서 정부를 운영하는 정치체제인 반면, 공화정은 대의제를 통해 운영되는 정치체제"라면서 "민주정과 공화정의 가장 큰 차이는 첫째, 공화정에서는 전체 시민이 선출된 소수의 시민들에게 정부운영을 위임한다는 것이며, 둘째, 시민의 수가 늘어나고 국가

의 영토가 커질수록 공화정의 가능성이 확대된다는 것이다"라고 주장했다.(Dahl 2004)

'republic'을 're-public'으로 이해할 경우 그런 의미가 좀 더 선명하게 다가올 것이다. 조정환(2005)은 republic의 어원에서 re는 '다시'를 의미하는 re가 아니라 res, 즉 물건을 의미했지만(즉 공중의 것), republic은 국가의 수중에 응고되어 있는 부와 권력을 다시 public에게 되돌리는 것으로 이해할 필요가 있다고 역설한다.

최장집(2002)은 "서구에서 공화주의라는 말은 한국인의 심성 속에 깊이 자리 잡은 공동체 전체에 대한 애정, 향토애, 민족애와 크게 다를 바 없는 내용"으로 "민주주의가 일련의 절차적·제도적 장치만으로는 제대로 작동하고 발전하기 어렵다는 문제의식에서 그 의미가 발생한다"고 했다. 그는 "공화주의는 공공선에 대한 헌신, 공적 결정에 대한 적극적인 참여와 모든 시민이 공동체로부터 배제되지 않고 권리와 혜택을 누리는 시민권의 원리, 시민적 덕에 대한 강조를 핵심 내용으로 한다"며 다음과 같이 말한다.

"즉, 그것은 적극적 시민으로서 정치에 대한 참여와 선출된 공직자의 시민에 대한 사회적·도덕적 책임성의 윤리를 함축한다. 따라서 논리전개의 방향은 자유주의와 역순으로 작용한다. 사적 자유와 권리로부터 국가의 기능을 도출하고 공적 질서를 구축하는 것이 자유주의라고 한다면, 공화주의는 공익을 우선시하면서 사익이 공적 영역을 침해하면 정치가 부패하고 공공선이 훼손된다고 믿기 때문이다. 또한 자유주의가 경쟁의 논리를 강조한다면, 공화주의는 참여의 윤리를 강조한다."

공화주의는 출발시점에서부터 오늘에 이르기까지 여전히 실현해야 할 목표이지만 현실적으론 실현하기 어려운 이상으로 존재하고 있다. 공화주의를 둘러싼 갈등과 타협이야말로 정치의 주요내용이라고 해도 과언이 아니다. 참여가 왜곡된 상태에서 과잉일 경우, 참여하지 않는 것보다 못한 결과를 초래할 수도 있기 때문에, 참여의 내용과 질이 문제다. 이는 두고두고 지구상에 존재하는 모든 공화국들을 괴롭히는 문제가 된다.

참고문헌 Altschull 1993, Brinkley 1998, Bury 2006, Chancellor 2001, Cranston 1990, Dahl 2004, Morris 1990, Plenel 2005, Rietbergen 2003, Rifkin 2005, Zeitlin 1985, Zinn 1986, 권용립 2003, 김병걸 1999, 박지향 2000, 정경희 2004, 조정환 2005, 조지형 2007, 최장집 2002, 홍사중 1997, 홍훈 1992

청교도의 '두 얼굴'
뉴잉글랜드의 '마녀사냥'

수십만 명을 처형한 유럽의 '마녀사냥'

"퓨리터니즘을 어느 정도, 그것도 그 원천에서 이해하지 않고는 미국을 이해할 수 없다"는 말이 있다.(정만득 2001). 1692년에 벌어진 세일럼의 '마녀사냥'도 그런 이해의 차원에서 가볍게 넘길 수 없는 사건이다. 이 사건 이후에도 미국에선 형식을 달리한 마녀사냥이 자주 벌어졌기 때문이다.

유럽 전역에서 마녀사냥이 절정에 이르렀던 시기는 1585년부터 1635년 사이의 약 50년 동안이었으며, 마녀사냥으로 처형된 희생자의 수에 대해선 최소 50만 명에서 최대 900만 명으로 역사가들마다 견해가 다양하다. 마녀사냥에 대한 이해를 위해 앞서 거론한 바 있는 룬(Loon 2005)을 다시 불러내보자. 그는 역사적으로 최악의 불관용은 교회에서 비롯되었다는 것을 시종일관 고발하고 있다. 그는 중세의 이단자들은 거의 가난한 사람들이었다며, 그 대표적 사례로 마니교도를

윈체스터 주교에게 심문당하는 잔다르크. 그녀의 일화는 중세 마녀사냥의 대표적 사례다.

든다.

"중세의 일등 그리스도인에게 마니교도는 아주 못마땅한 인간이었다. 그렇지만 확실한 죄목을 걸어 재판에 부치기가 어렵자 그들은 풍문에 근거해 그들을 처단했다. 이 방법은 극적이지도 않고 진행도 엄청나게 더딘 정식 법정에 비해 분명히 이점이 있었지만, 때론 증거가 불충분한 경우도 있어서 수많은 사법살인을 저질렀다. 이런 해결책은 불쌍한 마니교도들의 경우 더욱 억울한 일이었는데, 그 이유는 이 종파의 창시자인 페르시아인 마니(Mani, 216~277)가 선행과 자비의 화신이었기 때문이다."

뒤이어 나타난 마녀사냥을 지휘한 교황청 소속의 이단법정은 잔 다르크(Jeanne d' Arc, 1412~1431)에서 갈릴레이에 이르기까지 수많은 이들을 희생자로 만들었다. 룬은 "바위투성이 성곽의 캄캄한 굴에서 서서히 미쳐가는 끔찍한 운명보다는 화형목에서 불타 죽는 게 낫기에, 많은 죄수들이 차라리 이단으로 선고받아 비참함에서 벗어나려고 짓지도 않은 온갖 죄를 고백했다"며 이렇게 말한다.

"세계 각지에서 500년 넘게 이런 일이 계속되었다는 건 정말이지 믿어지지 않는 일이다. 수많은 순진한 사람들이 어떤 말 많은 이웃이 속삭거린 소문 때문에 어느 날 밤 갑자기 잠자리에서 끌려갔다는 것, 이름도 자격도 알지 못하는 판사 앞에 나아갈 날을 기다리며 지저분한 감방에서 몇 달 몇 년을 보냈다는 것, 자기가 무슨 죄로 그곳에 와 있는지 한 번도 들은 바가 없었다는 것, 그들의 죄를 일러바친 이가 누구인지 결코 알 수 없었다는 것, 친척과 이야기를 할 수도 변호사와 상의할 수도 없었다는 것, 죄가 없다고 계속 주장하면 사지가 다 부러질 때까지 고문을 받기도 했다는 것, 다른 피고의 죄에 대해 증언하는 건 이단에게도 허용되었지만 다른 피고에게 유리한 얘기를 하려면 기회를 주지 않았다는 것, 그리고 마지막으로 자기가 어떤 이유에서 그런 비참한 신세가 됐는지 감도 잡지 못한 채 죽는 일도 있었다는 것. 50년, 60년씩 묻혀 있던 시체를 무덤에서 파내고, 죽은 지 반세기가 지난 사람에게 '궐석' 재판으로 유죄를 선고하고는 그의 상속인들에게서 모든 재산을 빼앗은 일은 더더욱 믿기 어렵다. 그렇지만 이게 다 사실이었다. 이단 심문관들은 몰수자산으로 자유롭게 활동경비를 충당했던 까닭에 이런 말도 안되는 일이 결코 드물지 않았고, 두 세대 전에 할아버지가 지었다는 죄 때문에 거지로 내몰리는 손자들이 숱했다."

마녀사냥꾼의 활약

그렇게 집단적으로 미쳐 돌아가는 상황에서 이단을 고발하는 첩자들이 없을 리 없었다. 13~15세기에 유럽은 단독으로 활동하는 사악한 첩자들로 들끓었으며, 이들은 교회를 비난했다거나 어떤 교의에 의문을 표했다는 사람들을 고발하는 일로 먹고 살았다고 한다.

"주변에 이단이 없으면 만들어내는 것이 앞잡이 공작원의 일이었다. 아무리 죄 없는 사람이라도 고문이 죄를 자백하게 만들 터이므로, 그들은 조금도 걱정할 필요 없이 끝없이 그 일을 계속할 수 있었다. 영적인 결함이 의심되는 사람을 익명으로 고발할 수 있는 제도로 말미암아 많은 나라에 그야말로 공포시대가 열렸다. 드디어는 가장 가깝고 친한 친구조차 믿지 못하게 되었다. 한 집안 사람들마저 서로를 경계하지 않을 수 없었다. 이단심문법정에서 많은 일을 담당한 탁발승들은 이 방식이 불러온 공포 분위기를 절묘하게 이용하여 거의 두 세기 동안 호사스러운 생활을 누렸다. 그렇다. 종교개혁의 가장 근원적인 요인들 중 하나는 많은 사람이 탁발승이라는 오만한 거지들에 대해 넌더리를 냈기 때문이라고 말해도 틀리지 않을 것이다. 그들은 경건한 사람입네 하며 선량한 시민들 집에 함부로 쳐들어갔고, 가장 포근한 침대에서 잤으며, 최고로 맛난 음식을 먹었고, 귀한 손님 대접을 받아 마땅하다고 주장하는가 하면, 그들이 이미 자기들 몫이라 여기게 된 갖가지 호사 중 어느 하나라도 못 누리게 될 경우 그간의 은인을 이단법정에 고발하겠다는 위협만으로 편안한 생활을 이어갈 수 있었다."

유럽에서 마녀사냥은 15세기 초엽에서 18세기 말엽까지 약 400여 년 동안 지속되었는데, 이 사냥의 총지휘자는 교황이었다. 교황 인노첸시오 8세(Innocentius VIII, 1432~1492)는 1484년 전염병과 폭풍이 마녀의 짓이라는 교서를 내린데 이어, 1488년 칙령에서 모든 나라에 마녀사냥 심문관을 임명하고 기소·처벌할 권한을 주었다. 행여 사탄에 대한 적개심이 식을까 두려워 후임 교황들은 새로운 마녀사냥위원회를 구성하곤 했다. 교황 알렉산드르 6세(Alexander VI, 1431~1503)는 1494년에, 레오 10세는 1521년에, 하드리아노 6세(Adriano VI, 1522~1523)는 1522년에 마녀사냥위원회를 만들어, 이들에게 마녀를 색출하고 처형할 강력한 권한을 부여했다.

영국에선 1541년 마녀를 처벌하는 구체적인 법령이 처음으로 공포되었다. 물론 그 이전에도 마녀처형은 이루어졌다. 이후 1551년, 1562년, 1604년에 마녀처형에 관한 더욱 엄격한 법이 제정되었다. 영국에서의 마지막 마녀처형은 1716년에 일어났지만 마녀들에 대한 재판은 1736년까지 지속되었다. 영국의 청교도혁명기에 맹활약을 한 마녀사냥꾼의 주요 마녀감별법은 용의자를 물에 던지는 것이었다. 마녀용의자의 팔다리를 묶고 담요에 말아 연못이나 강에 던져 가라앉으면 가족에게 무죄라고 위로하면 그만이었고 물에 뜨면 마녀라는 증거이므로 화형에 처해졌다.

19명을 처형한 세일럼의 마녀사냥

그런데 왜 그런 마녀사냥이 종교적 박해를 피해 온 사람들이 살고 있는 아메리카에서까지 나타난 것일까? 왜 청교도들은 피해자에서 가해자로 변하는 '두 얼굴'을 보이게 된 것일까? 이미 1607년부터 'puritanical(청교도적인)'은 엄격하고 완고하고 매우 도덕적이라는 의미를 갖고 있었다. 누가 이 용어를 만들었는지는 분명치 않지만, 당시 영국 국교회지도자들이 '혼자만 깨끗한 체하는 사람들'이라는 부정적인 의미로 붙여준 사회적 낙인(烙印)이었을 가능성도 있다. 여기에 더하여 퓨리터니즘은 거의 절대적인 남자의 권한과 더불어 여성의 연약함과 열등함을 강조한 이데올로기라는 점에 주목할 필요가 있다. 초기 퓨리턴사회는 매우 긴밀하게 짜인 유기체로서 엄격한 가부장적 구조를 갖고 있었다.

그러나 인구가 늘고 상업화가 진전되면서 사회변화와 그에 따른 긴장과 갈등이 고조되었다. 청교도들은 아주 조금이라도 수상쩍은 일이 생기면 의혹을 품고 신속하게 처벌하려는 열의를 불태웠다. 그들은 사탄의 힘을 믿었고, 사탄이 이 세상에서 영향력을 행사할 수 있다고 믿었다. 이런 배경에서 일어난 것이 바로 마녀사냥이다.(Brinkley 1998)

1651년 매사추세츠 스프링필드에 사는 휴 파슨스(Hugh Parsons)의 아내는 남편이 "온 집안에 완두콩을 집어던지고는 내게 주우라고 시키고" 가끔 잠을 자다가 "끔찍한 소음"을 낸다며 불평했다. 그러자 마을 원로들은 조금도 주저하지 않고 요술을 부린다는 이유로 그 남편을 가까운 교수대에서 처형시키기로 결정했다. 코네티컷 뉴헤이븐의 어느 마을에 눈이 하나뿐인 돼지가 태어나자 치안판사들은 원인규명을 시도하다가 우연히 애꾸눈 조지 스펜서(George Spencer)를 만나자 그를 추궁하였다. 스펜서는 강요에 못 이겨 수간(獸姦)을 했다고 털어놓았다가 나중에 자백을 취소했다. 코네티컷 법에서는 수간을 입증하려면 두 명의 증인이 필요했다. 그를 교수형에 처하고 싶어 안달이 난 치안판사들은 돼지와 그가 철회한 고백을 두 사람의 목격자로 인정해 그를 교수형에 처했다.(Bryson 2009)

이런 해괴한 사건들은 뉴잉글랜드 전역에서 일어났으나 가장 유명한 게 바로 매사추세츠 세일럼 마을에서 일어난 마녀사냥이다. 세일럼 마을은 1672년 교역 도시로 번영을 누리던 도시 세일럼에 있는 교회에 가지 않고 그들만의 교회에 다니고 싶어 하는 일군의 농부 가족들이 건설한 공동체였다. 이 마을은 목사문제로 수년간 옥신각신하고 있었다. 1689년 전직 상인이며 하버드대학 중퇴자인 새뮤얼 패리스(Samuel Parris, 1653~1720)가 목사로 초청됐지만 분란을 잠재우지 못하고 혼란상태에 빠져들었다.

1692년 1월 아홉 살 난 목사의 딸 베티(Betty)와 열한 살 난 목사의 조카 아비게일(Abigail Wiliams) 그리고 열두 살 난 마을유지의 딸 앤 퍼트넘(Ann Putnam)이 이상한 행동을 하기 시작했다. 의사는 그 소녀들이 마법에 걸려 '악마의 손' 안에 놓여 있다고 진단했다. 이상한 행동을 보인 소녀들은 부두교(Voodoo) 가르침에 열중하고 있는 몇 명의 서인도 제도 출신 하녀들을 마녀라고 고발했다. 소녀들에게 점쟁이놀이를 가르쳤던 패리스 가족의 노예인 인디언 티투바(Tituba)가 의심을 받았다. 티투바, 마을 여인 세라 굿(Sarah Good)과 세라 오스번(Sarah Osborn)은 2월 29일 마녀 혐의로 체포돼 투옥되었다. 이들이 투옥된 후 수많은 사람들이 기소되는 놀라운 일이 벌어졌다. 세 소녀의 이름이 알려지면서 매사추세츠 식민지 전역은 공포에 휩싸였다. 총독 월

세일럼의 마녀재판을 그린 그림. 소녀들의 장난스러운 고발에서 시작된 사태는 돌이킬 수 없이 치달았다. 결백을 주장하면 교수형 당했으므로 사람들은 아무렇게나 되는 대로 자백을 했다.

리엄 핍스는 특별법정을 소집하여 150명 이상의 주민(대다수가 여성)을 마녀혐의로 기소했다.

마녀고발을 시작했던 소녀들이 후에 자기들의 주장을 취소하고 자기들의 이야기는 꾸며낸 것이라고 말했지만 재판은 계속되었다. 결백을 주장하면 교수형을 당하고, 자백하면 교수형을 모면할 수 있었다. 사탄의 꼬임에 빠진 사람은 자백함으로써 사탄의 이용으로부터 벗어난다는 가정에 따른 것이었다. 겁에 질린 피고들은 빗자루를 타고 다녔다든가 악마와 섹스를 했다는 등 되는 대로 자백을 했다.

1692년에 마지막 마녀재판이 있기까지 세일럼의 주민 중 28명이 유죄선고를 받았다. 5명은 죄를 자백하여 목숨을 건졌고, 2명은 도망쳤고, 임신부 1명은 사면되었지만, 나머지는 모두 처형되었다. 유죄를 인정하지 않은 어떤 마녀의 남편은 돌덩어리에 짓눌려 질식사했다.

총독 핍스는 뒤늦게 마녀재판의 중지를 명했지만, 마녀죄를 의심받고 있던 자신의 아내 때문에 이런 결정을 내렸다는 의심을 받았다.

마법은 LSD중독?

마녀사냥은 세일럼에만 국한된 게 아니라 다른 뉴잉글랜드 지역으로 확산되었다. 고발된 마녀들은 대부분 중년 여자들로 자식이 없는 과부였다. 사회적 신분이 낮고, 가정에 문제가 있고, 다른 죄가 있다고 자주 고발당하고, 이웃들로부터 소외된 사람들이었다. 이들이 퓨리턴 규범에 도전하는 것처럼 보인 게 문제였다. 데이비스(Davis 2004)는 여러 지역에서 "마법을 부린 죄는 곧 부락의 분규를 잠재우는 수단으로 이용되었다"며 다음과 같이 말한다.

"이 사건으로 뉴잉글랜드 청교도정신의 편협성과, 독실함을 가장한 경직성이 분명히 드러났다. 또한 미국 헌법의 초안자들이 끝까지 막으려고 한 교회국가의 위험성을 분명하게 확인시켜주었다. 지역사회 전체가 광기 하나 제대로 막지 못한 일은 미국사에서 뉴잉글랜드나 식민지의 어느 한 시대에만 국한되지 않는 비겁한 도덕성을 드러낸 가슴 아픈 사건이었다."

훗날 이 사건에 대한 과학자들의 해석이 흥미롭다. 행동심리학자린다 카포릴은 소녀들의 행동을 LSD(Lysergic Acid Diethylamide, 환각제) 사용자들의 행동과 연관시켰다. 당시 LSD는 없었지만 호밀에 생기는 것으로 LSD의 천연연료가 되는 버섯 종류인 맥각곰팡이는 있었다는 것이다. 독극물연구자들에 따르면 맥각곰팡이에 오염된 식품은 경련, 망상, 환각 그리고 세일럼 재판기록에도 나와 있는 다양한 증상들을 유발시킨다. 당시 호밀은 세일럼의 주산물이었고 '마녀들'은 곰팡이가 번식하기 좋은 습한 목초지에 살고 있었다. 프랜시스 힐(Frances Hill)은 의학적 설명을 제시했는데, 소녀들의 행동을 '히스테리아(Hysteria)'로 보았다. "이상한 몸의 자세, 알 수 없는 고통, 귀울림, 언어장애, 실명, 뜻 모를 재잘거림, 거식증, 타인에 대한 파괴적인 행위와 자기 파괴적인 행위 등은 세 소녀 모두에게 똑같이 나타나고 있다."(Davis 2004)

훗날 아서 밀러(Arthur Asher Miller, 1915~2005)는 희곡 『크루서블(The Crucible)』(1953)을 통해 세일럼사건을 드라마틱하게 구성하였고 이 작품은 1996년 니콜라스 하이트너 감독, 위노나 라이더(Winona Ryder), 다니엘 데이루이스(Daniel Day-Lewis) 주연의 동명 영화로도 만들어졌다. 『크루서블』은 당시 미국 사회를 휩쓸던 매카시 선풍(공산당 사냥 바람)을 '현대판 마녀사냥'으로 고발한 작품이다.

세일럼사건 당시 청교도 목사 인크리스 매더는 악마가 마녀로 나타나 뉴잉글랜드의 낙원을 타락시키고 있다고 주장했다. 그의 아들 코튼 매더(Cotton Mather, 1663~1728)는 마녀로 낙인찍힌 여자들을 집으로 끌고 와서, 그가 발견했다고 하는 끔찍한 사실들을 폭로하는 데에 앞장섰다. 매더 부자를 중심으로 한 성직자들은 이들에 대한 신속한 재판과 가혹한 처벌을 요구했다.

세월이 약이런가. 매더 부자는 이 사건 이후 뭘 느낀 게 있었던 것인지 미신을 버리고 과학으로 관심을 돌렸다. 이들은 뉴잉글랜드가 선택된 나라라는 것을 증명하기 위해 경험적 증거들을 수집하고 과거를 선민의 입장에서 재해석하려고 노력했다. 특히 코튼 매더의 『기독교 철학자(The Christian Philosopher)』(1721)는 과학혁명의 아메리카적 수용을 가장 잘 보여준 저서다. 그는 과학이 종교에 어떤 위협도 될 수 없다는 것을 설명하려고 했으며, 뉴턴을 "지성세계의 영원한 독재자"라고 찬양했다.

청교도는 섹스에 매우 관대했다?

당시의 청교도를 과학의 눈으로 보면 의외의 모습도 드러난다. 세간의 상식과는 달리 청교도는 섹스에 매우 관대했다는 주장이 있다. 간통을 시인한 사람이 교회의 임원으로 계속 활동할 수도 있었다고 한다. 이게 사실이라면, 청교도의 또 다른 '두 얼굴'인 셈이다. 너새니얼 호손(Nathaniel Hawthorne, 1804~1864)의 『주홍글씨(The Scarlet Letter)』(1850)를 기억하는 사람이라면 "그게 웬 말이냐"고 반문하겠지만, 『주홍글씨』의 주인공 헤스터 프린이 겪었던 것처럼 A 문자(Adultery, 간통)를 달고 다녀야 하는 시련은 많지 않았다고 한다.

그렇다고 해서 A 문자를 달고 다녀야 했던 게 지어낸 이야기는 아니다. 1636년 뉴플리머스 공동체는 간통한 사람에게 두 개의 대문자, 즉 AD라고 새겨진 헝겊을 상의 윗부분에 꿰매고 다니게 한 법령을 제정했다. AD는 간통녀(adulteress)의 약자였다. 호손이 소설 속에서 이를 A자로 바꾼 것일 뿐, 원래는 간통녀에게 AD라는 두 글자를 달고 다니게 했다.

이 소설은 여러 차례 영화화되었는데, 가장 화제가 된 것은 1995년 롤랑 조페(Roland Joffe) 감독이 데미 무어(Demi Moore) 주연으로 제작한 〈주홍글씨〉다. 김성곤(1997a)은 이 영화의 사실주의적인 영상미와

롤랑 조페 감독의 1995년 작 〈주홍글씨〉.
너새니얼 호손의 동명 원작을 영화화한
작품으로 여주인공의 가슴에 새겨진 글
자 A는 간통의 낙인이다.

배우들의 뛰어난 연기를 긍정 평가하면서도, 조페가 "강인한 여성의
'홀로서기'"라는 원작의 주제를 모독하면서 "감상적인 애정영화로
전락시켰다"고 비판한다.

　1700년대엔 약혼 중인 남녀가 판자나 베개로 선을 그어놓고 옷을
입은 채로 한 침대에서 같이 자는 번들링(bundling) 또는 태링(tarrying)
이 성행했는데, 이는 종종 성관계로 이어졌고 원치 않는 아이를 낳는
원인이 되었다. 그럼에도 이 관습은 널리 퍼져 있었다. 로드아일랜드
브리스톨에서는 1720년과 1740년 사이에 임산부의 약 10퍼센트는 결
혼한 지 8개월 이내에 첫 아기를 낳았고, 그 후 20년 동안에는 신혼부
부의 약 50퍼센트는 결혼한 지 9개월이 되기 전에 출산했다. 매사추세
츠의 점잖은 마을인 콩코드에서 독립전쟁 전 20년 사이에 태어난 아
기의 3분의 1은 사생아였다. 어떤 면에서 보면 청교도 가족이 현대의
미국 가족보다 섹스에 대해 훨씬 더 개방적이었다는 말이 나오는 이

유다.(Shenkman 2003)

청교도는 섹스에 매우 관대했다는 주장은 메이플라워호의 필그림들이 도착한지 반세기만에 보스턴은 '창녀로 가득' 했다는 사실로도 입증된다. 다른 도시들도 마찬가지였다. 1699년부터 1779년까지 버지니아의 주도였던 윌리엄스버그에는 작은 크기에도 불구하고 매춘굴이 3개나 있었다. 청교도는 성행위를 식사만큼 자연스러운 것으로 여겼고 대수롭지 않게 화제에 올렸다. 혼전 성관계가 권장되었으며, 결혼을 하려는 남녀는 'precontract', 곧 성관계를 할 수 있는 허가를 받았다. 간음은 공개적으로 장려되진 않았지만 뉴잉글랜드의 청교도 사이에서 매우 빈번하게 일어났다. 1770년대에는 뉴잉글랜드 여성의 절반이 임신한 상태에서 결혼했으며, 특히 시골 지역에서는 신부의 94퍼센트가 임신을 한 몸으로 결혼했다. 18세기가 끝날 무렵에서야 성행위에 대한 태도가 억압적인 방향으로 바뀌기 시작했지만, 그것도 공식적인 태도가 그랬다는 것일 뿐이다.(Bryson 2009)

겉과 속이 다른 이중 문화는 인간이 사는 어느 사회에서건 나타나는 것이지만, 아메리카 식민지와 훗날의 미국 사회를 이해하는 데에 매우 중요한 의미를 갖는다. 전 세계 국가들 중 가장 종교적이면서도 가장 실용적인, 얼른 보기엔 화합할 것 같지 않은 두 개의 특성을 평화 공존 시키는 것이야말로 미국 사회의 저력이 아닐까?

참고문헌 Brinkley 1998, Bryson 2009, Bury 2006, Davis 2004, Felder 1998, Loon 2005, Mackay 2004, Persons 1999, Shenkman 2003, Solberg 1996, 김성곤 1997 · 1997a, 오성근 2000, 이주영 1995, 정만득 2001

제4장
흑인 노예무역과 인디언 사냥

성경이 노예제를 승인했다?
노예학대, 노예도주, 노예반란

노예무역 독점구조의 해체

1697년 노예무역을 독점한 영국왕립아프리카회사(the Royal African Company of England)가 망한 것은 인구학적 측면에서 하나의 전환점이 되었다. 노예무역이 자유무역으로 바뀌면서 경쟁이 시작되고 가격이 떨어지자 흑인의 수가 엄청나게 증가하기 시작한 것이다. 당시의 노예무역은 인간이 악마일 수도 있다는 걸 유감없이 보여주었다.

아프리카 내륙에서 붙잡힌 흑인 노예들의 해안까지 1000마일이나 되는 거리를 대개 걸어서 이동했고, 이 과정에서 5명에 2명꼴로 죽어갔다. 흑인 노예들은 목에 사슬을 맨 채 채찍과 총기의 위협 속에 죽음의 행진을 했던 것이다. 해안에서 그들은 팔릴 때까지 우리에 갇혀 지냈다. 17세기 말경 존 바봇(John Barbot)은 황금해안(Gold Coast)에서의 노예우리를 다음과 같이 묘사했다.

"노예들이 내륙 지방에서 피다(Fida)로 끌려오면 해변 근처의 칸막

이방이나 감옥 같은 곳에 수용된다. 유럽인들이 그들을 인수하려고 하면 그들은 넓은 평지로 끌려나와 노예선 의사들에 의해 남자든 여자든 모두 발가벗겨져 세세한 부분에 이르기까지 몸을 샅샅이 검사당한다. …… 우량하고 건장하다고 인정되면 한쪽으로 분리되어 빨갛게 달구어진 인두로 프랑스, 영국, 네덜란드 회사 마크를 가슴에 찍힌다. 그런 다음 낙인찍힌 노예들은 다시 칸막이방에 수용되어 배에 실려 갈 때까지 대개 10일 내지 15일 정도 기다리게 된다."

노예선의 공간은 지옥과 다를 바 없었다. 노예들은 캄캄한 곳에서 서로 사슬로 엮이고, 배 밑바닥의 습기에 젖고, 배설물의 악취로 숨이 막힐 지경이었다. 당시의 문서들은 그 상황을 다음과 같이 그리고 있

1697년의 유럽의 각국에 의해 분리 지배를 당하던 아프리카 지도. 영국왕립아프리카회사가 망하면서 노예무역은 자유무역으로 바뀌게 되었다.

다. "높이가 어깨보다도 낮았기 때문에 그 불행한 인간들은 주위를 돌 수도 없고 돌아누울 수조차 없었다. 더구나 목과 다리가 갑판에 사슬로 묶여 있었다. 그런 상황하에서는 절망감과 질식해 죽을 것 같은 공포감 때문에 흑인들은 광포해진다." 노예들은 필사적으로 숨을 쉬기 위해 다른 노예들을 죽여야만 했다.(Zinn 1986)

1705년 버지니아의 노예법

유럽인이 독점하던 노예무역은 엄청나게 이익이 많이 남는 장사였다. 뉴잉글랜드의 아메리카인 몇몇 사람이 이 사업에 직접 착수하여 1673년에는 최초의 아메리카 노예선인 욕망호(Desire)가 출항했다. 성경에 나오는 노예제 사례들을 들며 "성경이 노예제를 승인했다"는 명분을 내세워 1705년 최초로 버지니아가 흑인을 노예로 간주하는 '노예법 (slave code)'을 제정했으며, 곧 다른 식민지들도 그 뒤를 따랐다. 그러나 이는 공식적인 결정이 그랬다는 것일 뿐 흑인은 오래전부터 노예였다.

당시의 법원 문서에 따르면, 1630년 휴 데이비드(Hugh David)라는 백인 남자는 "흑인과 같이 드러누워 자기 몸을 더럽힘으로써 자신을 능욕하였다는 죄목으로 채찍질형"을 선고받았다. 1640년대 버지니아 주에서는 두 명의 백인 계약노동자와 한 명의 흑인이 함께 도망간 일이 있었다. 그들은 붙잡혀서 함께 법정에 서게 되었는데, 백인 노동자들은 주인에게 1년 더, 그리고 식민지정부에게 3년을 더 노동으로 봉사해야 하는 처벌을 받았다. 반면 흑인에 대해서는 봉사기간의 연장을 요하는 법적 처리가 이루어지지 않았다. 이는 흑인이 종신노동을 해야 하는 노예의 신분임을 암시한다. 그래서 흑인 노동자의 시장가격이 백인보다 높았다. 1662년 법령집에 따르면, 백인 남성과 흑인 여성 사이에서 난 자식들은 그 어머니의 신분에 따라 노예였다. 또 1667년 법령집에 따르면, 노예가 기독교인이 돼 세례를 받더라도 노예의 신분은 그대로였다.

1713년 앤드루 로빈슨(Andrew Robinson)에 의해 스쿠너(schooner, 두 개 이상의 마스트가 있는 세로돛 범선)가 처음으로 건조되었는데, 이는 항해와 어업 분야의 일대 혁명이었다. '수면 위를 가볍게 스치듯 미끄러져 간다'는 뜻을 지닌 스쿤이라는 18세기 뉴잉글랜드어에서 유래된 스쿠너는 대구 어업에도 큰 기여를 했으며, 이는 노예무역을 부추기는 결과를 초래했다. 노예 인구가 소금에 절인 값싼 대구를 먹으며 급속히 증가할 수 있었기 때문이다. 뉴잉글랜드가 영국 시장이 감당할 수 없을 정도로 많은 대구를 생산하자, 아메리카 식민지인들은 남는 대구로 노예를 사오기 시작했다. 대구는 현금, 보스턴산 럼주와 더불어 3대 지불수단이었다.

1691년 흑백결혼 금지 법안

1691년 식민지 의회는 백인과 흑인의 결혼을 금지하는 법안을 통과시켰다. 흑백 간 사랑이 꽤 있었다는 걸 시사한다. 1690~1698년 사이 위스트모얼랜드라는 도시에서 백인 여성 14명이 19명의 사생아를 낳았는데 이 중 4명이 흑인과의 사이에서 태어난 물라토였다. 같은 기간 동안 노픽이라는 도시에서 태어난 13명의 사생아 중 3명이 물라토였다. 또 1702년에서 1712년 사이 랭커스터 카운티에서 태어난 사생아 32명

중 9명이 물라토였다. 미국 연방대법원이 "다른 인종 간의 결혼을 금지한 모든 법조항은 위헌이다"라는 판결을 내린 건 1967년이었다.

백인 남성들이 흑인 남성들에 대해 갖고 있는 '성기 콤플렉스'는 오랜 역사를 자랑하는데, 이것이 흑인을 차별하면서 멀리 해야 할 주요 이유 중의 하나가 되었다. 흑인 남성 노예들은 '걸어 다니는 음경'으로서의 이미지를 갖게 되었는데, 이런 이미지 확산에 기여한 것은 미국의 젊은 장교 펠트먼(William Feltman)이 남긴 1781년 6월 22일자 일기다. 그는 버지니아주의 거대한 저택에서 있었던 파티에 참석한 일을 기록했는데, 그의 관심을 끈 것은 시중을 드는 노예 소년들이 옷을 입지 않고 있다는 사실이었다.

"나는 열네 살, 열다섯 살 먹은 소년들이 완전히 벌거벗은 채로 시중을 드는데, 여성들이 이에 개의치 않는 데에 놀랐다. 그리고 이 빌어먹을 녀석들의 물건이 얼마나 대단한지, 그 물건을 보는 사람들은 모두 놀라움을 금치 못할 것이라고 확신한다."(Friedman 2003)

당시 이런 장면을 목격한 유럽 여행객의 편지들도 비슷한 놀라움을 토로하고 있다. 그들의 놀라움은 한결같이 백인 여성들이 노예 소년들의 나체에 개의치 않는다는 것과 그들의 물건이 크다는 것에 집중되었다. 여기에 의학적 관찰까지 더해졌다. 1799년 영국의 의사 찰스 화이트(Charles White)는 "흑인 남성의 성기가 유럽인의 그것보다 크다는 것은 런던의 모든 해부학계에 잘 알려진 사실이다"라고 주장했고, 1885년 리처드 버튼(Richard Burton)은 이런 주장까지 폈다. "타락한 여자는 물건의 크기 때문에 흑인을 선호한다. 나는 소말리랜드에서 한 남자의 것을 재어봤는데, 발기하지 않은 상태에서 거의 6인치가 되었다. 이것이 흑인종과 아프리카의 짐승들(예를 들어 말과 같은)의 본질이다." 사학자 제시 버나드(Jessie S. Bernard, 1903~1996)는 "백인남성들이 흑인들을 집단수용소 같은 게토로 몰아넣은 이유도 다분히 이들이 흑인 남성의 성욕을 두려워했기 때문"이라고 주장한다.

흑인 여성에 대해서도 이세벨(Jezebel) 이미지와 매미(Mammy) 이미지라고 하는 두 개의 이미지가 존재한다. 이세벨은 성서 열왕기(상)에 나오는 이스라엘왕 아합(Ahab)의 아내로 희대의 독부를 가리킨다. 악녀, 닳고닳은, 굴러먹은 여자라는 뜻이다. 매미는 흑인 유모를 가리키는데, 어느 쪽도 공정한 이미지는 아니지만 더욱 문제가 되는 것은 이세벨 이미지다. 이세벨은 인간의 본능과 욕망이 시키는 대로 행동하며 성적으로 문란하다는 함의를 담고 있다.

1736년에 발간된 『사우스캐롤라이나 가제트(South Carolina Gazette)』는 "흑인 여성들은 선천적으로 강인한 체격을 가져서 쉽사리 지치지도 않는다. 따라서 이들은 밤낮을 가리지 않고 연인을 위해 봉사할 수 있다"고 썼다. 심지어 윌리엄 스미스(Willam Smith)라는 노예상인은 "오랑우탄 같은 것들이 자주 숲속에서 흑인 여성들을 습격해 성관계를 맺곤 했다"고 주장했다. 토머스 제퍼슨은 "흑인 여성들이 오랑우탄과 성교를 하는 것은 분명 오랑우탄들도 자기네 종족보다 흑인 여성들이 훨씬 더 낫다는 확신이 있었기 때문일 것"이라고 썼다.(박영배 1999, 박형지 · 설혜심 2004)

노예도주와 노예반란

1705년 버지니아는 법전에서 도망노예의 수족절단을 규정했다. 메릴랜드에서는 노예의 중대 범죄들에 대해서는 교수형과 더불어 시체를 4등분하여 전시하도록 규정하는 법률이 통과되었다. 그럼에도 노예들의 탈출은 끊이지 않았다. 도망의 주요 이유는 뿔뿔이 흩어진 자기 가족을 만나기 위해서였다. 벤저민 프랭클린이 도망간 노예의 행방을 찾기 위해 1741년에 처음 잡지 광고를 낸 것은 유명한 일화다. 신문광고를 조사한 결과, 1763년부터 1801년 사이에 1138명의 남자 노예와 141명의 여자 노예가 도망을 간 것으로 집계되었다.

당시 노예 관련 광고는 신문의 주요 수입원 중의 하나였는데, 2000년 7월 4일 코네티컷 주 하트퍼드에서 발행되는 신문 『하트퍼드 쿠란트(The Hartford Courant, www.ctnow.com)』가 200여 년 전에 흑인 노예 매매 광고를 자기 신문에 실었던 것을 공식 사과해 화제가 되었다. 이 신문은 사죄문에서 "당시 신문들이 노예매매 광고를 싣는 것은 일반적인 일이었지만 쿠란트지는 중단 없이 발행해온 가장 오래된 신문으로서 역사의 어두운 면을 사죄하지 않을 수 없다"고 적었다. 이 신문은 이어 "코네티컷주에서 벌어진 노예매매를 통한 영리활동을 보도하면서도 우리 신문 자체도 영리추구행위를 했다는 사실은 보도하지 않았다"면서 "토머스 그린이 1764년 신문사를 세운 이래 1823년까지 흑인 노예매매와 도망친 노예 현상수배 광고를 신문에 실었다"고 털어났다. 당시 이 신문에 실린 한 광고는 '판매-15세 건강한 검둥이 소년, T 그린에게 문의 바람'이란 문구로 돼 있고 돼지나 버터 등 상품판매 광고란에 배치돼 있었다.

흑인 노예들은 당시 백인들의 탄압에 묵묵히 따르거나 도주하기만 했을까? 그렇진 않았다. 북아메리카에서 최초의 대규모 노예폭동은

스토노 반란사건을 그린 삽화. 20명의 노예가 점포에서 무기와 화약을 탈취하고 점원을 살해하는 것으로 시작되어 이후 반란 노예를 규합해 100명가량으로 늘었으나 곧 진압되었다.

1712년 뉴욕에서 일어났다. 당시 뉴욕에서는 전 인구의 10퍼센트가 흑인노예였다. 25명의 흑인들과 2명의 인디언들이 한 건물에 불을 지르고 백인 9명을 살해했다. 이 폭동으로 21명의 노예가 사형을 당했다. 총독의 보고서에 따르면, "일부는 화형에 처하고 일부는 교수형에 처했다. 한 사람은 수레바퀴에 매달아 찢어 죽이고 또 어떤 사람은 사슬로 묶어 산 채로 도시에 매달아 죽였다." 화형은 10시간 동안 약한 불에 태워 죽이는 방식이었다.

허버트 압데커(Hebert Aptheker, 1915~2003)의 연구에 따르면, 최소한 10명의 노예들이 가담한 폭동이나 음모는 약 250건이 일어났는데, 가장 규모가 큰 반란은 1739년 사우스캐롤라이나에서 일어났던 '스토노의 반란(Stono Rebellion)'이었다. 스토노강 부근에서 발생한 이 반란은 20명의 노예가 점포에서 무기와 화약을 탈취하고 점원을 살해하는 것으로 시작되었다. 그들은 당시 스페인령이었던 플로리다까지 가기 위해 남쪽으로 걸어 내려갔다. 플로리다에서는 도망친 노예가 환영을 받았기 때문이다. 그들은 가는 곳마다 농장을 공격하여 반란 노예를 규합함으로써 100명가량으로 늘었다. 그 와중에 모두 20명의 백인이 살해되었다.

노예들의 반란은 곧 진압되었다. 다른 노예들에게 본보기가 되도록 백인들은 반란노예들의 머리를 잘라서 찰스턴에 이르는 길가 기둥에 매달았다. 이는 영국인이 아일랜드에서 한 행동과 매우 닮은 것이었다. 도주한 자도 결국은 추격을 벗어나지 못하고 1개월 안에 전원 살해되었다.

1760년 식민지의 흑인 인구는 약 25만 명이었는데, 노예무역이 성행함에 따라 급증하기 시작했다. 1795년까지 영국 리버풀 항구에는 노예를 운반하는 배가 100척이 넘었고 그것은 전 유럽 노예무역의 절반에 달하는 것이었다. 1800년까지 1000만 명 내지 1500만 명의 흑인들이 아메리카 대륙에 노예로 붙잡혀 왔다. 이는 아프리카에서 잡힌 노예들의 3분의 1에 해당된다. 근대 서구문명이 시작된 시기에 아프리카는 5000만 명을 죽음과 노예매매로 잃었으며, 이게 바로 아프리카 저(低) 발전의 이유가 되었다.

세계 최빈국 50개국 중 33개국이 아프리카에 있을 정도로 아프리카는 빈곤의 대명사가 되었다. 아프리카 국가의 반 정도가 지금도 직간접적으로 전쟁이나 분쟁에 관여돼 있으며, 장기 독재체제에 신음하고 있다. 이런 비극은 유럽 국가들의 오랜 식민통치의 산물이지만 근본적으로는 '노예사냥'에서부터 비롯된 것이다. 하나가 어긋나기 시작하면 나머지 모든 것도 다 어긋나기 쉽다. 서방 강대국들이 아프리카의 뿌리 자체를 뽑아내거나 흔들었다는 점이 중요하다. 미국은 물론 유럽의 번영과 풍요가 반드시 아프리카의 참상과 같이 기억되어야 할 이유다.

참고문헌 Brinkley 1998, Desbiens 2007, Friedman 2003, Kurlansky 1998, Vardaman 2004, Zinn 1986, 김형인 2003a, 박영배 1999, 박형지 · 설혜심 2004, 윤양섭 2000, 이재광 · 김진희 1999a, 한국미국사학회 2006

13개 식민지의 건설
'계약하인' 과 신문의 활약

『국내외 사건』과 『보스턴 뉴스레터』

미국에서 최초의 신문은 1690년 9월 25일 벤저민 해리스(Benjamin Harris, 1673~1716)가 보스턴에서 발간한 『국내외 사건(Publick Occurrences Both Foreign and Domestick)』으로 간주되고 있다. 신문이라곤 하지만 한 달에 한 번씩 정기적으로 새로운 소식을 전해주겠다고 약속했을 뿐이다. 해리스는 "사건이 더 많이 일어나면" 신문은 더 자주 나오게 될 것이라고 말했다. 오늘날의 뉴스관과는 전혀 맞지 않지만, 이는 한동안 지속된 뉴스관이었다.

『국내외 사건』에 실린 기사 하나를 보자. "플리머스지역에서는 기독교로 개종한 인디언들이 추수감사절을 새로 정해, 최근 옥수수가 부족하던 시기에 식량을 주시고 이제는 충분한 수확을 거둘 수 있도록 약속해주시는 하나님의 은혜에 감사하기로 했다. 이 사례는 보도할 만한 가치가 있어 보인다."

흔히 『국내외 사건』(왼쪽)을 미국 최초의 신문이라고 이야기하나 단 한 번 내고 폐간되었음을 고려할 때 이후 72년간 지속적으로 발간된 『보스턴 뉴스레터』를 최초의 신문으로 보는 것이 옳다.

그러나 보도할 만한 가치가 없는 기사도 있었다. 해리스는 프랑스 왕이 자기 아들을 성희롱했다는 소문을 실었다. 주지사와 식민지 의회는 해당 신문에 대해 깊은 유감과 반대의 뜻을 표하면서 이 신문이 "고상한 품위를 손상시키며 여러 가지 의심스럽고 불확실한 보도를 싣고 있다"고 밝혔다. 이 신문이 첫 호만 발행하고 폐간된 이유다.

해리스는 과격한 반가톨릭주의자로 선정성으로 악명이 높은 인물이었다. 그가 영국 런던에서 1679년에 발행한 신문의 첫 호에는 나무에 팔이 묶인 채 머리와 손가락이 잘리고 내장이 다 파헤쳐진 한 남자의 시체에 대한 기사를 비롯하여 하녀를 농락한 가톨릭 신부에 대한 기사를 실었다. 1686년 보스턴으로 달아나기 전 해리스는 반영국적인

'가톨릭 모독계획'을 선동적으로 폭로한 혐의로 감옥살이를 했었다.

이후 14년간 식민지 미국엔 신문이 없었다. 1704년 4월 24일에서야 보스턴 우편국장 존 캠벨(John Campbell, 1653~1728)이 『보스턴 뉴스레터(Boston News-Letter)』를 창간했다. 캠벨은 런던의 신문에 난 기사를 읽고 이 주간 신문에 영국과 유럽의 정치뉴스를 주로 인쇄했다. 선박의 도착, 화재나 사고소식, 법원 판례, 해적소식 등 실용적인 것을 다뤘으며, 정부에 불편함을 줄 수 있는 건 싣지 않았다. 이 신문은 당국의 사전 검열을 받았으며, 발행부수는 300부 이하였다. 이후 72년간 계속 발행되었기 때문에 『보스턴 뉴스레터』를 미국 최초의 신문으로 보기도 한다. 달랑 한 번 내고 폐간한 신문보다는 아무래도 장기간 수명을 누린 『보스턴 뉴스레터』를 '미국 최초의 신문'으로 보는 게 옳을 것 같다.

『국내외 사건』을 최초의 신문으로 보게 되면, 한 해전인 1689년 청교도 목사 인크리스 매더가 창간했다가 마찬가지로 창간호만 내고 사라진 『프레즌트 스테이트 오브 뉴잉글리시 어페어즈(Present State of the New-English Affairs)』는 어떻게 볼 것이냐 하는 문제가 대두된다.

'대영제국'의 탄생과 '로빈슨 크루소'

1707년 스코틀랜드가 영국에 합병됨으로써 잉글랜드, 스코틀랜드, 웨일스가 중심이 되는 이른바 '대영제국'이 탄생하였다. 영국으로선 영광스러운 일이었겠지만, 식민지 아메리카의 사정은 그걸 기뻐할 처지는 아니었다. 1713년 보스턴에서는 식량부족이 심각해 폭동이 일어나기도 했다. 온 도시민들이 굶주리고 있었는데도 앤드루 벨처(Andrew

Belcher, 1706~1777)라는 거상은 더 큰 이익을 얻기 위해 카리브해의 섬에 곡식을 내다 팔았다. 이에 분노하여 폭동을 일으킨 200명의 성난 군중은 벨처의 창고를 습격했고, 이를 저지하는 식민지 부총독을 저격했다. 또 다른 보스턴의 군중이 관리를 습격하고 총독의 저택을 포위했으며, 강제징집하는 해군의 행위에 대해 항의했다.

평등의 문제는 내내 식민지 미국을 괴롭힌 쟁점이었다. 1716년 사우스캐롤라이나에서 통과한 법률은 투표권을 부여하기 전에 종교와 재산에 관한 엄격한 심사를 하도록 규정했으며, 특히 유대인과 흑인들에게는 투표권을 주지 않았다. 로드아일랜드주에서는 투표권을 가지려면 최소한 40파운드의 재산을 소유해야 했으며, 가톨릭신자들은 투표권이 없었다. 독립전쟁 때까지 13개 중 7개 주는 재산소유자에게만 투표권을 허용했다.

1719년 영국의 저널리스트 겸 소설가인 대니얼 디포(Daniel Defoe, 1660~1731)는 『로빈슨 크루소(The Life and Strange Surprising Adventure of Robinson Crusoe)』를 출간하였다. 홍사중(1997)에 따르면, "어느 무인도에 표류한 로빈슨 크루소의 28년 동안의 생활은 그대로 자연을 정복하는 한 인간의 영웅적인 모험의 승리담이나 다름없었다. 그는 경험과 이성의 힘만으로 그리고 맨주먹으로 무인도 생활을 이겨나간다. 그의 굽히지 않는 생활력과 낙천적인 현실주의, 그리고 끝없는 창조력과 상상력은 그대로 개인주의와 합리주의에 입각한 신흥 부르주아지의 이상상(理想像)이자, 새로운 시민윤리를 반영한 것이기도 했다."

반면 조너선 스위프트(Jonathan Swift, 1667~1745)의 『걸리버 여행기(Gulliver's Travels)』(1726)는 당대의 이신론(理神論) 사상의 낙천적 자기

만족에 대한 반감에서 출발해 영국의 정치·사회·풍속을 날카롭게 풍자했다. 이 책에 등장하는 야후(Yahoos)는 지배계급인 말을 섬기는 기형동물(인간)로 평화보다는 전쟁을 즐기고, 소유욕과 육욕(肉慾)이 강한 것으로 묘사된다. 김병걸(1999)에 따르면, "이 소설은 예나 지금이나 어른들에게는 인류를 잔혹하게 풍자했다는 의미에서 애독되고, 어린이들에게는 상상적·환상적 세계를 보여주었다는 점에서 널리 읽히고 있다."

조지아 식민지의 건설

『보스턴 뉴스레터』를 창간한 캠벨은 1719년 12월 21일 우편국장에서 물러났지만, 『보스턴 뉴스레터』는 계속 자신이 발간하기로 했다. 그래서 새로운 우체국장 윌리엄 브루커(William Brooker)는 『보스턴 가제트(Boston Gazette)』를 발간하였다. 『보스턴 가제트』 창간 다음 날인 1719년 12월 22일 펜실베이니아 필라델피아에서도 『아메리칸 위클리 머큐리(American Weekly Mercury)』가 창간되었다. 보스턴에서는 1721년에는 『뉴잉글랜드 쿠란트(New-England Courant)』, 1727년 『뉴잉글랜드 위클리저널(New-England Weekly Journal)』, 1731년 『포스트보이(Post-Boy)』, 1734년 『이브닝포스트(Evening-Post)』 등이 발간되었으며, 1735년에는 인구가 2만 명을 넘지 못하고 있던 보스턴시에서만도 5개의 신문이 발행되었다.

당시 신문들의 주요 기능 중의 하나는 계약하인으로 이주해 온 사람들을 구매자와 연결시켜주는 일이었다. 필라델피아에서 발간되던 『아메리칸 위클리 머큐리』지의 1728년 11월 7일자에는 다음과 같은

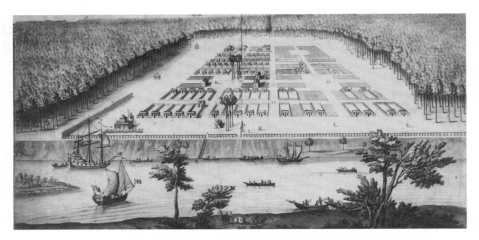

1733년의 조지아. 조지아는 최초의 13개 주 중 마지막 식민지로 경제적 · 정치적 이유가 아니라 제임스 오글소프 장군의 군사적 · 인류애적 동기에 이끌려 온 사람들로 구성되었다.

광고가 실려 있다. "런던에서 방금 도착한 보오덴(Borden)호 선장은 윌리엄 하버트(William Harbert). 농부, 목수, 제화공, 대장장이, 벽돌제조공, 벽돌쌓는 직공, 톱질공, 재단사, 콜셋 제조자, 도살자, 의제 제조공, 기타 각종 직인을 포함하여 고용살이에 적당한 젊은 사람들이 도착했음. 적당한 가격에, 현금이나 밀가루 빵이나 밀가루와 교환하고 있으니 필라델피아의 에드워드 혼(Edward Hoane)에게 연락 바람." (Huberman 2001)

펜실베이니아 식민지 건설 이후 수십 년 동안 새로운 식민지가 건설되지 않다가 1733년에 이르러서야 '최초의 13개 주' 가운데 마지막 식민지인 조지아가 건설되었다. 1732년 조지 2세는 특허장으로 그와 그의 추종자들로 구성된 식민위원회에 땅을 하사했으며, 이에 따라 1733년 사바나(Savannah) 강어귀에 요새화된 마을이 생겨난 것이다. 조지아는 경제적 · 종교적 이유가 아닌, 독특한 방식으로 건설되었다.

조지아 주민들은 제임스 E. 오골소프(James E. Oglethorpe, 1696~1785) 장군의 군사적이고 인류애적인 동기에 이끌려 온 사람들로 구성되었다. 최초의 13개주는 버지니아, 매사추세츠, 뉴욕, 메릴랜드, 로드아일랜드, 코네티컷, 델라웨어, 뉴햄프셔, 노스캐롤라이나, 사우스캐롤라이나, 뉴저지, 펜실베이니아, 그리고 조지아였다.

'계약하인' 의 이주

아메리카 대륙으로의 이민이 시작된 지 100년이 넘었건만 항해는 여전히 목숨을 건 도박과 같았다. 요하네스 고아(Johannes Gohr)는 1732년 2월 로테르담에서 미국으로 가는 여행길에서 직접 겪은 이야기를 다음과 같이 기록했다. "우리들이 로테르담에서 '마사의 포도원(Martha's Vineyard, 매사추세츠 동남에 있는 섬)' 까지 가는 데 24주간이 걸렸다. 처음엔 150명 이상이 갔으나 도중에 100명 이상이 죽어버렸다. 굶어 죽지 않기 위해서 우리는 쥐나 생쥐의 고기까지 먹어야 했다. 생쥐 한 마리에 8펜스에서 3실링까지, 물 한 쿼터에 4펜스나 지불했다."

그로부터 십수 년이 지난 뒤에도 사정은 마찬가지였다. 1750년 필라델피아에서 오르간을 연주하기 위해 미국으로 건너간 오르간 연주자 고트리브 미텔버거(Gotlieb Mittelberger)의 회고담이다.

"로테르담에서도 암스테르담에서도, 사람들은 고깃배에 청어가 실리듯 짐짝처럼 비좁게 실렸다. 그러나 정말 비극이 시작된 것은 카우즈(영국 남안의 항구)에서 배가 마지막으로 닻을 올렸을 때였다. 그곳에서 필라델피아까지는 바람이 가장 좋은 경우 7주간, 바람이 좋지 않을 때는 8주에서 9주, 10주 또는 12주간씩이나 걸리는 길이었기 때문이다. 대부분의 사람들이 병들게 되는 것은 놀라운 일이 아니었다. 온갖 고생과 어려움 외에도 따뜻한 음식이라곤 일주일에 단 세 번밖에 공급되지 않았으며, 배급되는 음식들도 형편없는데다 양도 매우 적었다. 그 음식들도 너무 불결해서 차마 먹을 수가 없었다. 배에서 주는 물도 흔히 색깔이 시커멓고 탁했으며 벌레들이 우글거려 아무리 갈증이 심하다 해도 마시기만 하면 구역질을 해댔다."

이때까지도 계약하인들이 많았는데, 이들은 자신을 살 사람이 나타날 때까지 붙잡혀 있어야 했다. 뱃삯을 지불할 수 없었기 때문이다. 배 위에 설치된 시장에서의 인신매매현장을 보자. 미텔버거는 다음과 같이 썼다.

"매일 영국인들, 네덜란드인들, 고지에 살고 있는 독일인들이 필라델피아나 그 밖의 곳으로부터 찾아온다. 그 중에는 60마일, 90마일, 심지어는 120마일 떨어진 먼 곳에서부터 찾아오는 이들도 있었다. 그들은 유럽에서 실어온 승객들을 팔기 위해 기다리고 있는, 새로 도착한 배 위로 올라가 건강한 자들 중에서 자신의 사업에 적합하다고 생각되는 자를 골라, 뱃삯을 대신 지불해주고 그 대가로 고용기간을 흥정한다. 흥정이 성립되면, 남자 성인의 경우 나이와 기운의 차이에 따라 다른데, 3년이나 4년 또는 6년 정도의 고용기간을 문서화하여 묶어둔다. 그러나 10세에서 15세까지의 어린아이들의 경우는 그들이 21세가 될 때까지 고용살이를 하지 않으면 안된다." (Huberman 2001)

계약하인은 아메리카 식민지에서의 위계질서가 누가 땅과 기회를 먼저 차지했느냐 하는 선착순의 원리에 따라 형성되었다는 걸 말해준다. 물론 인디언은 예외였지만 말이다. 겨우 뱃삯을 지불해주고 몇 년

씩 부려먹다니, 그게 말이 되는가? 이런 반문은 오늘날까지도 미국사
회를 지배하고 있는 '선착순 원리' 에 의해 간단히 묵살된다. '선착순
이데올로기' 라고 해도 좋을 정도이다.

참고문헌 Boorstin 1991, Brinkley 1998, Emery & Emery 1996, Huberman 2001, Jamieson 2002, Smith 1990, Stephens 1999, Zinn & Stefoff 2008, 김병걸 1999, 이재광 · 김진희 1999, 차배근 1983, 홍사중 1997

'종교적 열정' 과 '세속주의' 의 갈등
신앙부흥운동, 존 젱거 사건

데이비드 흄의 『인간본성에 관한 연구』

18세기가 시작되자 영국을 포함한 유럽에선 세속주의와 회의주의가 만연하였다. 1729년 몽테스키외는 "영국에는 종교가 없다. 한 사람이 하원에서 이것은 신앙에 관한 문제라고 말했을 때 모든 사람들이 폭소를 터뜨렸다"고 썼다. 런던과 파리에서 인기가 높았던 스코틀랜드의 철학자 데이비드 흄(David Hume, 1711~1766)은 열정, 특히 종교적 열정을 증오하고 있었다는 점에서 18세기의 대표적 인물이었다.

흄은 1739~1740년에 출간된 『인간본성에 관한 연구(A Treatise of Human Nature)』에서 이성을 감성의 시녀라 했다. "이성은 정념(passion)의 노예이고, 오로지 정념의 노예이어야 하며, 정념에게 시중들고 복종하는 것 이외에 다른 어떤 직분도 요구할 수 없다." 그는 인간의 모든 동기를 쾌락의 추구와 고통의 회피에서 이끌어내려 한 공리주의의 일반적 형태에 반대했다. 그는 공리주의가 허위적인 관점에

입각해 동기들을 지나치게 단순화
시켰다고 믿었다. 흄은 쾌락과는
상관없는 본능적인 충동들(동정,
사랑, 공포, 증오 등)이 많다고 보았
다. 이기적 동기들이 합리적이라
는 보편적 편견은 정의가 이성적
이라고 생각하는 합리주의자들이
범한 오류와 부분적으로 동일한
오류를 범하고 있는 것에 지나지
않는다는 것이다.

데이비드 흄. 인간의 본성을 타산 중심으로 본 당대의 지
배적인 생각에 반기를 들었으나 큰 의미에서 보면 그 또한
공리주의자였다.

　　이는 인간본성을 타산중심으로
본 당대의 지배적인 생각에 도전
한 것으로 인간은 그리 타산적이
지 않다는 주장이었다. 감정과 충동은 자비심을 방해하는 것만큼이나
자주 이기심도 방해한다는 것이다. 흄은 냉철하고 다소 냉소적이었지
만, 그도 넓은 의미의 공리주의자였다. 그는 언제나 공리주의자들의
기질을 특징짓는 사물의 본질에 있어서의 동기와 목적을 중요시하는
입장을 견지했다. 참된 지식은 경험에 기초해야 한다고 주장했던 흄
이 노골적으로 불신하고 혐오한 것은 '열정', 특히 종교적 열정이었
다. 이는 당시로선 파격적인 사상이었기에, 옥스퍼드대학에서는 학생
들이 흄의 『인간본성에 관한 연구』를 읽지 못하도록 했다. 애덤 스미
스(Adam Smith, 1723~1790)가 학생 시절 이 책을 자신의 방에 두었다는
이유로 거의 퇴학당할 뻔 했다는 일화가 있다.

조너선 에드워즈와 조지 화이트필드

아메리카 식민지는 전 분야에 걸쳐 여전히 종교적 열정이 지배하는 사회였다. 18세기에 이르러 뉴잉글랜드에선 점차 서로 다른 종교적 분파들, 특히 회중교회와 장로교회(Presbyterianism)와 같은 분파들이 생겨났다. 로저 윌리엄스에 의해 개척된 것으로 여겨지는 아메리칸 침례교회(the American Baptist)도 신학에 있어서는 칼뱅주의였지만 크게 변형된 형태로 나타났다. 이들은 종파가 달라도 로마 가톨릭에 대해서는 일치하여 적대적인 자세를 보였다. 가톨릭교도의 수가 적어 큰 갈등을 빚을 일은 없었지만, 가톨릭교도가 가장 많은 메릴랜드에서도 가톨릭교도들은 원래의 정치적 권한을 상실했을 뿐만 아니라 개인집 이외의 장소에서 예식을 행하는 것이 금지될 정도로 박해를 받았다.

세속주의와 회의주의가 유럽에서 유행해 아메리카 식민지에도 영향을 미칠 조짐을 보이자, 아메리카 식민지들은 종교적 열정을 대대적으로 옹호하고 나서기 시작했다. 이게 바로 1730년대에 시작돼 1740년대에 절정에 달한 대각성(the Great Awakening)운동의 배경이다. 1734년 조너선 에드워즈(Jonathan Edwards, 1703~1758) 목사가 신앙부흥 운동을 이끌었다. 불·유황·지옥에 대한 설교로 이름을 떨친 에드워즈는 타협을 모르는 칼뱅주의자인 동시에 신비주의자였다. 감리교(Methodism)의 창시자들인 존 웨슬리(John Wesley, 1703~1791)와 찰스 웨슬리(Charles Wesley, 1707~1788)는 1730년대에 조지아를 비롯하여 다른 식민지를 방문했으며, 웨슬리와 한동안 함께 일했던 조지 화이트필드(George Whitefield, 1714~1770)는 식민지 전역을 돌며 복음을 전파했다.

1739년 아일랜드에서 아메리카 식민지로 건너온 화이트필드는 전설적인 웅변가였는데, 에드워즈 목사의 영향을 받았다. 그는 필라델피아를 시작으로 전국을 도는 순회 부흥집회를 열었는데, 어떤 때는 73일 동안 800마일을 여행하면서 130회의 부흥집회를 인도하기도 했다. 야외에서 2000명의 청중이 똑똑하게 알아들 수 있을 정도로 목소리도 우렁찼으며, 설교모습도 인상적이어서 강단에서 몸을 격렬하게 움직이고 우레와 같이 고함을 지르며 때로는 강단 위를 춤추며 돌아다녔다. 종교에 대한 회의주의와 계몽사상에 깊이 물든 벤저민 프랭클린마저 흔들릴 정도였다. 프랭클린(Franklin 2007)은 자서전에 다음과 같이 썼다.

"처음에는 그가 설교하도록 허가하는 교회도 있었지만 이윽고 목사들은 그를 싫어하여 그가 설교단상에 서는 것을 거부했으므로 그는 어쩔 수 없이 야외에서 설교를 했다. 그의 설교를 듣기 위하여 모여드는 각 종파의 청중의 수는 대단히 많았다. 나도 그 가운데 한 사람이었는데 그의 웅변은 청중에게 특이한 힘을 발휘하여 그가 '당신들은 태어날 때부터 절반은 동물이고 절반은 악마입니다'라고 말하면서 늘 욕설을 퍼붓는데도 청중들은 몹시 감탄하고 존경했으며, 그러한 광경은 나에게 여러 가지를 생각케 하는 관심거리였다. 곧이어 주민들의 태도에 변화가 나타나기 시작하는 것을 보고 놀라지 않을 수 없었다. 그들은 평소 종교에 생각도 없고 무관심한 상태였으나 마치 온 세상이 신앙으로 뒤덮여가는 것처럼 되어 저녁 때 시내를 거닐고 있노라면 어느 거리의 어느 집에서도 찬송가를 부르는 소리가 들려오는 것이었다."

데이비스(Davis 2004)는 "에드워즈와 화이트필드의 영향력은 종교의 범위를 넘어섰다. 두 사람의 열렬한 추종자들은 교육을 받지 못했거나 연줄이 없는 하층민과 중산층이 대부분이었다"며 다음과 같이 말한다. "그들과는 달리 아메리카 대륙의 새로운 지배계층으로 떠오른 부유하고 힘 있는 엘리트들은 전통적 예배형식을 선호했다. 그리고 이들 계층 간의 분리는 첨예한 대립으로 나아갈 위험이 있었다. 신앙부흥운동은 결국에는 제 갈 길을 찾아갔지만 아메리카 대륙에 상당히 오랫동안 영향을 미쳤다. 실제적으로는 여러 교파로 갈라지면서 프린스턴, 브라운, 럿거스, 다트머스와 같은 대학들의 설립으로 이어졌다. 이 운동이 분열된 결과 관용과 세속주의라는 새로운 정신이 움트게 되었다."

존 젱거의 『뉴욕 위클리 저널』

점차 힘을 얻게 된 표현의 자유도 관용과 세속주의라는 새로운 정신의 확산에 기여하였다. 영국에선 18세기까지도 정부비판행위는 진실여부에 관계없이 유죄로 인정되었는데, 그 기본정신은 "진실이 크면 클수록 죄도 더욱 크다(the greater the truth, the greater the libel)"는 것이었다. 9세기 알프레드 대왕(Alfred the Great, 849~899)은 비방자(slanderer)의 혀를 자르도록 했다. 아메리카 식민지에서 비판이 진실이면 무죄라는 판결이 최초로 나온 건 1735년 젱거(Zenger) 사건이었다.

독일에서 이민을 온 인쇄업자인 존 피터 젱거(John Peter Zenger, 1697~1746)는 자신의 신문 『뉴욕 위클리 저널(New York Weekly Journal)』을

존 피터 젱거의 사건을 다룬 학습만화. 젱거는 신임 총독의 실정을 『뉴욕 위클리 저널』을 통해 비판했다가 구속되었다.

통해 1732년 영국에서 뉴욕의 신임 총독으로 부임해 온 윌리엄 코스비(William Cosby, 1690~1736)의 실정(失政)을 비판해 1734년 11월에 구속되었다. 그의 구속기간 중엔 그의 아내 애나(Anna)가 신문을 계속 발행함으로써 이 부부는 '초창기 미국의 역사에 길이 남는 기념비적 인물'이 되었다.

또 한 명의 기념비적 인물은 이 사건을 맡은 고령의 변호사 앤드루 해밀턴(Andrew Hamilton, ?~1741)이었다. 그는 배심원단을 향해 "우리들은 하나의 권리를 부여받았습니다. 그것은 진실을 말하고 씀으로써 전제권력을 백일하에 드러내고 그에 반대하는 자유입니다"라고 열변을 토함으로써 미국 배심원들이 무죄판결을 내리는 데에 기여했다. 이 판결에 대해 뉴욕 시민들은 환호했으며, 다음날 배를 타고 고향 필라델피아로 돌아가는 해밀턴을 축포를 쏘아 올려 환송했다. 이 사건은 예외적인 것이긴 했지만 북미와 영국 전역에 걸쳐 검열에 대한 반감을 불러일으키는 데에 큰 영향을 미쳤다.

『뉴욕 위클리 저널』은 두 사람의 영국인 존 트렌차드(John Trenchard, 1662~1723)와 토머스 고든(Thomas Gordon, 1692~1750)이 쓴 글을 카토라는 가명으로 연재함으로써 큰 호응을 얻었다. '카토의 편지(Cato's Letters)'라는 제목의 논설은 모두 138편이나 게재되었다. 특히 자유로운 표현이란 "그것이 다른 사람의 권리를 해치거나 통제하지 않는 한 모든 사람의 권리"라고 말한 카토의 주장이 널리 수용되었다. 미국의 정치사상 발전에서 '카토의 편지'는 로크의 저작보다 더 광범위하게 인용되었다.

1737년 젱거의 신문에 날아온 편지를 보면, 이 신문이 식민지체제하의 개혁을 추구했음을 알 수 있다. 신문에 게재된 편지는 뉴욕의 가난한 거리의 아이들에 대해 이렇게 묘사했다. "추위에 떨면서 거의 반쯤 굶주린 채, 팔꿈치가 나오는 옷과 무릎이 불거져 나오는 바지를 입고 머리를 그대로 늘어뜨린 채로 인간의 모습을 한 물체 …… 나이로 보아 4~14세 가량의 그들은 하루종일 거리에서 보낸다. …… 그 후 그들은 4년에서 6년 동안의 견습공으로 보내진다." (Zinn 1986)

현실세계의 삶을 중요시하는 세속주의의 대표적 전파자는 단연 벤저민 프랭클린이었다. 세속주의는 실용주의이기도 했다. 미국에 실용주의라는 용어가 나타나는 건 1878년이지만, 그 기본이치의 원조는 단연 프랭클린이라고 해도 과언이 아니다.

참고문헌 Alexander 1972, Altschull 1991 · 1993, Brinkley 1998, Crone 1995, Davis 2004, Franklin 2007, Gelfert 2003, Heilbroner 2005, Maurois 1997, Pember 1996, Persons 1999, Smith 1983, Smith 1990, Strathern 2002, Zinn 1986, 김광수 1995, 사루야 가나메 2007, 유종선 1995

'프로테스탄트 윤리와 자본주의 정신'
벤저민 프랭클린의 성공학

프랭클린의 언론활동

보스턴에서 비누·양초 제조업자의 17남매 중 열 번째 아들이자 막내 아들로 태어난 벤저민 프랭클린은 가난 때문에 학교를 겨우 2년밖에 다니지 못한 채 형의 인쇄소에서 일하면서 독학을 했다. 1721년 8월 7일 창간된 『뉴잉글랜드 쿠란트』의 발행인은 벤저민 프랭클린의 형인 제임스 프랭클린(James Franklin, 1697~1735)이었다. "뉴스를 계속해서 발행한다"는 의미를 함축하고 있으면서 사실상 '신문'이란 뜻으로 쓰인 '쿠란트'는 'running'을 뜻하는 프랑스어이며, '쿠란트'처럼 신문의 제호로 쓰인 'current'도 '쿠란트'에서 나온 것이다. 『뉴잉글랜드 쿠란트』는 신정주의에 맹렬히 반대하면서 세속주의 가치를 역설함으로써 보스턴의 지배권력층으로부터 탄압을 받아 강제폐간되는 운명에 처하게 된다.

『뉴잉글랜드 쿠란트』를 비롯한 당시 신문들은 영국 신문들을 모방했다. 영국에선 1695년 출판허가법(Licensing Act)이 폐지되면서 영국 언론은 언론자유를 만끽하였으며, 1702년 영국 최초의 일간지인 『데일리 쿠란트(Daily Courant)』가 창간되었다. 또한 작가 대니얼 디포가 1704년에 창간한 주간신문 『리뷰(Review)』, 리처드 스틸(Richard Steele, 1672~1729)이 1709년에 창간한 주 3회 발행의 『태틀러(Tatler)』, 스틸이 조지프 애디슨(Joseph Addison, 1672~1719)과 함께 1711년에 창간한 일간지 『스펙테이터(Spectator)』 등과 같은 우수한 교양저널들이 발전하였다. 조너선 스위프트도 이런 문화사업에 동참하였다. 아메리카의 저널리스트들은 이와 같은 영국 출판물들의 형식과 내용을 빌려 신문을 창간했다. 예컨대, 형 밑에서 조수로 일하던 벤저민 프랭클린은 『스펙테이터』에 실린 애디슨의 글을 의식적으로 모방하였으며, 정치적으로 공격적인 성향까지 닮고자 노력했다.

1725년 11월 8일 뉴욕에서 『가제트(Gazette)』, 1727년 메릴랜드 애나폴리스에서 『메릴랜드 가제트(Maryland Gazette)』, 1731년 사우스캐롤라이나에서 『사우스캐롤라이나 가제트』, 1732년 로드아일랜드에서 『로드아일랜드 가제트(Rhode-Island Gaze-tte)』, 1736년 버지니아에서 『버지니아 가제트(Virginia Gazette)』, 1751년 노스캐롤라이나에서 『노스캐롤라이나 가제트(North-Carolina Gazette)』, 1755년 코네티컷에서 『코네티컷 가제트(Connecticut Gazette)』, 1763년 조지아에서 『조지아 가제트(Georgia Gazette)』 등이 창간되었다. 1765년까지 당시 13개 식민지들 중 10개에서 신문이 출현했다.

『뉴잉글랜드 쿠란트』에서 일하던 벤저민 프랭클린은 형의 대우도 나쁜 데다 주정부의 탄압까지 겹치자 필라델피아로 도피한 후 그곳에서 1729년 인기 없는 신문을 하나 사들여 『펜실베이니아 가제트(Pennsylvania Gazette)』로 개제(改題)해 발간했다. 알철(Altschull 1991)은 프랭클린을 "자유언론의 영리적 속성을 최초로 내세운 사람"으로 평가한다.

프랭클린은 1732년 『가난한 리처드의 연감(Poor Richard's Almanac)』이라는 잡지를 매년 출판하면서부터 그의 계몽주의적 교육이상을 알리는 토대를 마련했다. 1743년 동료들을 규합하여 미국철학협회를 설립하기도 했던 프랭클린은 『가난한 리처드의 연감』을 통해 겸손 노력 절약 등의 가치를 역설했다. "한가하면 나쁜 일을 도모한다" "오늘 할 수 있는 일을 내일로 미루지 말라" "제때 한 바느질 한 번이 아홉 땀을 절약해준다" "하늘은 스스로 돕는 자를 돕는다" "수고 없이는 이득도

벤저민 프랭클린. "자유언론의 영리적 속성을 최초로 내세운 사람"이라는 평가를 받고 있다.

없다" "빈 가방은 똑바로 서지 못한다" "경험은 훌륭한 학교지만 바보는 아무 곳에서도 배우지 못한다" 등의 명언들을 양산해냈다. 1748년까지 그는 연감에 실을 글들을 직접 썼으며, 그 이후 10년 동안은 운영만 했다.

1757년 책으로 묶어낸 이 금언들의 상당 부분은 당시의 비슷한 출판물에서 아무 망설임 없이 베껴온 것들이었다. 그는 다른 사람의 금언을 고쳐 쓰기도 했다. "하나님은 건강을 되돌려주고 의사는 그 비용을 받는다"는 속담을 더 간결하게 "하나님은 치료하고 의사는 돈을 받는다"로 고치는 식이었다. 하긴 그렇게 하는 것도 대단한 능력이긴 하다. 실제 원조가 누구이건 "좋은 전쟁이나 나쁜 평화라는 것은 있을 수 없다"는 그의 명언은 그 얼마나 아름다운가!

프랭클린의 '유용성의 원리'

프랭클린은 1748년의 『젊은 상인에게 주는 어느 늙은이의 충고』에서 '시간은 돈'이라고 주장했다. 서머타임(summer time)을 착안한 것도 바로 그였다. 그의 저작과 삶을 꿰뚫는 한 가지 키워드는 '유용성'이었다. 그는 유용성의 원리에 따라 1737년 지진에 관한 논문을 발표했고, 1742년 프랭클린 스토브를 발명했고, 1749년 피뢰침을 만들었고, 1752년 연을 이용한 번개실험에 성공했다. 또 그는 미국 최초의 공공도서관을 설립했고, 최초의 시민소방대를 창설했고, 병원을 창설했고, 도로포장을 역설했고, 시민경찰제도를 주장했다. 그는 신을 믿는 것도 유용성의 관점에서 보았다.

프랭클린은 1757년 『부자가 되는 길』에서 절약을 강조하는 등 성공학을 역설했다. 이미 1732년 달력 출판으로 큰 이익을 얻은 바 있던 그는 1757년에는 달력의 권두에 교훈이 될 만한 속담을 묶어 기재함으로써 미국 전역뿐 아니라 유럽 여러 나라에서도 큰 인기를 끌었다. 자신이 발행하는 신문에도 교훈을 주는 명언을 게재하기도 했다.

프랭클린은 1771년에 출간한 『자서전(The Autobiography)』에선 중용, 침묵, 질서, 결단, 검소, 근면, 성실, 정직, 절제, 청결, 평정, 정숙, 겸손 등 13개 덕목을 강조했다. 프랭클린은 종교적 가치를 전파하기 위해서가 아니라 성공하려는 욕망을 달성하는 데 실제적으로 유용하기 때문에 이 덕목들을 실천하라고 권고했다.

프랭클린은 여러 영어표현을 창안하기도 했다. 그가 1772년 한 편지 속에서 사용한 'as snug as a bug in a rug' 이란 표현은 '매우 편안하게, 포근히, 기분 좋은 상태에 있는, 느긋하게 마음 놓고 있는' 등의 뜻으로서 지금도 쓰이고 있다. 'have an axe to grind' 라는 표현의 원조도 프랭클린이다. '속셈이 있다, 은밀한 계획이 있다, 딴 마음이 있다' 는 뜻을 가진 이 표현은 프랭클린이 겪은 일화에서 비롯된다. 어떤 남자가 어느 날 무더진 도끼날을 갈려고 벤저민에게 회전숫돌 사용법을 가르쳐달라고 부탁했다. 벤저민이 정성껏 가르쳐주느라 지칠 무렵이 되자 그는 자기 목적을 달성했다는 듯 벤저민을 비웃으며 유유히 사라졌다는 이야기이다.

프랭클린은 다방면에 걸쳐 재능이 뛰어난 탁월한 사람이었지만, 그역시 어쩔 수 없는 인간이었다. 그는 평소 금욕의 가치를 말했지만 젊은이들을 만날 때마다 "바람을 피우려면 중년여인이 제일이다" 라고 충고하곤 했다. "중년여인이면 고마워할 줄도 알고 입도 무겁다" 는 것이 이유였다. 가브리엘 콜코(Gabriel Kolko)는 프랭클린의 그런 두 얼굴에 대해 다음과 같이 말한다.

"그가 젊은 시절에 영국을 여행했을 때, 그는 독실한 청교도들처럼 돈을 아껴 썼던 것이 아니라 극장, 스포츠, 그리고 주색으로 밤을 보내곤 했다. 결국 그는 서자를 한 명 낳아서 미국으로 데리고 돌아왔다. 그의 아들 역시 서자를 낳았다. 필라델피아에서 일을 시작한 프랭클린은 무엇인가를 해내기로 결심하고 규칙적인 생활을 했는데 일을 하기 위한 시간은 하루에 단지 8시간만 정해놓았었다. 그러나 그는 일을 현명하게 추진할 줄 알았고, 그가 운영한 신문에서는 부수를 늘리기 위해서 전통에 대한 가상적 논의에서부터 「가난한 리처드의 연감」이라는 글에 이르기까지 다양하게 시도하였다. …… 주불 대사를 지낼 때에는 노령에도 불구하고 부인을 집에 두고 갖가지 방탕한 생활을 하였다. 그는 여자 이외에도 맛있는 음식과 좋은 술을 탐닉하였다."(Zeitlin 1985)

이 또한 '유용성'의 관점에서 보아야 하는 걸까? 그 시대의 인간들이 다 그랬기에 특별히 프랭클린만 나무랄 수는 없겠지만, 프랭클린은 인종주의자이기도 했다. 그는 독일 이민자들의 우매함을 걱정했다. 이들 중 영어를 할 줄 아는 사람이 거의 없었고 또 이들의 미국 사회 편입이 "미국인들 사이에 큰 혼란을 자아낼 수도 있기" 때문이었다. 또 그는 인디언은 '전쟁을 즐기고 살육을 자랑하는 잔인한 야만족', 흑인은 '게으르고 잘 훔치며 낭비가 심한 인종'으로 진단했다. 그는 1751년 "아마도 나는 미국인의 피부색만 좋아하는 것 같다"며 "이러한 편파적 감정은 인류에게는 자연스런 것"이라고 주장했다.

프랭클린이 1790년에 죽었을 때 모든 이들이 안타까워했을 것 같은데, 브라이슨(Bryson 2009)은 그런 사람은 거의 없었다고 주장한다. 그의 작품집이 그가 죽은 지 28년이 지나서야 나왔으며, 그의 자서전에 대한 반응도 냉랭하여 1868년까지도 완성본이 출판되지 않은 게 바로 그런 이유 때문이라는 것이다. 헌법제정위원회에서도 미국 대통령은 봉급을 받지 말아야 한다거나 각 회기를 목사의 기도로 시작해야 한다는 제안을 해 다른 위원들의 눈총을 받고 면박을 당하기 일쑤였다는 게 그의 주장이다.

그러나 전혀 다른 주장도 있다. 패너티(Panati 1998)는 프랭클린의 장례식엔 2만 명이 참석해 필라델피아사상 최대를 기록했으며, 제퍼슨은 "행정부 공무원들은 1개월간 검은 옷을 입고 프랭클린의 죽음을 애도하자"는 제안을 할 정도였다고 말한다. 제퍼슨의 제안은 조지 워싱턴 대통령이 "일단 장례가 시작되면 언제까지라고 명확히 선을 그을 수 없을 것이기 때문"이라는 이유를 내세워 거부함으로써 실현되진 않았지만, 프랑스 국회에서는 프랭클린의 죽음을 애도해 3일 동안 검은 옷을 입었다고 한다. 누구 말을 믿어야 할까? 해석상의 차이로 볼 수 있겠지만, 어차피 사소한 문제이니 각자 알아서 판단하는 게 좋을 것 같다.

'프로테스탄트 윤리와 자본주의 정신'

설사 프랭클린이 한동안 인정을 받지 못했다고 하더라도, 그것이 오래 간 것은 아니다. 미국 특유의 성공학을 이야기할 때에 빠지지 않고 등장하는 인물이 바로 프랭클린이다. 이미 1840년대에 프랭클린 자서

막스 베버. 저서 『프로테스탄트 윤리와 자본주의 정신』에서 프랭클린의 공리주의적 입장을 지적했다.

전의 일부가 대중용으로 출간된 것을 계기로 이후 성공 처세술 책이 양산되었다는 점도 간과할 수 없겠다.

막스 베버(Max Weber, 1864~1920)는 1905년에 출간한 『프로테스탄트 윤리와 자본주의 정신(The Protestant Ethic and the Spirit of Capitalism)』에서 프로테스탄트의 현세의 금욕주의와 이윤을 재투자하는 냉정한 부르주아 자본주의의 합리적 윤리 사이에서 문화적 친화성을 짚어내고자 했다. 이 책에서도 프랭클린의 성공학은 비중 있게 다뤄지고 있다. 베버(Weber 1996)의 주장이다.

"프랭클린의 모든 도덕적 훈계는 공리주의적으로 지향되어 있다. 정직은 신용을 낳기 때문에 유용하며 시간엄수, 근면, 검소 등도 모두 마찬가지이며, 그 때문에 그것들은 미덕이다. 이상에서 특히 다음과 같은 결론이 나올 수 있다. 예를 들어 정직한 척 하는 것만으로도 정직한 것과 같은 효과를 얻을 수 있다면 그것으로 충분하며, 프랭클린이 보기에는 이러한 미덕을 지나치게 많이 갖는다는 것은 비생산적인 낭비로 비난될 것이란 점이다."

이어 베버는 "근대적 자본주의 정신, 그리고 그뿐 아니라 근대적 문화에 구성적인 요소 중 하나인 직업사상에 입각한 합리적 생활방식은 기독교적 금욕의 정신에서 탄생한 것이다"라며 다음과 같이 말했다.

"금욕주의가 전력을 기울여 반대한 것은 특히 삶과 그것이 쾌락으로 제공하는 것의 거리낌 없는 향락이었다. 이 특성이 가장 분명하게 나타난 것은, 제임스 1세와 찰스 1세가 청교도주의를 탄압하려는 공공연한 목적에서 법률화시키고 청교도의 모든 설교단에서 낭독할 것을 명한 『오락서(Book of Sports)』를 둘러싼 투쟁에서였다. 일요일에 예배 시간 외에는 일정한 통속적 오락이 법적으로 허용된다는 왕의 법령에 청교도가 그토록 저항한 것은, 그것이 단지 안식일의 휴식을 문란케 했기 때문만이 아니라 청교도가 세워놓은 성도의 질서 있는 생활방식을 고의적으로 송두리째 교란시키는 것이었기 때문이다. 그리고 왕이 그러한 오락의 합법성에 대한 모든 공격을 중벌로 위협했던 것도 그 목적은 반권위적이고 금욕적인 특성, 따라서 국가에 위험한 특성을 분쇄하려는 것이었다."

베버의 주장은 종교윤리에 주목한 나머지 자본주의 성립의 물질적 요인을 경시했다는 비판을 받기도 한다. 물질적 변화가 의식의 변화에 앞선다는 좌파적 비판도 따라 붙는다. 이런 비판에 대해 베버는 역사의 동력을 사상(이념)과 경제의 길항관계로 보면서도 역사의 전환점에서는 이념이 더 결정적 구실을 한다고 반박했다. 1904년 9월부터 4개월간 미국을 돌아본 경험은 베버에게 '관료주의(bureaucracy)'라는 화두를 안겨주었다.

'관료주의'란 말은 프랑스어 bureau에서 온 것인데, 이는 18세기 프랑스에서 사무용 책상을 덮는 초록색 모직 천을 의미했다. 관료란 그런 고급 천이 덮인 왕실의 책상에서 일하는 사람들을 가리킨 것이다. "새로운 일은 절대 하지 말라!" 프랑스의 한 공무원 책상에 놓여 있던 이 표어야말로 관료제의 속성을 잘 보여주는 원칙이었다. 관료제가 20세기 사회의 점점 두드러진 특징이 되어간다고 본 베버는 강력한 관료제적 경향성이 인간의 자유를 신장시키기보다는 감소시킬 것이라고 예측했다. 미국의 관료주의는 매우 심각하긴 했지만 최악으로 치닫진 않았다. 그건 미국인들이 비교적 '새로운 일'을 두려워하지 않고 '유용성'을 앞세우는 태도를 갖고 있기 때문이었다.

참고문헌 Altschull 1991, Bell 1990, Boorstin 1986a, Bryson 2009, Cooke 1995, Franklin 2007, Fulbrook 2000, Gelfert 2003, Hunt 2007, Nye 2002, Panati 1998, Rifkin 2005, Sandage 2005, Smith 1990, Solberg 1996, Stephens 1999, Vardaman 2004, Weber 1996, Zeitlin 1985, 구춘권 2005, 진인숙 1997, 차배근 1983, 태혜숙 2009, 한겨레신문 문화부 1995

인디언 '머리가죽 상금'의 폭등
프렌치-인디언전쟁

영국과 프랑스의 80년 갈등

영국에서의 명예혁명 이후 유럽에서 영국과 프랑스는 견원지간(犬猿
之間)이 되었다. 전쟁은 거의 80년 동안 전쟁이 간헐적으로 계속되었
고 일련의 전쟁은 아메리카 대륙에 엄청난 영향을 주었다.

　윌리엄 왕의 전쟁(King William's War, 1689~1697)은 뉴잉글랜드 북부
에서 영국인들과 프랑스인들 사이에서 일어난 전쟁이었으나 단지 몇
차례의 엉거주춤한 충돌을 야기했을 뿐이다. 그러나 1701년에 시작돼
거의 12년 동안 계속된 앤 여왕전쟁(Queen Anne's War)은 심각한 충돌
이었다. 이 전쟁으로 남부 변경지역에서 스페인과의 싸움이 일어나
고, 북부에서는 인디언과 합세한 프랑스인과의 싸움이 동시에 일어났
다. 1713년 유트레히트(Utrecht) 조약으로 영국과 프랑스 간의 갈등이
종식되었고, 프랑스는 북미 대륙의 영토의 상당 부분을 영국에게 양
도했다. 20년 후에는 스페인 식민지에서의 영국인의 교역권을 둘러싸

고 분쟁이 생기면서 영국과 스페인 사이에 전쟁이 일어났는데, 이는 유럽에서의 대규모 전쟁으로 확대되었다. 아메리카 식민지는 유럽인들이 조지 왕의 전쟁(King George's War)이라고 불렀던 이 전쟁에 끌려 들어가서 1744년부터 1748년까지 프랑스인과 일련의 싸움을 했다. 영국과 프랑스는 북미 대륙에선 거의 1세기 동안 비교적 평화롭게 공존했으나, 1750년경부터 정착지분쟁이 일어났다.

프랑스 탐험대는 1680년대에 미시시피강 삼각지대까지 남하해서 그 주변지역을 프랑스 영토라고 주장했고, 그곳을 루이 14세를 기리는 뜻에서 루이지애나(Louisiana)라고 불렀다. 그후 상인과 선교사들은 남서부 방면으로는 리오그란데강까지, 서쪽으로는 록키산맥까지 진출했다. 프랑스는 인디언과 평화공존하는 방식을 취했다. 그러나 가장 강력한 인디언 연맹, 즉 이로쿼이 연맹(the Iroquois Confederacy)과는 가깝지 않았다. 모호크, 세네카(Seneca), 카유가(Cayuga), 오논다가(Onondaga), 오네이다(Oneida) 5부족이 방어를 목적으로 15세기에 맺은 이로쿼이 연맹은 1640년대 이래로 오하이오계곡과 그 주변의 광범위한 지역에서 강력한 힘을 행사하고 있었다.

미시시피나 오하이오 등의 지명은 인디언 말에서 유래된 것이다. 영어에 아름다운 모음의 울림을 지닌 인디언 말이 섞이게 되면 듣기 좋은 음악적 효과를 내는데, 오늘날 미국 각 주의 이름에 인디언 말이 많은 것도 그런 이유 때문이다. 오하이오(위대한 강, 아름다운 강), 미시건(위대한 호수), 미네소타(하늘빛 물), 미시시피(아버지인 강, 큰 강), 미주리(커다란 카누의 마을), 아이오와(아름다운 대지), 다코타(사이좋은 벗), 위스콘신(물이 모이는 곳), 아이다호(태양이 뜨는 땅), 오클라호마(붉

백인과 거래하고 있는 이로쿼이 연맹의 인디언들. 이로쿼이 연맹은 1640년대 이래로 오하이오 계곡과 주변 광범위한 지역에서 영향력을 행사했다.

은 사람) 등은 모두 인디언 말을 어원으로 삼고 있다. 이밖에도 앨라배마, 테네시, 아칸소, 네브래스카, 캔자스, 텍사스, 유타, 애리조나 등도 모두 인디언 말에서 온 것이다.(유종선 1995)

'프렌치-인디언전쟁' 또는 '7년전쟁'

1754년 버지니아 총독은 프랑스의 세력확장을 저지하려고 오하이오 계곡으로 경험이 없는 젊은 민병대 대령의 지휘하에 군대를 파견했다. 그는 버지니아 마운트 버논(Mount Vernon) 출신인 조지 워싱턴이었다. 이 싸움에서 3명이 죽자 워싱턴은 항복했는데, 이 싸움은 젊은 워싱턴에게 큰 상처를 남겼다. 그는 프랑스 외교사절을 전투부대로 착각하고 새벽에 그들을 급습해 죽였기 때문이다. 윌스(Wills 1999)는 이 사건의 의미에 대해 이렇게 말한다. "그는 세계적으로 유명한 명칭이가 되고 말았다. 학자들은 그가 악한이었기 때문에 외교관들을 죽였는지 아니면 단지 무식해서 그랬는지를 놓고 토론했다. 그는 수년 동안 상처받은 자존심을 치유해야만 했고, 그래서 체면을 유지하는 것을 최고의 관심사로 삼았다."

역사는 뜻하지 않은 방향으로 흘러갔다. 바로 이 충돌이 '프랑스인과 인디언의 동맹전쟁'의 발단이 되었기 때문이다. 이 전쟁은 공식적으론 7년이지만 사실상 9년 동안 계속되었으며, 이로쿼이 연맹 인디언들을 제외하고 거의 모든 인디언들이 프랑스와 손을 잡았다. 북아메리카 대륙에서 1750년대와 1760년대에 벌어진 전쟁은 영국과 프랑스가 세계무역과 해상 지배권을 놓고 싸운 전쟁의 일부였다. 미국에선 '프렌치–인디언전쟁'(1756~1763), 유럽에서는 7년전쟁(the Seven Years' War)로 알려진 이 전쟁은 1757년 윌리엄 피트(William Pitt, 1708~1778)가 영국의 새로운 수상으로 등장하면서 전환점을 맞게 되었다. 그는 유럽에서의 전쟁보다 먼저 미국에서 프랑스를 몰아낼 것을 결심하고 영국군대를 미국에 총동원시켰다. 1757년 2만3000명의 육군과 1만4000명의 해군을 미국에 파견하였다.

1758년 영국군은 뒤켄 요새(Fort Duquesne)를 점령한 다음 그것을 피트 수상의 이름을 따라서 피츠버그(Pittsburgh)로 명칭을 바꾸었다. 1759년 프랑스의 나이아가라항과 퀘벡이 영국의 수중에 들어갔다. 특히 제임스 울프(James Wolfe, 1727~1759) 장군이 극적으로 퀘벡을 함락시키면서 전세를 역전시킨 것은 많은 아메리카인들에게 감동을 주었던 것 같다. 1760년 1월 벤저민 프랭클린은 '에이브러햄 평원'에서 울프가 프랑스 군대를 격파한 것을 예찬하며 '나는 영국인' 이라고 자랑스럽게 천명했다.

1760년에 프랑스는 몬트리올마저 영국에 빼앗겼다. 프랑스와 동맹을 맺은 인디언들이 폰티액(Pontiac) 추장을 중심으로 영국군을 공격하였으나 그것도 실패로 돌아갔다. 프랑스는 1763년 오랜 협상 끝에 파리 조약을 맺어 영국의 승리를 승인하고 북으로는 세인트로렌스강에서부터, 서쪽으로는 미시시피강 동부, 그리고 남쪽으로는 플로리다와 뉴올리언스를 제외한 전 지역을 영국에 넘겨주었다.

영국의 식민지 지배력은 강화되었지만 전쟁으로 영국은 엄청난 빚을 지게 되었고 식민지인들이 전쟁에 잘 협력하지 않았다고 분개했다. 반면 1756~1757년 사이의 영국의 강제요구사항과 징병을 둘러싼 갈등과, 1758년에 뒤따른 식민지의회의 권한회복은 많은 식민지인들에게 식민지 일에 대하여 영국이 간섭하는 것은 정당하지 못하다는 것을 확인해준 듯하였다.

7년전쟁이 끝나자 프랑스는 동맹자였던 인디언들을 무시하고 오하이오주 계곡에 있던 자신들의 영토를 영국에 넘겨주었다. 그래서 한동안 인디언과 영국군의 전쟁이 계속되었다. 영국군은 천연두균이 있는 담요를 인디언들에게 보내는 등 세균전을 벌이기까지 했다. 1763년 평화조약이 체결돼 영국은 애팔래치아산맥(Appalachian Mountains)의 서부 지역을 인디언 영역이라 선언하고 식민지인들의 진출을 제한했다. 이미 그곳에 들어가 있는 식민지인들을 철수하도록 명령하고 인디언과의 무역을 허가제로 제한했다.

애팔래치아산맥은 북아메리카의 동부를 북동에서 남서로 뻗어 있

프렌치-인디언전쟁. 1754년부터 1763년까지 아메리카 대륙에서 영국과 프랑스가 벌인 전쟁을 말한다. 이 전쟁으로 아메리카 대륙의 프랑스 영토는 영국과 스페인에 양도되었다.

는 산맥으로 남북의 길이는 약 2000킬로미터, 넓은 곳의 폭은 약 400킬로미터에 이른다. 애팔래치아 산맥과 서부의 로키 산맥 사이엔 세계 7대 평원 중 하나로 손꼽히는 폭 2000킬로미터의 대평원이 펼쳐져 있는데, 그곳에 들어가는 것을 금했으니 식민지인들이 어떤 생각을 했을지는 미루어 짐작하기 어렵지 않다. 식민지인들은 영국의 이러한 정책을 인디언과 모피상인만을 보호하고 자기들의 서부진출을 방해하려는 음모로 생각하고 분노했다. 이것이 식민지인들이 영국에 저항할 또 하나의 이유가 되었다.

영국과 식민지 아메리카의 갈등

명예혁명 후 50년 동안 영국 의회(1707년 스코틀랜드와 잉글랜드가 합병된 후부터는 영제국 의회가 됨)는 왕에 대하여 우위권을 확립했다. 독일에서 태어나서 영국식 방법에 서투른 조지 1세(George I, 1660~1727)와 조지 2세(George II, 1683~1760)의 집권기(1714~1760) 중 수상과 그의 내각이 나라의 행정권을 장악했다. 이들 의회 지도자들은 식민지 제국에 대하여 17세기 군주들이 통제를 강화시키려고 했던 것보다 덜 간섭적이었다. 식민지에 통제를 가하면 식민지 무역 이윤이 줄어들 것을 우려하는 상인과 지주들에게 정치적으로 의존한 탓이었다. 그 결과 식민지 일에 대하여 책임지는 통합된 기구가 없었고, 식민지 통치는 비효율적이고 분산된 상태를 유지했다.

그래서 아메리카 식민지인들은 1750년대 말까지도 자신들이 영국제국의 일원이라는 사실을 흔쾌히 인정했다. 그걸 인정한다고 해서 손해 볼 일이 없었다. 앞서 지적했듯이, 벤저민 프랭클린이 '나는 영국인'이라고 자랑스럽게 천명한 것도 그런 정서에서 비롯된 것이었다. 그러나 이제 프렌치-인디언전쟁에서 영국이 승리함으로써 북미에서의 식민지에 대한 통제가 강화되면서 식민지인들의 생각은 바뀌기 시작했다. 특히 서진(西進)을 금지한 1763년 국왕 포고령은 큰 반발을 불러 일으켰다. 이건 명백한 이해득실의 문제였기 때문이다.

그런 반발의 대표적인 사례가 펜실베이니아의 서부에서 발생한 이른바 '팩스턴 보이들(Paxton Boys)의 난동'이었다. 이들은 팩스턴이라는 펜실베이니아의 서부 프런티어에 거주했던 농부 개척자들로서 대부분 장로교도였다. 펜실베이니아의 중심세력인 퀘이커교도에 대한 불만도 작용했다. 1763년 겨울 팩스턴 보이들은 퀘이커교도의 사주를 받은 인근 인디언들이 그들 사회를 염탐한다는 소문에 흥분해서 인디언들을 공격했다. 인디언들은 식민지정부에 보호를 요청하였고 이내 랭커스터(Lancaster) 감옥에 은신하였다. 그러나 팩스턴 보이들은 감옥을 습격해 은신해 있던 14명의 인디언들을 몰살했다. 놀란 주변 인디언들이 펜실베이니아의 수도 필라델피아에 피신하자 팩스턴 보이들은 거기까지 무장 진출해서 인디언을 보호하려는 식민지 군대와 유혈 접전을 벌이고자 했다. 팩스턴 보이들은 벤저민 프랭클린의 중재로 식민지 정부에게서 좀더 강화된 군사적 보호를 받을 것을 약속받고 해산했다.

백인들의 '인디언 사냥'

이미 오래전부터 백인들의 인디언 통제는 '인디언 사냥'이라고 해도 좋을 정도로 가혹한 면이 있었다. 백인들은 인디언 사냥을 위해 영국의 마스티프종 맹견을 길렀다. 식민지 아메리카에서 몸무게가 150파운드나 나가는 마스티프를 풀어 놓아 곰과 황소를 물어뜯게 하는 것은 불법이었지만 인디언을 물어뜯게 하는 것은 합법이었다. 버지니아 회사의 기록 중 1624년에 쓰인 한 편지는 인디언 정복계획을 약술하면서 사냥개의 효용을 다음과 같이 평가했다.

"여러 가지 방식으로 승리를 얻을 수 있다. 무력을 사용하거나 기습 공격을 하거나, 농작물, 보트, 카누, 집을 불태우거나 파괴하고, 낚시 도구를 못 쓰게 만들고, 주요 겨울 양식인 사냥감을 덮치거나, 말로 이들을 추적하거나, 사냥개로 쫓아 그들의 벌거벗은 검게 탄 몸뚱이를

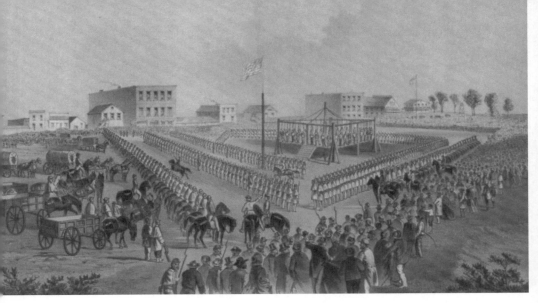

백인들은 인디언을 사냥했다. 사냥개를 동원하고 머리가죽을 벗기고 목을 매달았다. 1703년 식민지 입법회의는 인디언 머리가죽 한 장과 포로 한 명에 40파운드의 상금을 주기로 결정하기도 했다.

물어뜯어 야생동물의 먹이가 되도록 할 수도 있다. 사냥개들은 너무나 난폭하게 공격을 하기 때문에, 원주민들은 사냥개를 자신들이 숭배하는 악마보다 더 두려워했으며, 자신들의 악마보다 더 나쁜 새로운 악마라고 생각했다."(Beatty 2002)

이런 인디언 사냥법에 대해 백인 성직자들은 어떻게 생각했을까? 1703년 매사추세츠의 목사 솔로먼 스토더드(Solomon Stoddard, 1643~1729)의 주장에 따르면, "만약 인디언이 다른 사람들과 비슷하게 행동하고 일반적인 국가들과 비슷하게 전쟁을 한다면, 이런 방식으로 그들을 추격하는 것은 비인도적일 것이다. 하지만 그들은 무지막지한 도둑이고 또 살인자이며 전쟁을 선포하지 않은 채 전투하는 야만인이다. 그들의 행위는 늑대와 같으니 늑대처럼 다루어야 한다."

그런 사냥법으로도 부족했던지 인디언 통제수단으로 '머리가죽 상금'이라는 게 등장했다. 원래 네덜란드인이 창안한 이 방법은 인디언의 머리가죽을 벗겨오는 사람에게 돈을 지급하는 방식이었다. 머리가죽 벗기기의 원조는 인디언이라곤 하지만, 백인들의 인디언 머리가죽 벗기기는 수지맞는 장사로 발전했다. 1703년 식민지입법회의는 인디언 머리가죽 한 장과 포로 한 명에 40파운드의 상금을 주기로 결정했다. 이후 상금은 계속 인상돼 1703년 개당 12파운드에 팔렸던 머리가죽은 1720년 100파운드로 가격이 폭등했다. 식민지 중에서 가장 관대하고 진보적이라는 펜실베이니아에서까지 머리가죽은 상당한 가격으로 팔려나갔다.

1755년 벤저민 프랭클린은 한 술 더 떠 인디언 사냥 직전에 개를 가두어두도록 권했다. "개들은 갇혀 있기 때문에 껑충껑충 뛰며 날뛸 것이고, 그렇게 약을 올린 다음 풀어놓으면 적을 꼼짝 못하게 만들어서 한층 위력을 발휘할 것이다"라는 이유에서였다. '프렌치-인디언전쟁' 이후 인디언들의 입지는 더욱 위축되었는데, 프랭클린은 1763년 인디언 머리가죽 상금안을 승인해주도록 펜실베이니아의회에 압력을 넣기까지 했다.

1750년대 캐롤라이나에는 흑인 노예들이 4만 명, 인디언들은 6만 명으로 2만5000명의 백인보다 훨씬 많았지만, 그들은 백인을 전혀 당해내지 못했다. 왜 그랬을까? 진·스테포프(Zinn & Stefoff 2008)에 따르면, "식민지 권력자들은 흑인들과 인디언들이 서로 반목하도록 조장했다. 탈출한 흑인 노예를 돌려보내 달라고 인디언들을 매수했으며, 자유를 얻은 흑인 노예들이 인디언 지역으로 다니지 못하게 법률로 제정해놓았다. 탈출한 노예들이 인디언 마을에 수백 명이나 숨어 있었는데도 대규모로 흑인들과 인디언들이 단합하는 일은 없었다."

인디언끼리의 단합도 쉽지 않았다. 똑같이 인디언이라고 부르긴 했지만, 1000개도 넘는 별개의 인디언 사회들이 존재해 이들이 단합한다는 건 사실상 불가능한 일이었다. 게다가 백인들로부터 공급된 술도 인디언들에게 악영향을 끼쳤다. 김학민(2009)은 "아메리카 대륙에 들어온 백인들은 오드비(유럽의 독한 증류주), 럼과 같은 독이 발린 선물로 원주민들의 씨를 말려가고 있었다"며 이렇게 말한다.

"원주민들은 너나 할 것 없이 짐승가죽을 내다팔아 술을 구했다. 시간이 지나면서 짐승가죽을 얻기 위해 사냥하는 백인을 돕는 대가로 증류주를 받는 원주민도 나타났다. 원주민들에게 술의 자유를! 그런데 그 결과는? 아메리카 인디언의 알코올중독 비율은 백인의 2배에 달하고 있고, 독립 당시 12퍼센트를 차지했던 인구가 현재 0.2퍼센트인 것이 '의도하지 않은 진실'인 것이다."

백인들이 아메리카 대륙으로 이주해온 지 150여 년이 흐른 시점이었다. 그들에게 인디언이 아메리카 대륙의 주인이라는 생각은 처음부터 없었지만, 여러 세대를 거치면서 아메리카 대륙에서 태어난 백인들에게 인디언은 단지 귀찮고 제거해야만 할 대상으로 여겨졌다. 이제 인디언들에겐 더욱 비극적인 운명이 기다리고 있었다.

참고문헌 Beatty 2002, Brinkley 1998, CCTV 2007, Davis 2004, Huntington 2004, Shenkman 2003, Stearns 2007, Wills 1999, Zinn & Stefoff 2008, 김봉중 2001, 김학민 2009, 아루가 · 유이 2008, 유종선 1995, 이구한 2006, 이주영 1995, 최웅 · 김봉중 1997

제5장

미국의 독립전쟁

"대표 없이 과세 없다"
보스턴 '학살' 사건

인지세법 파동

'프렌치–인디언전쟁' 의 와중인 1760년 조지 3세(George III, 1738~1820)
가 영국 왕위를 계승하였다. 22세의 조지 3세는 미성숙한 데다 정신질
환까지 있었다. 1763년 수상으로 임명된 조지 그렌빌(George Grenville,
1712~1770)은 강력한 권한을 행사하면서 식민지에 적극 관여하였다.
영국 정규군을 아메리카에 영구주둔시켰다. 1765년의 반란법(the
Mutiny Act)으로 식민지인들은 군대주둔에 필요한 숙식을 제공하도록
요구되었다.

　영국의 제조업 보호를 위한 경제적 규제도 사사건건 잇따랐다. 이
미 1732년 모자법(Hat Act)은 식민지의 비버털모자의 생산과 수출을 제
한했으며, 1733년의 당밀법(Molasses Act)은 영국령 서인도 제도 이외의
지역에서 수입되는 설탕과 당밀에 대해 중과세를 부과했으며, 1750년
의 제철법(Iron Act)은 식민지인의 제철업에 대한 투자를 제한했으며,

인지세법 파동을 그린 만화. 새로운 세금이 생길 때마다 불만은 커져갔는데 특히 1765년 제정된 인지세법은 군중을 자극해 결국 인쇄소를 공격하는 일까지 일어났다.

1764년 설탕법(the Sugar Act)은 프랑스와 스페인령 서인도 제도와 불법 설탕거래를 금지했으며, 1764년 화폐법(the Currency Act)은 식민지의 회의 지폐발행을 금지했다.

가장 큰 논란을 불러일으킨 것은 1765년 인지세법(the Stamp Act)이었다. 1765년 11월 1일 발효된 이 법은 식민지에서 발행되는 모든 서류, 즉 신문, 달력, 팸플릿, 증서, 유언장, 면허증 등에 세금을 부과했다. 이 덕분에 영국 정부는 곧 매년 1763년 이전보다 10배가 넘는 수입을 거둬들일 수 있었다.

인지세법은 엄청난 불만을 야기했는데, 특히 신문들이 분노했다. 정치적 의미를 떠나 우선 경제적으로 신문들에게 엄청난 타격이 되었기 때문이다. 신문들의 비판에 자극받아 분노한 군중은 인지세법을 수용하는 인쇄소를 공격하기도 했다. 식민지 시기 말 문자해독률은 매사추세츠 85퍼센트, 버지니아 66퍼센트에 이르렀기에, 신문들은 여론 형성에 큰 영향을 미쳤다.(Weir 1981) 당시 영국에서와는 달리 식민지 아메리카의 언론통제는 쉽지 않았다. 무엇보다도 영국과는 달리 신문들이 넓은 지역에 퍼져 있기 때문이었다. 필라델피아에서 찰스턴까지 소식을 하나 전달하는 데에도 29일이나 걸려야 했으니, 일사불란한 통제는 애초부터 기대하기 어려운 일이었다.

1765년 5월 패트릭 헨리(Patrick Henry, 1736~1799)는 버지니아 의회에서 극적인 연설을 했다. 그는 만일 현행 정책이 수정되지 않는다면 조지 3세도 이전의 독재자들처럼 교수형에 처해질지도 모른다는 예언으로 연설을 마쳤다. 거의 동시에 매사추세츠에서는 제임스 오티스(James Otis)가 동료 의원들을 설득하여 새로운 과세에 대항하기 위해 식민지연합회의를 소집할 것을 촉구했다. 그래서 1765년 10월 9개 식민지 대표들이 뉴욕에서 만나 소위 인지세법의회(the Stamp Act Congress)가 열렸다. 여기에서 식민지의회를 통하지 않고서는 식민지에 과세할 수 없다는 내용의 탄원서를 왕과 영국 의회에 보냈다.

1765년 여름부터 대서양 연안 여기저기서 물리적 반란이 일어나기 시작했다. 보스턴에서 새로 조직된 '자유의 아들들(Sons of Liberty)'은 인지취급 관리들을 협박하고 인지를 불태웠다. 영국 상품 불매운동도 벌였다. 군중들은 보스턴 부총독인 토마스 허친슨(Thomas Hutchinson, 1711~1780)과 영국편 귀족들의 집을 습격하고 약탈했다. 영국 상인들은 식민지 시장을 잃을 것을 염려해 영국 의회에 이 인기 없는 법을 철회할 것을 요구했다. 1766년 3월 18일 새 수상인 로킹엄 후작(the Marquis of Rockingham)의 주장으로 이 법은 철폐되었다. 그러나 그는 철폐에 대한 반대자들을 만족시키기 위해 영국 의회가 식민지에 대해 '어떤 경우에든지' 권한을 지닌다는 것을 확인하는 선언법(the Declaratory

Act)을 제정하였다. 식민지인들은 인지세법 철폐에 기뻐하느라 이 선언법에는 미처 주목하지 못했다.

타운센드 관세에 대한 저항

식민지인들은 인지세법 다음으로 반란법에 저항했다. 새로 들어선 윌리엄 피트 내각의 실세인 재무장관 찰스 타운센드(Charles Townshend, 1725~1767)는 1767년 영국 의회를 통해 두 가지 방법을 조치했다. 식민지인들이 반란법에 따를 때까지 뉴욕 의회를 해산하는 동시에 영국에서 식민지로 수입되는 물품들에 타운센드 관세로 알려진 새로운 세금을 부과하는 것이었다. 이는 엄청난 저항을 초래했다.

필라델피아 변호사 존 디킨슨(John Dickinson, 1732~1808)이 쓴 『어느 펜실베이니아 농부의 편지(Letters of a Pennsylvania Farmers)』(1767)란 제목의 팸플릿이 널리 읽혔는데, 디킨슨은 이 팸플릿에서 수출입 관세가 세입을 증대시키기 위해서가 아니라 무역규제의 목적으로 고안되었을 때에만 정당하다고 주장했다. 점점 대부분의 아메리카인들은 그 구분마저도 받아

마그나카르타. 1215년 영국의 존 왕이 귀족들의 강압에 따라 승인한 칙허장(勅許狀).

들이지 않았고, 마침내 "대표 없이 과세 없다(No taxation without representation)"는 절대적인 입장을 취하였다. 이 슬로건은 원래 1215년 대헌장(Magna Carta)이 선포된 이래 영국인들이 줄곧 부르짖어온 것인데, 이제 미국인들이 더욱 과격한 방식으로 외치고 나선 셈이었다. 어떠한 종류의 세금이든지, 즉 내국세이든지 수출입세이든지, 세입을 올리기 위한 세금이든 무역규제를 위한 세금이든 상관없이 자신들의 대표가 참가하지 않은 본국 의회에서 일방적으로 내려진 과세 결정에 동의할 수 없다는 것이었다.

타운센드는 자신의 잘못 시행된 정책의 결과가 명백해지기 바로 직전인 1767년 말에 사망했다. 1770년 3월 새로운 수상 노스 경(Lord North, 1732~1792)은 차에 부과된 관세만을 제외하고 다른 모든 타운센트 관세를 폐지했다. 이 소식이 식민지에 도착하기 전에 매사추세츠 보스턴에서 예상치 못한 사건이 발생했다.

5명이 죽은 '보스턴학살사건'

인구 1만6000명의 보스턴엔 영국 정규군 4개 연대(1만6000명)가 주둔하고 있었다. 보수가 매우 적었던 영국 군인들은 비번일 때는 부업을 해 이미 포화상태인 노동시장에서 식민지 노동자들과 경쟁함으로써 식민지 노동자들과의 충돌이 잦았다. 선박 조립공장 노동자들과 그곳에서 일자리를 찾으려는 영국군 사이에 심각한 충돌이 일어난 지 며칠 지나지 않은 1770년 3월 5일, '자유 청년들(liberty boys)'이라는 부두 노동자 한 떼와 다른 사람들이 합세해 관세청 보초들에게 돌과 눈뭉치를 던지는 사건이 일어났다. 그 와중에 격투가 벌어지고 영국군이 총을 발사해 5명이 죽었다.

이 사건은 지역의 반항적인 지도자들에 의해 '보스턴학살(Boston Massacre)'로 명명돼 영국의 압제와 잔혹함의 상징으로 선전되었다. 이 사건은 '보스턴 거리에서 신에게 호소하는 무고한 피의 외침(Innocent Blood Crying to God from the Streets of Boston)'이란 팸플릿의 주제가 되어 널리 알려졌다. 은 세공사인 폴 리비어(Paul Revere, 1735~1818)의 유명한 판화는 이 사건을 평화로운 군중에 대하여 치밀하게 조직되고 계산된 공격으로 묘사했다. 보스턴 인구 1만6000명 중 적어도 1만 명이 사망자들의 장례식에서 행진을 벌였으며, 이 사건은 이후 모든 반항적 지도자들의 시위와 연설로 기념되었다.

보스턴 사람들로 구성된 배심원 앞에서 재판을 받은 영국 군인들은 과실치사로 유죄판결을 받고 명목상의 처벌만 받았다. 다시 분노가 들끓었다. 이런 분노를 선동한 사람은 새뮤얼 애덤스(Samuel Adams, 1722~1803)로, 그는 식민지에서 가장 영향력 있는 급진주의자였다. 1772년 그는 보스턴에 연락위원회를 창설해 식민지 전역에 만연한 영국에 대한 불만을 널리 알릴 것을 제안했고 자신이 첫 번째 위원장이 되어 활약했다. 이로써 식민지 간의 느슨한 정치조직망이 조직되었는데, 이는 1770년대 내내 살아 있던 반항정신의 동력이 되었다.

미국에서 '보스턴학살사건'은 오늘날까지도 떠들썩하게 기념되고 있는 사건이다. 기념 토론회에 초청을 받은 역사학자 하워드 진은 다음과 같이 말한다.

"저는 보스턴학살사건이 토론회를 개최할 만큼 중요한 학살사건으로 관심을 모으는 데 대해 이해할 수가 없었습니다. 아마도 토론회가

1770년 3월 '자유소년들'이라는 부두 노동자 한 떼가 관세청 보초들에게 돌과 눈뭉치를 던지자 격투가 벌어졌고 영국군이 총을 발사해 5명이 죽었다. 그러나 지역의 반항적인 지도자들이 '보스턴학살'로 명명해 영국의 압제에 대한 상징으로 활용했다.

열리는 유일한 학살사건일 것입니다. …… 그 토론회는 어떻게 해서이 집단이 미국 역사에서 일어난 그 수많은 흥미로운 사건 가운데 하필이면 대량학살이라는 말을 붙이기가 민망할 정도로 사상자가 아주적은 그 사건에 주목하는지를 보여주는 전형적 사례로 비쳐졌습니다. …… 그때 저는 미국 역사에 있었던 다른 대량학살사건들을 떠올려보았습니다. …… 인디언 학살을 언급한 남북전쟁 다큐멘터리를 본적이 있나요?'(Zinn & Macedo 2008)

유재현(2009)은 "5명이 사망한 사건을 두고 학살이라는 이름을 붙인 작자들은 학살을 모욕하고 있는 것"이라며 다음과 같이 주장한다. "보스턴학살이란 사실 영국군의 발포에 단 3명이 목숨을 잃은 사건이다.(부상을 입은 2명은 나중에 죽었다). 미국의 독립이란 그 학살만큼 허망하고 기만적인 프로파간다로 가득 찬 사건이다. 독립전쟁은 미국을 지배하게 된 자들이 자신들의 이익을 옹호하기 위해 낮은 계층에 속한 백인들의 목덜미를 끌고 와 벌인 전쟁일 뿐이며 당시 유럽에서 벌어지던 그 수많은 전쟁과 본질적으로 다를 것도 없는 전쟁이었다. 다만 미국에는 왕이 없었을 뿐이다. …… 보스턴학살이 학살이라면 콘크리트 전봇대에서는 꽃이 필 것이고, 미국 독립전쟁이 혁명이라면 나는 내일부터 죽을 때까지 맥도날드 햄버거만 먹을 것이다."

그러나 이해해야지 어쩌겠는가. 어느 나라건 다 이 정도의 역사왜곡과 미화는 저질렀을 터이니, 미국이라고 해서 특별히 더 욕먹어야 할 이유는 없지 않은가. 그렇게 너그러운 시선으로 보기로 하자. 앞으로 장시간에 걸친 미국사 산책을 위해선 그렇게 편안한 마음 자세가 꼭 필요하다.

참고문헌 Botein 1981, Braudel 1995-1997, Brinkley 1998, Buel 1981, Folkerts & Teeter 1998, Maier 1976, Tannahill 2006, Weir 1981, Zinn & Macedo 2008, 김봉중 2001, 사루야 가나메 2007, 유재현 2009, 이주영 1995

"자유가 아니면 죽음을 달라"
보스턴차사건과 '세상을 뒤흔든 총성'

보스턴차사건

1773년 극동지역과의 무역을 공식적으로 독점하고 있던 영국의 동인도회사는 영국에서는 팔 수 없는 많은 양의 차를 재고로 안고 있어서 파산 직전의 상태에 처하게 되었다. 이에 영국 정부는 1773년 차 세법(Tea Act)을 통과시켜 동인도회사에게 식민지 상인들은 내야하는 정규 세금을 내지 않고도 식민지에 직접 수출할 수 있는 권리를 주었다. 그래서 동인도회사는 차를 식민지 상인보다 싸게 팔아서 식민지의 차 거래를 독점할 수 있었다.

이는 영향력 있는 식민지 상인들을 분노하게 만들었다. 대표 없는 과세 문제에 대한 그들의 예민한 감정을 되살아나게 했다. 식민지인들은 차 불매운동으로 대응했다. 마사 워싱턴(Martha D. C. Washington, 1731~1802), 애비게일 애덤스(Abigail Adams, 1744~1818), 돌리 매디슨(Dolley Madison, ?~1836) 등 식민지 지도자의 부인들이 중심이 된 식민지 여성들은 자유의 아들들처럼 '자유의 딸들(Daughters of Liberty)'이라는 애국단체를 조직해 영국 정책에 반대하면서 "우리는 자유를 위해 차를 끊겠다"고 외쳤다. 대중의 지지를 얻은 식민지 지도자들은 동인도회사가 식민지 항구에 차를 내리는 것을 막을 계획을 세웠다. 필라델피아와 뉴욕에서는 성공했으나, 보스턴에서는 3척의 배를 항구에서 돌려보내는 데 실패하자 다른 계획을 꾸몄다.

1773년 12월 16일 밤 50명씩 구성된 3개 조가 모호크 인디언으로 가장하여 보스턴항에 정박 중이던 영국 상선 3척에 올라가 배에 실려 있던 판매용 차 300여 상자를 물속으로 던져버렸다. 다른 항구에서도 비슷한 저항들이 잇따라 일어났다. 이게 바로 그 유명한 '보스턴차사건 (Boston Tea Party)'이다. 여기서 Party는 '뜻을 같이 하는 사람들끼리의 모임'을 뜻한다. Party엔 정당(政黨)의 의미도 있다.

이 사건이 미국 독립운동의 시발점이었다. 영국 국왕 조지는 수상

보스턴차사건. 1773년 영국이 차 세법을 통과시켜 식민지의 차거래를 독점하자 식민지의 상인들은 보스턴항에 정박 중이던 영국 상선에 올라가 판매용 차 300여 상자를 물속으로 던져버렸다.

노스 경에게 말했다. "주사위는 던져졌소. 식민지인들은 항복을 하든지 승리를 하든지 하나를 선택해야 할 것이오." 영국 의회는 이에 대한 보복으로 1774년에 '강압적 법령(Coercive Acts)'으로 알려진 4개의 법을 제정했다. 이 일련의 법들은 보스턴항을 폐쇄하고, 매사추세츠 정부의 자치권한을 축소시키고, 매사추세츠 왕실관리들이 기소될 경우 다른 식민지나 영국에서 재판받을 것을 허가하고, 식민지인들이 영국군인에게 숙박을 제공해야 한다는 내용이었다.

식민지인들에게는 '참을 수 없는 법들(Intolerable Acts)'로 더 잘 알려진 이 법들에 이어 퀘벡법(Quebec Act)이 제정되었다. 이 법의 시행으로 퀘벡 국경에 오하이오강과 미시시피강 사이의 프랑스인 마을이 포함되었다. 또한 로마 가톨릭교도들에게 정치적 권한을 허용하였고, 확장된 지역에서 가톨릭교회의 합법성을 인정하였다. 많은 아메리카인들은 런던에서 식민지인들을 교황의 권위에 복속시키려는 음모가 진행되고 있다고 불안해했으며, 서부 땅에 관심 있는 사람들은 이 법으로 서부 팽창이 방해받을 것이라고 믿었다. 이에 식민지의회들은 매사추세츠를 지지하는 일련의 결의문들을 통과시켰으며, 영국 상품 불매운동이 식민지 전역으로 번져나갔다.

보스턴차사건 때문에 아메리카 식민지인이 커피를 마시는 습관이 생겼다는 주장이 있다. 커피는 1607년에 영국에 소개됐지만 식민지인들은 차를 더 많이 마셨다. 그러나 1790년 무렵엔 커피 수입량이 차 수입량의 3배, 10년 뒤에는 10배에 이르렀다. 1909년엔 미국은 전 세계 커피 소비량의 40퍼센트를 차지하게 된다. 그러나 보스턴차사건 이후 커피 소비의 급증은 명예나 애국심보다는 삼각무역과 커피값 하락 때문이었다. 커피가 음주 퇴치를 위한 이데올로기 상품으로 청교도 가치와 맞아 떨어진 점도 또 다른 이유였다. 쉬벨부시(Schivelbusch 2000)에 따르면, "정신을 말짱하게 하는 음료로서의 커피와 성적인 충동을 억제하는 수단으로서의 커피, 이러한 방향으로 커피의 성격을 규정하는 데에 어떠한 이데올로기적 세력이 작용하고 있는지 우리는 어렵지 않게 인식할 수 있다. 영국의 청교도주의, 더 일반적으로 프로테스탄트적 윤리는 커피를 이러한 의미에서 규정하고 그것을 그 영육(靈肉)을 위한 음료로 선언한다."

제1차 대륙회의

보스턴차사건 이후 일어난 일련의 사태에 대응하기 위해 1774년 9월 5일에서부터 10월 26일까지 조지아를 제외한 13개 식민지 대표 56명이 참석한 가운데 필라델피아에서 제1차 대륙회의(Continental Congress)가 열렸다. 오늘날에도 미국 의회를 영어로 Parliament나 Assembly라 하지 않고 Congress라고 하는 것은 미국이 연방국가이기 때문이다.

제1차 대륙회의는 영국 정부하에 식민지를 통합하려는 계획을 근소한 표차로 거부했으며, 1763년 이후에 제정된 강압적인 법들을 모두 철회할 것을 요구했다. 또한 보스턴의 영국 군대가 공격해올 경우를 대비해 군사적 준비를 해야 한다고 제의한 매사추세츠 대표자회의의 결의안들을 승인했다. 이어 영국 상품 불매운동에 동의했으며, 다음해 봄에 다시 모일 것을 약속했다.

매사추세츠 사람들은 무기와 탄약을 모아놓고 민병대(minutemen)로서 훈련을 받으면서 소집에 즉각 응할 수 있게 준비했다. 이들은 신

버지니아의 초대 주지사 패트릭 헨리는 1775년 3월 버지니아 리치먼드의 헨리코 교회에서 무장봉기를 호소하며 "자유가 아니면 죽음을 달라"고 외쳤다.

호가 떨어지면 1분 내에 즉시 출동한다는 의미에서 minutemen으로 불렸다.

1775년 3월 23일 버지니아의 초대 주지사인 패트릭 헨리는 버지니아 리치먼드의 헨리코 교회에서 무장봉기를 호소하는 연설을 했다. 이게 바로 그 유명한 "자유가 아니면 죽음을 달라(Give me liberty, or give me death)" 연설이다.

당시 신문과 더불어 연설은 커뮤니케이션의 주요 수단이었다. 1775년 식민지 인구는 인디언을 제외하고 200만이 넘은데다 인구가 1만이 넘어서는 도시들이 형성됨으로써 선전·선동이 활발하게 이루어질 수 있는 조건을 갖추고 있었다. 이와 관련, 브링클리(Brinkley 1998)는 다음과 같이 말한다.

"도시에서는 새로운 사상이 유포되고 논의되기도 했다. 도시에서는 신문, 책, 해외도서가 유통되었고 따라서 새로운 지적 영향이 가능하였다. 도시의 선술집과 커피점은 사람들이 모여서 그날의 화젯거리를 논의할 수 있는 장소를 제공하였다. 1760년대와 1770년대에 형성되기 시작한 혁명의 중대국면이 도시에서 처음 나타난 이유가 바로 여기에 있다."

'세상을 뒤흔든 총성'

1775년 4월 18일 밤 보스턴의 영국 연대를 지휘하는 장군 토머스 게이지(Thomas Gage, 1721~1787)는 1000명 정도의 군인을 보스턴에서 렉싱턴과 콩코드 거리로 파견했다. 그는 피를 흘리지 않고 불법적인 무기를 탈환하기를 희망했다. 그러나 사태는 그의 뜻대로 돌아가지 않았다. 4월 19일 700명의 영국군이 렉싱턴 공터에서 77명의 현지 민병대와 마주치면서 충돌이 일어났다. 양쪽 주장이 엇갈려 누가 먼저 총을 쏘았는지는 알 수 없지만, 이 공터에서 울린 총성으로 전쟁이 시작되었다 하여 '세상을 뒤흔든 총성' 이라 한다.

'세상을 뒤흔든 총성' 에 대한 미국 측과 영국 측의 이해는 전혀 달랐다. 매사추세츠의 『세일럼 가제트(Salem Gazette)』지 1775년 4월 25일자는 "환성으로 제국 군대를 영접했다. 순간 제국 장교 한두 명이 총을 발사했다. 그와 거의 동시에 제국 병사들이 네댓 발을 쏘았고, 다음에는 전 부대가 일제사격을 하는 듯했다. 우리 측의 사망자는 8명, 부상자는 9명이었다" 고 보도했다.

반면 『런던 가제트(London Gazette)』 1775년 6월 10일자는 "렉싱턴에 도착한 병사들은 길가 풀밭에 무장한 한 떼의 시골 사람들을 만났다. 국왕의 군대는 그들에게 다가가서 그들이 그렇게 모여 있는 이유를 알고자 하였으나 그들은 사방으로 흩어져 갔으며 돌담 뒤, 공회당, 또 다른 건물 안으로부터 제국 군대를 향하여 몇 발의 총을 발사했다. 총격으로 인해 한 명이 부상하고 피트캐언 소령의 말이 두 군데에 총탄을 맞았다"고 적었다.(Huberman 2001)

'세상을 뒤흔든 총성'으로 발생한 영국군 희생자는 73명으로 아메리카인 희생자의 거의 3배였다. 그러나 식민지인들은 영국군이 먼저 총을 쏘았다는 '정당방위의 신화'를 만들어내는 동시에 영국군의 '학살' 이야기를 과장되게 식민지 전역에 전파함으로써 반란에 미온적이었던 식민지인들까지 격분케 하는 데에 성공했다. 이후 7년간 벌어질 전쟁의 서막이 열리고 있었다.

'무기를 든 이유와 필요에 관한 선언서'

충돌 3주 후인 1775년 5월 10일 조지아를 제외한 식민지 대표들이 필라델피아에 모여 제2차 대륙회의를 개최했다. 조지아는 다음 해 가을까지 대표를 파견하지 않았다. 대륙회의는 전쟁지원에는 동의하였으나 전쟁목적에는 합의를 이루지 못한 채 독립파와 영국과의 화해를 희망하는 온건파로 나뉘었다. 다수는 이 양 극단의 중간파에 속했다.

1775년 7월 6일 대륙회의는 영국 왕에게 보내는 마지막 탄원서인 올리브 브랜치 탄원서(Olive Branch Petition) – '무기를 든 이유와 필요에 관한 선언서(a Declaration of the Causes and Necessity of Taking Up Arms)' – 를 제출하기로 결의했다. 그러나 영국 정부는 이 청원서를 무시하고

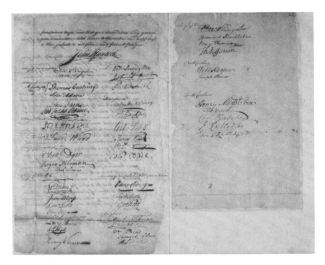

올리브 브랜치 탄원서. 무기를 든 이유와 필요에 관한 선언서라고도 한다.

대신에 금지법(Prohibitory Act)을 제정하여 해외교역을 금지하기 위하여 해상봉쇄를 단행했다. 청원서에서 자신들의 후회스러운 반역을 용서해달라는 요구를 제외하고는 일체의 요구를 받아들이지 않자 식민지인들은 독립만이 유일한 선택이라는 결론을 내리게 되었다.

영국의 강한 압박도 그런 결론을 강화시켰다. 영국은 병력소집이 여의치 않자 독일의 제후들이 국왕 조지에게 팔아넘긴 독일 용병들로 정규군을 보충했는데, 이들이 식민지에서 전투를 치를 영국군 병력의 3분의 1을 차지했다. 용병들은 거의 대부분 헤세(Hesse) 출신이었기 때문에 헤시언(Hessian)은 이후 용병을 지칭하는 일반명사가 되었다. 이들은 사나운 전사 이미지, 약탈자이자 강간범이라는 공포의 이미지를 갖고 있었다. 식민지는 1만2000명의 헤시언 군대가 당도한다는 말을 듣고 충격에 휩싸인 동시에 독립 방향으로 더욱 결심을 굳히게 되었다.

처음 대부분의 아메리카인들은 그들이 독립을 위해서가 아니라 영국 제국 안에 머물면서 불만의 원인을 제거하기 위해 싸운다고 믿었으나, 전쟁 1년 내에 대부분이 생각을 독립 쪽으로 바꾸게 된다. 전쟁 중 증오가 발생하면서 그런 생각은 더욱 굳어진다.

아메리카 대륙에서 독립전쟁이 터졌을 때 조선에선 무엇을 하고 있었는지 궁금해진다. 이렇다 할 큰 사건은 없었는데, 1776년 9월 정조(正祖, 1752~1800)가 즉위하자마자 규장각(奎章閣)을 설립해 '혁신정치의 중추'로 삼았다는 게 눈에 들어온다. 규장은 '군주가 지은 글'을 뜻하는 바, 규장각은 본래 왕들의 친필을 수집하고 정리하는 왕실 도서관이다. 그러나 정조의 혁신의지에 따라 서얼 출신의 실학자 박제가(1750~1805), 유득공(1749~1807)을 비롯해 신분과 당파를 초월해 선발된 규장각 관료들은 탕평책을 추진하는 주요 세력이 되었다. 이런 혁신이 좀더 오래 추진되었더라면 하는 아쉬움이 새삼스럽게 드는 건 어인 이유에서일까.

참고문헌 Black 2003, Brinkley 1998, Davis 2004, Huberman 2001, Pomeranz & Topik 2003, Raphael 2005, Schivelbusch 2000, 태혜숙 2009, 하일식 1998

"싸움이 격렬할수록 승리는 빛난다"
토머스 페인의 『상식』

150만 권이 팔린 『상식』

1770년대엔 팸플릿이 정치적 논쟁의 가장 효과적인 무기였다. 1750년과 1776년 사이에 영국과의 투쟁에 관련된 400개 이상의 팸플릿이 식민지에서 발표되었으며, 1783년까지는 1500개 이상 출현했다. 이런 팸플릿 가운데 압권은 단연 1776년 1월에 발간된 토머스 페인(Thomas Paine, 1737~1809)의 『상식』이었다.

47쪽으로 된 이 팸플릿은 미국의 역사적 사명을 미국인들에게 고취시키기 위해 1066년의 노르만 정복(Norman Conquest) 때까지 거슬러 올라가 영국 군주제의 역사를 신랄하게 비판하면서 왕권신수설의 이념을 폭로했다. 페인은 당시 정복자 윌리엄은 프랑스로부터 건너와 스스로 왕관을 썼다며 "무장침략자를 이끌고 상륙하여 원주민의 뜻과는 반대로 스스로 영국 왕이 되었던 프랑스의 서출인 윌리엄은 솔직히 말하면 하찮고 천한 혈통이다. 분명히 조금의 신성(神性)도 갖추고 있지 못하다"고 말했다. 이어 페인은 "세계를 피와 잿더미로 만드는" 재주밖에 없는 압제의 유물인 군주정치와의 화해를 깨끗이 단념하고 왕 대신 법이 군림하는 "자유로운 독립국 아메리카"를 세워 폭정과 압박에 시달림을 받는 인류를 위해 때가 늦기 전에 피난처를 마련하라고 역설했다.

토머스 페인의 『상식』.

페인은 아메리카인들에게 영국과의 화해는 더이상 불가능하다는 것을 설득시키고자 하였다. 그래서 그가 주로 공격대상으로 삼은 것은 '무기력한 상태에 빠져 있으면서 파멸을 초래할 수 있는 비겁한 생각을 하는 사람'이었다. 그는 영국과 타협할 수 있을 것이라고 안이하게 믿는 사람들을 공격하는 동시에 멜로드라마틱한 방식으로 설득했다. 그는 유럽의 구 세계는 사회, 정치 모든 분야에서 썩을 대로 썩어서 더 이상 희망이 없기에 새로운 민주주의는 미국을 위주로 구축되어야 한다고 역설했다. 당시 식민지 인구는 300만 명이었는데, 초판이 발간된 해에 무려 150만 권이나 팔려나갔다. 워싱턴을 포함한 대륙회의 참가자 전원이 읽었고 식민지인들 모두가 읽었다. 그리고 모두 열광했다.

영국의 퀘이커교도이자 코르셋 제조업자였던 페인은 빈곤한 가정에서 태어나 빈부격차를 극도로 증오한 나머지 자신의 이름도 '고생'이라는 뜻의 'Pain'에 e를 덧붙여 지었다고 한다. 그는 먹고살 길이 막막할 때 런던에서 만난 벤저민 프랭클린이 소개장을 써줘서 영국이 미국을 정치적으로 탄압하기 시작한 1774년 11월 필라델피아에 도착했다. 프랭클린의 도움으로 필라델피아에서 책 파는 일거리를 얻은 그는 프랭클린의 제안으로 『상식』을 집필해 처음엔 작자 미상으로 발간했다. 페인은 결코 지식인은 아니었다. 그는 자기 자신이 쓴 것 이외에는 결코 다른 책을 읽어본 적이 없다고 가끔 이야기 하곤 했다. 퀘이커교도인 아버지의 기존 지식 무용론에 영향받은 탓이었다. 그는 탐구적인 사람도 아니었다. 톰슨(Thompson 2000)은 이렇게 말한다.

"페인은 깊이 있는 독서를 전혀 하지 못했고 문화적으로도 확실한 소양을 쌓지 못했으며, 그의 오만하고 성급한 기질 때문에 강단학자적인 정신의 소유자들로 하여금 여전히 질색하게 하고 한숨을 쉬면서 옆으로 밀어놓게 하는 그런 범용한 구절들을 별 생각 없이 써대곤 하였다."

그러나 그래서 더욱 놀랍다. 어차피 혁명의 주체는 '강단학자'가 아니라 무식한 민중이 아니던가. 잭슨(Jackson 1990)은 다음과 같이 말한다. "페인의 저서들이 그처럼 광범한 독자층을 획득할 수 있었던 것은 그 저서들이 논쟁적이고 불경스러운 표현을 사용했기 때문이라기보다는, 이 책들이 보통 사람도 정치학을 통달할 수 있다는 신념을 가진 보통사람들을 위해 씌어졌다고 하는 사실 때문이다. 페인의 가르침에 의하면 정치학은 다만 상식의 문제라는 것이었다."

『상식』은 수사학의 승리

그런 '상식의 문제'는 곧 수사학을 의미하는 것이었다. 『상식』은 수사학의 승리였다. 예컨대, 페인은 "일부에서는 영국이 우리의 모국이라고 주장하는데, 그렇다면 영국은 스스로 더욱 수치를 느껴야 한다. 짐승들도 자기 자식을 삼켜버리지 않으며 야수들도 자기 가족을 상대로 전쟁을 일으키지 않는다"고 말했다. 그는 영국이 아니라 유럽이 미국의 모국이라는 주장에 대해선 "이 신세계는 유럽 전역에서 박해받은 종교와 시민자유의 옹호자들에게 피난처가 되어왔다. 그들은 어머니의 따스한 품으로부터가 아닌 괴물의 잔인함으로부터 이곳으로 피신해온 것이다"고 받아쳤다.

페인은 수사학의 달인답게 유능한 표어 제작자였다. '아메리카 합중국(United States of America)'이라는 이름을 처음 사용한 것도 그였다. 그 전에는 아무리 대담한 애국자라도 '식민지연합(United Colonies)'이라고 말했었다. "싸움이 격렬할수록 승리는 빛난다"거나 "최소한으로 통치하는 정부가 최고의 정부다"라거나 "지금은 인간의 영혼을 시험하는 시대다"라는 표현처럼 쉽게 알아들을 수 있는 멋진 문장도 그의 강점이었다.

뛰어난 수사학과 더불어 치밀한 전략도 있었다. 페인은 미국이 독립을 추구할 경우 유럽 국가들로부터 외교적인 후원을 얻으리라 확신했다. 미국의 독립은 다른 나라들에게 이익이 되기 때문이라는 생각에서였다. 그는 이 점과 더불어 만약 미국이 계속 영국의 식민지로 남게 된다면 미국은 영국을 따라서 유럽의 전쟁에 말려들게 될 것이라는 점을 강조했다. 식민지 지도자들에게 큰 호소력을 가진 건 바로 이 대목이었다.

"영국에 종속되거나 의지하는 것은 유럽의 전쟁이나 다툼에 미국을 직접적으로 관련하게 만든다. 우리는 그들 나라들과의 우정을 추구할 수 있고 그들에 대한 특별한 분노나 불평이 없는데도 이러한 관련 때문에 그들과 사이가 나쁘게 될 수밖에 없다. 유럽이 우리 무역시장이기에 우리는 유럽의 그 어느 나라와도 어떠한 관계를 맺어서는 안 된다. 유럽 국가들의 세력 다툼에서 떨어져 있는 것이 미국의 참다운 이익이다."(차상철 외 1999)

독립전쟁에 참여한 미국 병사의 배낭 속엔 모서리가 접히고 때가 묻은 『상식』이 한 권씩 들어 있었다고 한다. 미국 혁명사를 연구한 영국 역사가 조지 트리벨리언(George Trevelyan, 1876~1962)은 다음과 같은 평가를 내린다.

"페인의 『상식』처럼 즉각적이고 광범위하며 지속적인 효과를 가져온 글을 찾기는 매우 어려울 것이다. 『상식』은 미국에 대한 지지자들이 있는 세계 모든 나라의 언어로 번역되었고, 모방과 풍자, 표절 및 해적출판의 대상이 됐으며, 마치 기적과도 같이 토리당원을 휘그당원으로 변화시키기도 했다."(Hargreaves 2006)

애덤 스미스의 『국부론』

『상식』이 등장한 해인 1776년에 또 하나의 역사적 의미를 가진 책이 영국에서 출간되었으니, 그건 바로 스코틀랜드의 도덕철학 교수 애덤 스미스가 쓴 『국부론(An Inquiry into the Nature and Causes of the Wealth of Nations)』이다. 당시 경제학은 도덕철학의 한 분야였는데, 『국부론』은 인간을 포함하는 자연에서의 모든 사물이 신이 원하는 바처럼 행동한다면 최대한의 선이 생길 것이라는 가정에 기초하였다. 스미스는 데카르트의 은유법을 차용해 '보이지 않는 손(invisible hand)'이 시장

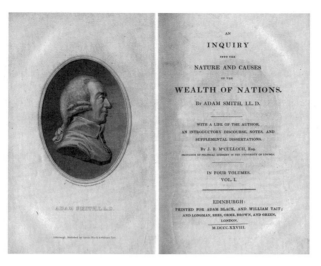

애덤 스미스의 초상화와 『국부론』.

을 통치해 경제는 저절로 올바른 기능을 찾아간다고 주장했다.

1776년 3월 9일 두 권의 책자로 출간된 『국부론』은 12년간의 사색과 12년간의 집필 끝에 쓴 것으로 6개월 만에 초판이 매진되었다. 스미스의 친구들은 『국부론』의 위상이 3주 전인 1776년 2월 17일에 출판된 에드워드 기번의 『로마 제국의 쇠퇴와 멸망(Decline and Fall of the Roman Empire)』과 대등하다고 주장했다. 과연 그랬을까? 실은 그 이상이었다.

부어스틴(Boorstin 1986)은 "그는 경제적 번영이 재화의 소유가 아니라 그 과정이라고 보았다. 코페르니쿠스와 갈릴레이가 태양이 지구를 돌고 있다는 일반 상식을 뛰어넘게 만든 것과 마찬가지로, 애덤 스미스는 국부가 금과 은으로 구성된다는 그럴듯한 허위주장을 뛰어넘도록 도와주었다"고 평가했다. 스미스의 주장을 직접 들어보자.

"아메리카의 발견이 유럽을 부유하게 만든 것은 금과 은의 수입에 의한 것이 아니다. …… 유럽의 모든 상품에 대해 하나의 새롭고 고갈되지 않는 시장을 열어줌으로 해서, 그것은 새로운 분업과 기술개선의 기회를 주었고, 이것은 과거의 좁은 통상권에서는 그 대부분의 생산물을 소화시킬 시장이 없었기 때문에 생겨날 수가 없었다. 노동생산력은 개량되었고 생산량은 모든 유럽 국가에서 증가되었으며 이와 함께 그 주민들의 실수입과 부(富)가 증대되었다. 유럽의 상품은 아메리카에게는 거의 전부가 새로운 것이었으며 아메리카의 많은 상품도 유럽에는 새로운 것이었다. 따라서 전에는 도저히 생각할 수 없었던 새 형태의 교역이 발생하기 시작했고, 그것은 자연히 구대륙에 확실히 이로운 것과 마찬가지로 신대륙에도 이익이 되는 것이었다." (Boorstin 1986)

스미스는 노동생산력의 가장 큰 개선은 분업의 효과라고 했다. 그가 자본주의를 설교하러 다니던 시절은 노동자들의 근면성이 유난히 강조되던 때였다. 영어에서 근면(industry)과 공업(industry)이 같은 단어를 사용하게 된 것도 노동자들의 근면성을 강조하기 위해서였다.

스미스는 부자들의 도덕성에 대해 매우 회의적이었다. 그는 『국부론』 출판 17년 전인 1759년에 출간한 『도덕감성론(The Theory of Moral Sentiment)』에서 부자들은 '이기심과 착취하려는 본능' 때문에 '그들만의 헛되고 만족할 줄 모르는 욕망'을 추구한다고 비판했다. 그는 『국부론』에서도 다음과 같이 주장했다.

"우리나라(영국)의 중상주의는 주로 부자들 이익만 대변한다. 그러나 힘이 약한 상인들의 이익도 존중되어야 한다. 또한 부자들은 도덕심으로 가난한 사람들을 보호해야 한다. 한쪽으로 심하게 구부러진 막대기를 바로 잡으려면 그만큼 반대쪽으로 굽히지 않으면 안 된다. 한 나라의 소득이나 부의 원천 역시 마찬가지다. 큰 재산이 있다는 것은 반드시 큰 불평등이 존재한다는 것을 의미한다. 큰 부자가 만들어지면 그로 인해 적어도 500명의 가난한 사람이 생기며, 소수의 풍요로움은 다수의 빈곤이 준 선물이다."(김용관 2009)

중세가 해체되면서 나타난 군주중심의 국가체제가 진전되면서 군주에게 강력한 권력이 부여된 절대주의체제가 나타났는데, 이런 체제를 경제적으로 표현한 것이 바로 중상주의다. 통제중심의 중상주의론 장기적인 국부육성을 할 수 없어 그 대안으로 나타난 게 바로 자본주의인데, 스미스는 자본주의 발전을 가로막는 상인들과 국가와의 결탁을 비판한 것이다.

스미스는 부자들이 의식적으로 다른 이들에게 득이 될 만한 일을 회피하였기 때문에 그들을 인정하려 하지 않았지만, 다양한 여건 속에서 다른 사람들의 행동은 서로 상호보완적이기에 그들의 행동으로부터 이득을 볼 수도 있다고 보았다. 여기서 바로 '의도되지 않은 결과'와 '보이지 않는 손'이라는 개념이 나오게 된다. 즉 부자들의 이기심과 탐욕은 바로 '보이지 않는 손'에 의해 '사회의 부를 창출'하는 '의도되지 않은 결과'를 낳게 된다는 것이다.

스미스는 오늘날 신자유주의 이론에 대한 일종의 수호성인으로 숭배되고 있지만, 경제사적으로 볼 때에 스미스만큼 오·남용된 인물도 없다. 촘스키(Chomsky 1999)는 스미스가 분업을 찬양한 것은 잘 알려져 있지만, 분업을 핑계로 노동인구를 무지하고 어리석은 인간으로 전락시키는 비인간적 행위에 대해서 극렬하게 비난했다는 사실은 거의 알려져 있지 않다고 말한다. 스미스는 정부가 적극적으로 개입하여 산업화되고 문명화된 사회에서 그런 비인간적인 행위가 일어나지 않도록 막아야만 하며, 그래야 보이지 않는 손의 파괴적인 위력을 극복할 수 있다고 주장했다는 것이다. 또한 "주인을 위해서는 아니더라도, 노동자를 위한 정부정책은 언제나 공정하고 정당해야 한다"는 스미스의 믿음이나, 그의 주장의 핵심이었던 '결과의 공정한 분배'도 거의 알려져 있지 않다는 것이다.

스미스는 영국을 방문한 벤저민 프랭클린을 만나 아메리카 식민지에 관한 많은 이야기를 들었다. 그는 아메리카 식민지에 대해 "이 세상에 존재한 어떤 나라보다 가장 위대하고 강력한 국가로 발전할 가능성"이 있다고 썼다. 물론 당시의 프랭클린의 생각이 꽤 반영된 것이겠지만, 이 예측은 정확했다. 아메리카 식민지는 '가장 위대하고 강력한 국가'가 될 꿈까지 꾸진 않았겠지만, 점점 더 독립으로 향하는 길로 질주하고 있었다. 『국부론』으로 경제학이 탄생한 해와 '독립선언'으로 미국이 탄생한 해가 같았다는 건 우연이겠지만, 시대사적 배경상 미국이 국부를 위해 태어나는 신생국의 운명을 갖게 되리라는 걸 시사해주는 것은 아니었을까?

참고문헌 Boorstin 1983 · 1986, Brinkley 1998, Bryson 2009, CCTV 2007, Chomsky 1999, Davis 2004, Fox 2002, Hargreaves 2006, Heilbroner 2005, Hunt 2007, Jackson 1990, Keane 1995, Moore 2009, Paine 2004, Persons 1999, Rifkin 2005, Sen 2001, Strathern 2002, Thompson 2000, Zinn 1986, 김봉중 2001, 김용관 2009, 남경태 2001, 사루야 가나메 2007, 이보형 2005, 차상철 외 1999

"모든 인간은 평등하게 창조되었다"
독립선언과 독립전쟁

1776년 7월 4일 독립선언

앞서 보았듯이, 영국으로부터의 완전한 독립을 생각한 식민지인들은 많지 않았다. 벤저민 프랭클린은 1760년대에 "성군(聖君)을 모시고 있는 우리는 행복하다"고 썼으며, 1770년 '보스턴학살' 시 영국 군인들의 변호사로 그들의 무죄 방면을 얻어낸 존 애덤스(John Adams, 1735~1826)는 군중을 "불손한 젊은이들, 검둥이와 흑백혼혈, 아일랜드 촌뜨기와 시골구석의 선원들로 이뤄진 잡다한 폭도들"이라고 묘사했으며, 토머스 제퍼슨은 1776년 초에도 여전히 아메리칸인들은 영국 왕정과 "분리되는 것을 원하지도 않고 관심도 없다"고 했다. 그러나 이제 수개월 만에 모든 사정이 바뀌었다.

1776년 7월 2일 대륙회의는 헨리 리(Richard Henry Lee, 1732~1794)가 상정한 독립결의안을 통과시켰다. 이 결의안은 "식민지 연합(United Colonies)은 자유롭고 독립된 나라가 되어야 하고, 또한 그렇게 될 권리가 있으며, 영국 왕에 대한 모든 의무로부터 면제되며, 그들과 영국과의 모든 정치적 관계는 완전히 해체될 것이며, 그렇게 되어야만 한다"고 선언했다.

이틀 후인 7월 4일 대륙회의는 '독립선언서(the Declaration of Independence)'를 채택했다. 붉은 벽돌로 된 어느 2층 건물 꼭대기에 있는 흰색 탑에서는 이를 기념하는 큰 종소리가 울려 퍼졌다. 그 건물이 바로 오늘날 필라델피아의 독립광장에 있는 독립기념관이며, 그 종은 '자유의 종'으로 불리고 있다. 독립선언서가 뉴욕에서 낭독되었을 땐 흥분한 시민들이 광장으로 몰려가 납으로 된 조지 3세의 동상을 때려 부쉈고, 그걸 녹인 1.8톤의 납으로 총알을 만들었다.

독립선언서는 버지니아 대표인 33세의 토머스 제퍼슨이 주로 기초하였고, 다른 대표들에 의해 상당 부분 수정되었다. 처음 제퍼슨의 문장은 "아메리카 대륙의 반항아들이 수년간 억눌러온 분노를 모조리 쏟아놓은 것"이라는 말을 들을 정도로 과격했다. 과격도 과격이지만 그의 문장이 기품이 떨어지고 워낙 장황해서 전체의 4분의 1에 해당하는 630단어를 삭제하고 146개를 추가했다. 또 노예제도를 지닌 남부 식민지들을 회유하기 위해 노예무역을 비난하는 구절도 삭제했다.

'독립선언서'는 "우리는 모든 인간은 평등하게 창조되었고, 그들의 창조주로부터 생명, 자유, 행복 추구 등 양도할 수 없는 권리를 받았다는 자명한 진리를 믿는다"고 했다. 영국인들은 이에 대해 냉소적 반응을 보였다. 보수적이면서도 노예제도만은 열렬히 반대했던 새뮤얼 존슨(Samuel Johnson, 1709~1784)은 "흑인을 부리는 사람들이 꽥꽥거리며 자유를 부르짖다니 어떻게 이럴 수 있는가?"라고 했다. 200명의 노예를 소유한 제퍼슨을 비롯하여 대부분의 식민지 지도자들이 노예소유주임을 비꼰 말이다.

존 핸콕(John Hancock, 1737~1793)은 독립선언서를 서명하는 자리에서 만장일치를 요구했다. "이견은 있을 수 없소. 우리는 일치단결해야만 하오." 벤저민 프랭클린은 "맞습니다. 우리는 한꺼번에 교수형 당해야 합니다. 그렇지 않으면 모두 따로따로 교수형 당하게

독립선언서. 평등과 천부인권을 주장한 내용으로 토머스 제퍼슨이 초안을 잡았으나 과격하고 문장의 기품이 떨어져 약 4분의 1정도가 새로 쓰였다.

될 것입니다"라고 맞장구를 쳤다. 최초의 서명은 핸콕이 했는데, 그는 "영국 국왕이 안경 없이도 읽을 수 있게끔" 한다며 커다랗게 서명했다. 미국인들은 지금도 흔히 계약서를 건네주면서 서명을 요구할 때 "아무쪼록 존 핸콕 식으로 부탁합니다"라고 말하는 경우가 있다.

독립선언문은 필라델피아에서 존 던랩(John Dunlap, 1747~1812)이 인쇄해 조지 워싱턴 등 식민지 미국 독립운동 지도자들에게 전달되고 식민지 전역에서 일반 대중들 앞에서 낭독됐다. 당시 모두 200장 정도 인쇄된 선언문 중 오늘날까지 전해지는 것은 매우 희귀해 비싼 값에 팔리고 있다. 2000년 경매에서 814만 달러에 팔렸으며, 2009년 영국

국립문서보관소에서 뒤늦게 '던랩 인쇄본' 이 발견돼 화제가 되었다.

독립전쟁과 모범조약

이제 각각의 식민지들은 독립을 주장하며 스스로를 주(states)라고 부르기 시작했다. 1781년까지 대부분의 주들은 주 헌법에 기초하여 공화정을 수립한다. 1789년 헌법이 제정되고 중앙정부의 권한이 커질 때까지 주는 국가와 같았다.

전쟁의 수행은 어느 정도 중앙으로부터의 지휘를 필요로 했기에 1777년 11월 대륙회의는 통합을 위한 계획서를 채택했다. 처음에 군인들은 각 주의 지휘하에 있었으나 의회는 군대의 중앙통제가 필요함을 깨닫고 이미 1775년 6월 조지 워싱턴의 지휘하에 대륙군을 창설했다.

1776년 여름 동안 수백 척의 영국 함대와 3만2000명의 영국군이 윌리엄 하우(William Howe, 1729~1814)의 지휘하에 뉴욕에 도착했다. 워싱턴의 군대는 1만9000명에 불과했다. 독립선언 직후 벤저민 프랭클린이 원조와 외교적 승인을 구하기 위해 직접 프랑스로 갔다. 처음에 프랑스는 미국에 긴급물자는 공급했으나 공식적으로 미국을 승인하기는 꺼렸다. 1778년 2월 6일 프랑스는 미국 외교사절단과 미국을 공식적으로 주권국가로 인정하고 미국의 전쟁수행을 더 많이 도와줄 것을 약속하는 협정에 서명했다. 이후 2년이 경과하는 동안 프랑스, 스페인, 네덜란드 등이 유럽에서 영국과의 또 다른 전쟁을 하게 됨으로써 미국에게 유리한 상황이 조성되었다. 세 나라 모두 미국에게 직접 경제적 도움을 주었다.

미국은 프랑스의 지원을 받으면서 딜레마 상황에 처하게 되었다.

구세계의 국가와 동맹을 맺는다는 게 꺼림칙하게 여겨졌기 때문이다. 청교도로서 이상국가를 건설하겠다는 사람들이 그게 말이 되는가? 이런 고민 때문에 1776년 3월 외교를 맡은 존 애덤스는 동맹관계의 원칙을 기록했다. 프랑스와 정치적 관계를 맺지 않고 지시도 받지 않고 상업적 관계만 맺겠다는 것으로 이른바 모범조약(Model Treaty)의 골자였다. 유일하게 정치적인 의무감을 내포한 조항은 제8조로, 미국은 프랑스와 영국이 전쟁상태에 돌입할 경우 영국을 지원하지 않는다는 지극히 미약한 의무감만 포함시켰다.

1778년 2월 16일 양국 간 동맹조인 시 벤저민 프랭클린이 모범조약을 약간 변형시켰다. 미국은 프랑스의 동의 없이는 영국과 단독으로 평화협정을 하지 않는다는 조건을 내세웠고 프랑스도 비슷한 약속을 했다. 이 동맹이 모범조약이라고 불리게 되는 이유는 이 조약이 당시 미국인들의 대외관계에 대한 정서를 가장 잘 표현했고 훗날 미국 외교의 전형(model)으로 나타났기 때문이다.(차상철 외 1999)

전쟁기간 중 대륙회의는 전쟁자금 조달을 위해 종이쪽지나 다름없는 지불각서를 써주고 시민들로부터 반강제로 자금을 빌려오거나, 혹은 이른바 '콘티넨털스(Continentals)'라고 불린 불환화폐를 발행해 임시변통했다. 극심한 인플레(inflation)로 의회는 콘티넨털스를 발행한 지 몇 년 되지 않아 액면가의 2.5퍼센트 수준까지 가치를 낮추는 화폐개혁을 해야만 했다. 이를 계기로 이후 100여 년 동안 '콘티넨털스만큼의 값어치도 없는(not worth a Continental)'이라는 말이 숙어로 사전에 오르게 되었다.

저널리즘은 전쟁의 피를 먹고 자란다는 말이 있듯이, 전쟁 중 수십

콘티넨털스. 전쟁기간 중 대륙회의가 발행한 불환화폐. 화폐개혁 후 액면가의 2.5퍼센트 가치로 떨어져 이후 100여 년 동안 값어치 없는 것의 대명사로 통했다.

개의 신문들이 창간되어 쏟아져 나왔다. 이로 인해 신문용지 부족현상이 극심해지자, 조지 워싱턴은 모든 애국적인 여성들에게 신문용지 제작을 위해 휴지를 모으라고 호소하였다. 당시 신문용지를 자체적으로 생산하고 있었던 『코네티컷 저널(Conneticut Journal)』은 8000부를 찍었는데, 이는 런던에서 발행되는 어떤 정기간행물보다도 더 많은 발행부수였다.

미국 독립 승인

1781년 10월 대륙연합군과 프랑스군은 육해(陸海) 양면에서 버지니아의 요크타운(Yorktown)에 있던 영국군을 공격해서 큰 승리를 거두었다. 아직도 영국군은 뉴욕과 사우스캐롤라이나의 찰스턴을 장악하고 있었기 때문에, 요크타운 전투는 양쪽 모두 종전(終戰)을 생각하게 만든 계기가 되었다.

파리에서 종전교섭이 시작되었다. 아메리카 대표는 벤저민 프랭클린, 존 애덤스, 존 제이(John Jay, 1745~1829)였다. 1782년 11월 가조약이 맺어졌고, 이어 영국은 프랑스와 교섭하여 이 조약을 승인받았다. 1783년 9월 3일 최종 체결된 종전조약은 미국에게 매우 유리했다. 미국의 독립이 명확하게 인정되었고, 미국의 영토가 캐나다 남쪽 국경부터 플로리다 북쪽 국경까지, 그리고 대서양부터 미시시피강까지 인정되었다.

영국이 미국에게 많은 영토를 내준 것은 영국 입장에서 굴복은 아니었다. 미국은 영국에게 부차적인 곳이었기에 미국을 이용해서 라이벌 유럽 국가들의 세력이 커지는 것을 막는 게 유리하다고 판단했기 때문이다.

독립전쟁 시기 7년 동안 영국군에 점령되었던 뉴욕이 해방된 것은 종전조약 체결로부터 약 3개월 후인 1783년 11월 25일이었다.(오늘날 뉴욕시 기념일은 11월 25일이다.) 영국군 점령과 더불어 1776년 9월 21일 도시의 3분의 1을 파괴한 대화재, 1778년 8월 3일 2차 대화재 등으로 뉴욕은 황폐화되었다.

8년에 걸친 독립전쟁에서는 지상전과 해전을 합쳐 1300번 이상의 전투가 벌어졌다. 식민지군 사망자는 2만5324명이었지만, 교전 중 사망자는 6284명에 불과했다. 천연두나 이질 등의 질병으로 1만 명 이상이 사망했고 8500명은 영국군의 포로로 잡혀 있는 동안 사망했다.

미국 · 프랑스 동맹의 아이러니

프랑스의 도움이 없었다면 미국의 승리는 불가능했을 것이다. 1777년

10월에 있었던 유명한 사라토가(Saratoga)전투에서 미국인들이 사용했던 무기와 탄약의 90퍼센트는 프랑스 상인에 의해 조달되었다. 프랑스 군대가 아메리카에 도착한 것은 1781년이었는데, 이해에 벌어진 요크타운전투의 승리에서도 프랑스 선박과 군대가 절대적인 역할을 했다. 1783년 전쟁이 끝날 때까지 프랑스는 960만 달러나 되는 비용을 미국 독립전쟁에 사용했는데, 이는 프랑스의 국고를 메마르게 해 경제위기를 초래했고 이어 프랑스혁명이 일어나는 한 이유가 되었다. 이게 참 역사의 아이러니다. 왜 프랑스는 미국을 적극 지원했을까? 데이비스(Davis 2004)는 다음과 같이 말한다.

"루이 16세와 그의 매력적인 왕비 마리 앙투아네트가 군주정치를 반대하는 폭도들에게 특별한 애정을 가졌을 리는 만무하다. 사실 친아메리카적 재상 콩트 드 브레젠의 전략에 다름 아니었던 프랑스의 동기는 간단했다. 어떤 방식으로든 영국의 코피를 터뜨리고 말겠다는 것과 7년전쟁으로 상실한 영토를 일부 되찾을지도 모른다는 가능성을 염두에 둔 것이다. 프랑스의 군주와 귀족들이 몇 년 뒤 바로 자신들의 백성이 미국혁명에 크게 고무될 것이라는 사실을 내다보는 안목만 지녔더라도 그들의 판단은 달라졌을 것이다. 아메리카 대륙을 잃음으로써 그들은 목숨을 건질 수도 있었다. 하지만 그게 인생인 것을!"

물론 프랑스의 지원은 완전히 공짜는 아니었다. 당시 미국이 줄 수 있었던 것 중의 하나는 담배였다. 그래서 어느 역사학자는 프랑스가 미국을 지원한 행위를 '담배왕 외교(King Tobacco Diplomacy)'라고 했다. 그밖에도 여러 이유가 있었겠지만, 아무래도 가장 큰 이유는 역사적으로 오래된 앙숙관계에서 비롯된 악감정이었던 것 같다.

이 또한 영어에 고스란히 반영되었다. 15세기의 스페인, 17세기의 네덜란드처럼, 18~19세기엔 프랑스가 영국의 원수였다. 그래서 이 시기에 만들어진 프랑스 관련 단어들은 대부분 부정적이며, 특히 호색(好色) 이미지에 집중돼 있다.

'French arts' 'French culture' 'French way'는 오럴 섹스, 'French kiss'는 진한 키스, 'French lesson'은 매춘부에게서 성행위를 배우는 것, 'French letter'는 콘돔, 'French lover'는 갑작스럽게 떠나는 사람, 'French postcard' 'French prints'는 포르노 사진을 의미한다. 'French compliment' 'French fever' 'French goods' 'French malady' 'French field' 'French pox'는 모두 매독을 가리키는 말이다. 물론 프랑스에서도 '영국'이 들어간 단어들은 부정적 의미를 갖고 있다.

그러나 영어는 영국의 언어일 뿐만 아니라 미국의 언어이기도 했다. 미국식 영어는 오랫동안 영국인들의 경멸의 대상이 되지만, 미국은 곧 미국식 영어의 독립성과 자긍을 부르짖게 된다. 호러스 월폴(Horace Walpole, 1717~1797)은 영국이 미국 식민지의 상실로 인해 '처량하게 조그만 섬나라'로 전락해 덴마크처럼 하찮게 되리라고 한탄했다. 그 정도까지는 아니지만, 영국은 점차 미국의 그늘에 가려지는 운명에 처하게 된다.

참고문헌 Black 2003, Brinkley 1998, Bryson 2009, CCTV 2007, Collett 2006, Cooke 1995, Davis 2004, Gordon 2002, Harman 2004, Moore 2009, Morgan 1997, Nye 2002, Smith 1990, Zinn 2003a, 차상철 외 1999

'공포정치' 와 '신화 만들기'
독립혁명의 정치학

왕당파에 대한 보복

독립전쟁은 11만5000명의 미국인 목숨을 앗아갔으며, 독립선언서 서명자 56명 중 5명은 반역자로 영국인들에게 고문을 받고 죽었으며 9명은 영국과의 전쟁에서 입은 부상으로 죽었다. 사정이 그와 같았던 바, 독립전쟁 후 미국에서 곤경에 빠진 건 백인 인구의 5분의 1로 추산되는 영국 충성파였다. 충성파 또는 왕당파가 3분의 1이었다는 주장도 있다. 3분의 1은 독립파, 3분의 1은 중간파(무관심)였다는 것이다. 1780년 워싱턴의 군대에 9000명의 민병이 지원했을 때, 영국군에는 8,000명의 왕당파가 복무했다는 사실을 들어 왕당파의 수가 더 많다는 주장도 있다.

영국군이 찰스턴에서 철수하던 날에는 왕당파도 100척의 배에 콩나물시루처럼 끼어 탈출했다. 뉴욕에선 3만5000명 이상이 국외로 탈출했다. 수많은 왕당파가 캐나다로 피신해, 캐나다의 영국인 수는 독립전쟁시기에 급증했다. 이 때문에 미국의 독립전쟁으로 인해 캐나다가 탄생했다는 말이 나오기도 한다. 이와 관련, 미국혁명이 프랑스혁명보다 더 많은 망명자를 만들어냈다고 주장하는 학자도 있다. 프랑스혁명의 경우 인구 1000명당 5명이 망명한 것에 비해 미국에서는 1000명당 24명이 망명했다는 것이다.

역사가인 크레인 브린튼(Crane Brinton, 1898~1968)은 "미국혁명에는 공포정치의 흔적이 분명 있었다"고 했는데, 이는 특히 탈출하지 못한 왕당파에 대한 가혹한 보복을 두고 한 말이다. 왕당파는 집을 빼앗기고 직업을 잃었다. 수천 명의 왕당파가 몇백만 달러에 이르는 재산을 몰수당했다. 수많은 왕당파들이 온몸에 타르를 바르고 새털을 뒤집어썼고, 그들을 사람들의 구경거리로 만드는 다양한 린치(lynch, 私刑)가 자행되었다. 린치를 그만두라는 항의에 대해 온건한 조지 워싱턴조차도 이 기이한 풍습을 폐지하는 것은 인민의 자유를 간섭하는 것이 된다고 말할 정도였다.

사실 린치라는 말이 생겨난 것도 바로 이때였다. 버지니아주 판사 찰스 린치(Charles Lynch, 1736~1796)는 재판절차를 거치지 않고 왕당파에게 채찍질을 가하는 데 앞장섰다. 찰스 린치와 어떤 관계인지는 알 수 없지만, 왕당파에 대한 린치로 이름을 떨친 또 다른 린치가 있었으니, 그는 바로 윌리엄 린치 대위(Captain William Lynch, 1742~1820)였다. 오늘날 영어사전에까지 이름을 올린 이 사람을 발굴해 기록한 이는 작가 애드거 앨런 포(Edgar Allan Poe, 1809~1849)였다.

왕당파는 역사에서도 소외되었다. 셍크먼(Shenkman 2003)은 다음과 같이 말한다. "어린이들은 이제 학교에서 미국혁명을 배우면서 대륙군이 전형적인 자위권을 위해 싸운 것으로 배우고 있다. 왕당파는 아예 언급조차 되지 않는다. 이것은 독립전쟁에 관한 난센스 중 가장 터무니없는 것이다. 독립전쟁은 사실 미국인이 미국인과 싸운 것이었고, 벤저민 프랭클린의 경우처럼 아버지와 아들이 싸운 경우도 있었다."

윌리엄 린치 대위. 왕당파에 대한 린치로 이름을 떨쳤다.

역사에서 소외된 정도를 넘어 '배신자' 나 '매국노' 의 대명사가 된 대표적 인물은 단연 베네딕트 아놀드(Benedict Arnold, 1741~1801)다. 로드아일랜드에서 로저 윌리엄스의 뒤를 이어 주지사를 지낸 그는 다혈질로 적(敵)이 많아 자신의 공로를 제대로 인정받지 못한 게 불만이었다. 사치로 빚까지 졌다. 결정적인 것은 그의 강한 반가톨릭 정서였다. 그는 영미전쟁은 지지하지만 프랑스와의 연합은 지지할 수 없다는 이유로 1780년 10월 9일 대륙군 장교에서 영국군 장교로 변신했다. 이를 두고 똑같은 내용의 연애편지를 두 여자에게 보낸 전력을 들어 양다리 걸치기가 그의 체질이라는 주장도 있다. 그는 1783년까지 왕당파 근거지인 뉴욕에 있다가 탈출해 캐나다의 뉴브룬스윅(New Brunswick)로 도피했으며, 1791년 런던으로 이주해 1801년 60세로 사망했다.

독립전쟁은 사회 전반에 걸쳐 많은 변화를 가져왔다. 독립전쟁 후 영국 국교회는 고통을 받으면서 몰락했다. 평화주의자로서 전쟁지지를 거부한 퀘이커교도는 쇠퇴했다. 반면 애국파와 성공적으로 연합한 감리교, 회중교, 침례교 교회들은 번성했다. 가톨릭도 애국파를 지지해 처지가 이전에 비해 견고해졌다. 1789년 바티칸 교황청은 미국에 가톨릭 서열제도를 도입하고 첫 번째 추기경을 파견한다.

인디언들은 대체적으로 중립을 지켰지만, 모호크족 등 일부 인디언들은 영국 측에 가담했다. 백인들의 정착이 인디언 땅으로 확장되는 것을 일관되게 제한하려고 했었던 영국인들이 미국인 애국파로 교체되는 것을 두려워했기 때문이다. 미국인 애국파의 승리로 백인들은 서부에 대해 더 많은 요구를 함으로써 인디언들의 입장은 약화되었다.

미국독립혁명의 원인

미국 독립혁명의 원인은 무엇이었을까? 오늘날 학자들 사이엔 크게 보아 두 개의 시각이 있다. 하나는 사상적·정치적 사건으로 보는 시각이다. 개인의 자유와 기본권이라는 이상을 수호하기 위한 저항으로 보는 것이다. 또 다른 하나는 경제적·사회적 원인에 이해 야기된 것으로 파악하는 시각이다. 당시 식민지 자본의 이해관계가 영국과 갈등에 놓이게 되면서 이들 간의 충돌로 독립혁명이 일어났다고 보는 것이다.(최명·백창재 2000)

당시 영국 상품의 대부분은 신용거래로 팔리고 있었기 때문에 대금을 지급하지 않으면 투옥되었다. 그로 인해 빚을 진 사람들이 적지 않았다. 독립전쟁을 영국에 대한 채무에서 벗어날 수 있는 기회로 보는 식민지 주민들도 많았다는 뜻이다. 이는 두 번째의 시각에 설득력을 더해준다.

'e pluribus unum'은 여럿으로 구성된 하나를 뜻하는 말로 미국의 다원적 구성을 대표해 모든 국가문서와 동전에서 볼 수 있다.

각각 정도의 차이는 있을지언정, 둘 다 원인으로 보는 게 옳지 않을까? 부어스틴(Boorstin 1986)이 말했듯이, "미국이 독립을 선언한 1776년 애덤 스미스의 『국부론』이 간행된 것은 합당한 우연의 일치이며, 이것 또한 그 나름대로 하나의 해방의 선포였다. 제퍼슨의 선언문이 서방 정치의 새로운 시작을 선언한 것과 마찬가지로, 애덤 스미스 역시 더 넓은 시야에서 국민경제의 새로운 시작을 선언했다."

정치경제적 독립은 문화적 독립의 열망도 수반했다. 나중에 에머슨이 역설하는 문화적 독립이 가시화된 것이다. 1781년 의회는 'e pluribus unum'이라는 표어를 채택했다. 이미 1776년 7월 4일 의회는 한 위원회에 국가의 인장을 고안해서 제출하라는 임무를 부여하면서 국새에 이 말을 새길 것을 권고한 바 있었다. 이후 미국의 국가문서에는 'e pluribus unum'이라는 라틴어 문장이 새겨진 리본을 물고 있는 대머리 독수리가 장식으로 등장했다. 'e pluribus unum'은 '여럿으로 구성된 하나(the one from many)'라는 뜻으로, 미국의 모든 동전에서도 볼 수 있다. 훗날에 등장할 '멜팅 포트(Melting Pot)'라는 개념의 원조인 셈이다.

1781년 프랜시스 홉킨슨(Francis Hopkinson, 1737~1791)은 애국자인

조지 워싱턴을 찬양하는 『미네르바의 성전(The Temple of Minerva)』을 썼다. 1783년 사전 편찬자인 노아 웹스터(Noah Webster, 1758~1843)는 "아메리카가 정치에 있어서 독립된 것처럼 문학에 있어서도 독립되어야 한다"고 했으며, 1789년 "우리의 자존심은 우리가 정부뿐만 아니라 언어에서도 독자적인 기반을 세우기를 원한다"고 주장했다. 작가 루퍼트 휴는 "우리는 왜 우리의 언어가 영국에서 빌려온 것일 뿐이라는 터무니없는 생각을 계속 갖고 있어야 하는가?"라고 맞장구를 쳤다. 1828년 그 유명한 '웹스터 사전'이 출간된다.

로열 타일러(Royall Tyler, 1757~1826)는 1787년 뉴욕에서 처음 출간된 『대조(the Contrast)』라는 희극(喜劇)에서 퇴폐적인 영국의 허식(虛飾)에 대항해 순수하고 평범한 아메리카니즘(Americanism, 미국주의)을 부각시켰다. 1784년 뉴욕에 있는 영국 국교도의 킹스대학이 컬럼비아대학으로 개명한 것을 비롯하여 각종 기관들의 개명작업도 이루어지기 시작했다.

독립전쟁의 신화와 영웅

미국 독립전쟁은 수많은 신화와 영웅을 양산했다. 미국에 그걸 일일이 파헤쳐 밝히는 저자들이 많다는 게 그런 신화와 영웅 이상으로 미국의 진정한 강점이 아닐까? 최고의 독립영웅이라고 할 수 있는 조지 워싱턴은 나중에 따로 살펴보기로 하고, 다른 몇 가지 사례를 감상해보기로 하자.

독립전쟁 최초의 영웅은 폴 리비어다. 1775년 4월 18일 밤 영국군이 보스턴에서 렉싱턴과 콩코드 거리로 파견되었을 때 탄생한 영웅이다.

보스턴학살사건 판화의 주인공이기도 한 리비어는 그날 밤 보스턴에서 렉싱턴까지 말을 달려 영국군의 진격을 알렸다는 것이다. 이 이야기는 미국 초등학교·중학교 교과서에 '심야의 질주(Midnight Ride)' 라는 이름으로 실린 영웅담으로 이걸 모르는 미국인은 없다. 이는 훗날 헨리 워즈워스 롱펠로(Henry Wadsworth Longfellow, 1807~1882)가 리비어에 관한 민담을 전해 듣고 유명한 시를 써서 리비어를 망각에서 구해냈기 때문이라는 설이 유력하다. 『애틀랜틱(Atlantic)』 1861년 1월호에 게재된 「혁명의 전령 폴 리비어(Paul Revere's Ride)」라는 롱펠로우의 시가 나오기 전에는 아무도 리비어를 몰랐다는 것이다. 그의 시가 나온 뒤 리비어의 이름은 극적으로 알려진데다 19세기말까지 명성이 계속 높아져 미국 애국여성회는 보스턴에 있는 그의 집에 '애국자의 집' 이라는 명판을 달았다. 이는 사실과 많이 다른 역사왜곡으로 남북전쟁 직전의 분위기에서 영웅이 필요하다는 판단하에 만들어진 신화라는 게 일부 사가들의 주장이다.

'세상을 뒤흔든 총성' 과 관련된 신화도 왜곡이 지나치다는 비판이 있다. 이 말은 랠프 왈도 에머슨이 1836년에 쓴 「콩코드 송가」라는 시에서 만든 말이다. 매년 100만 명이 넘는 미국인들이 매사추세츠 콩

독립전쟁 최초의 영웅 폴 리비어. 영국군의 진격을 알리기 위해 보스턴에서 렉싱턴까지 말을 달린 것으로 알려져 있다. 보스턴 학살사건 판화의 주인공이기도 하다.

코드 교회의 미니트맨 국립역사공원을 찾아 '세상을 뒤흔든 총성'을 기념한다. 그 역사적 사건의 기념일인 4월 19일이면 인근의 여러 도시에서 렉싱턴과 콩코드로 행진해서 영국의 레드코트 복장을 한 사람들과 머스킷 총으로 싸우는 흉내를 낸다. 매사추세츠는 물론 메인과 위스콘신에서도 이 '애국의 날'은 공식 휴일로 지정되어 있다.

패트릭 헨리가 했다는 '자유냐 죽음이냐' 연설도 말이 많다. 무슨 연유에서인지는 모르지만 그가 그 말을 했다고 알려진 시기보다 42년이나 지난 뒤인 1817년에 처음으로 출판물에 인쇄되었으므로 믿기 어렵다는 것이다. 1805년 윌리엄 워트(William Wirt, 1772~1834)라는 변호사가 패트릭 헨리의 생애에 관해 책을 쓰기로 결심했지만 그의 명성을 드높여준 연설을 채록한 사본은 없었다. 그래서 상당 부분 상상력을 발휘해서 쓴 게 1817년 출간한 『패트릭 헨리의 생애와 인물에 관한 개요(Life and Character of Patrick Henry)』라는 이야기다. 노예소유주였던 헨리는 이 연설을 하고 나서 8개월 후 버지니아의 노예들이 "우리들편에 선다면 자유를 주겠다"는 영국의 제안을 받아들이지 못하도록 순찰병들에게 감시명령을 내렸다고 한다. 그는 자신의 노예소유에 대해 이런 변명을 내놓았다. "나의 노예소유가 합리적인 것이라고는 할 수 없다. 그러나 나는 그들을 떠나서는 사회에서 생활할 수가 없다. 민주와 평등을 실현하는 데에는 매우 오랜 과정이 필요하다. 헌법을 제정한다거나 연설을 한 번 했다고 해서 곧장 실현되는 것이 아니다." (CCTV 2007, Loewen 2001, Raphael 2005)

혁명의 여장부 몰리 피처(Molly Pitcher)도 독립전쟁의 영웅이다. '몰리 피처'는 미국 중학교 교과서에 실린 메리 루드비히 헤이스 매콜리

혁명의 여장부 몰리 피처. 본명은 메리 루드비히 헤이스 매콜리. 독립전쟁 당시 손잡이가 달린 물항아리를 들고 다니며 병사들에게 물을 줬다고 알려져 있다.

(Mary Ludwig Hays McCauley, ?~1832)의 별명인데, 손잡이가 달린 물 항아리(pitcher)를 가지고 다니며 병사들에게 물을 줬다고 해서 그렇게 붙여졌다. 이 이야기는 어린이 위인전에도 빠지지 않고 등장하며, 걸프전에 참전한 여성 해병대원을 '오늘날의 몰리 피처'라 부르는 등 저널리즘의 이용도 활발하다. '몰리 피처' 관련 사이트만 1만6000여 개에 이를 정도로 인기가 대단하지만, 이 또한 완전히 만들어낸 이야기라는 지적이다.

민병의 정체도 논란의 대상이다. 미국인은 나라를 구하기 위해 나선 민병이 중산층이라고 믿고 싶어 한다. 그러나 학자들은 경제적 수준을 따져볼 때 민병들은 중산층이 아님을 발견했다. 1778년 이후의 민병은 가난하여 땅도 없고 일자리도 없고 희망도 없는 3무(無)의 사람들로 사회적 신분상승을 위하여 전쟁에 뛰어들었다는 것이다. 게다가 많은 민병들이 실제로는 지원병이 아니라 보수를 받고 싸우는 용병이었다고 한다. 경제적 여유가 있는 자작농은 민병대 소집을 피하고 다른 사람들을 사서 내보냈다는 것이다.

독립전쟁 '신화 만들기' 는 2000년대에도 계속되고 있다. 2002년 할리우드 대작 〈패트리어트(The Patriot)〉(감독 롤랜드 에머리히)는 독립전쟁 당시 '늪 속의 여우' 란 별명을 지닌 실존인물 프랜시스 매리언(Francis Marion, 1732~1795)의 활약상을 그린 영화로 멜 깁슨이 그 역을 맡았는데, 왜곡 논란이 일었다. 영국의 『타임스(The Times)』는 "〈패트리어트〉는 160일 동안 영국에 대한 공격이다. 영화 속에서 잔인한 영국 장교로 묘사된 태빙턴이 영화에서처럼 짐승 같았다는 기록은 어디에도 없다"고 비난의 포문을 열었다. 또 영국 역사학자들은 "이 영화에서 영국인은 악당이고 멜 깁슨은 영웅으로 그리고 있다. 그러나 '늪 속의 여우' 로 불린 매리언은 사실 인종차별주의자이며 인디언을 마구잡이로 죽인 인물" 이라고 반박했다.

그러나 미국인들과 대화를 나눌 땐 이런 이야기는 가급적 언급하지 않는 것이 좋다. 미국의 독립전쟁은 무조건 위대했다고 예찬하는 게 부드러운 대화에 도움이 된다. 미국인들이 영국의 지배에 반기를 들었을 때 그들의 모토 가운데 하나는 "우리를 간섭하지 말라(Don't tread on me)" 였는데, 이 원리를 예찬하면서 역지사지(易地思之)를 해보는 것도 좋지 않겠느냐고 부드럽게 말하는 게 바람직하다.

참고문헌 Allen 1997, Brinkley 1998, Bryson 2009, CCTV 2007, Cooke 1995, Davis 2008, Gelfert 2003, Loewen 2001, Panati 1998, Raphael 2005, Rifkin 2005, Shenkman 2003, 사루야 가나메 2007, 신용호 2002, 이주영 1995, 최명 · 백창재 2000

"자유의 나무는 피를 먹고 자란다"
'전쟁영웅' 셰이즈의 반란

상위 1퍼센트가 부의 44퍼센트 차지

식민지인들은 독립전쟁에서 영국에 대항해 하나로 똘똘 뭉쳐 잘 싸웠지만, 그렇다고 해서 내부 갈등이 없는 건 아니었다. 독립전쟁 이전부터 아메리카 식민지는 빈부격차문제로 몸살을 앓고 있었다. 매사추세츠는 1780년에 주 헌법을 통과시켰지만 빈곤층과 중산층의 이익을 거의 대변하지 못했다. 1770년 보스턴의 경우 상위 1퍼센트에 속하는 사람들이 부의 44퍼센트를 차지하고 있었는데, 이는 다른 지역에서도 마찬가지였다.

노스캐롤라이나의 백인 농부들이 일으킨 '레귤레이터운동(Regulator Movement)'은 그런 내부의 문제를 잘 보여주는 사건이었다. 원래 레귤레이터, 즉 조정자들은 자신들의 손으로 변경지역의 무법천지를 바로잡기 위해 무장한 사람들이었다. 횡포를 부리는 부작용도 만만치 않았지만, 가난한 소작농과 노동자로 구성된 이들은 특권층에 대해 분노하고 있었다. 1766년부터 시작된 이 운동에 참여한 이들은 자신들을 '가난하지만 근면한 농민' '비참한 빈민' '부유하고 권력을 가진 지배적 괴물'에 의하여 '억압받는 자'로 부르면서 지방정부를 민주화하려고 시도했다. 이들이 세금징수에 저항하기 위해 조직적으로 움직이자 총독은 군대를 동원했다. 1771년 5월 대포로 무장한 군대가 수천 명의 레귤레이터들을 격퇴했고 6명을 교수형에 처했다.

계약하인들의 문제도 여전히 심각했다. 『펜실베이니아 스타아츠보테(Pennsylvania Staatsbote)』지의 1774년 1월 18일자 광고를 보면, 이때까지도 계약하인들이 계속 유입되고 있었다는 걸 알 수 있다. "최근 독일에서 온 50~60명의 독일인이 아직 남아 있음. '황금의 백조' 상점의 크리데린 미망인에게 연락하면 만나볼 수 있음. 이들 중에는 교사 2명과 기계공, 농부와 소년소녀들과 젊은이들도 있는데 뱃삯을 갚기 위해 고용살이하기를 바라고 있음."(Huberman 2001)

내부 갈등은 독립전쟁의 와중에서 군대에서까지 일어났다. 독립전쟁이 일어난 지 5년이 지난 1781년, 뉴저지주 모리스타운에 주둔 중이던 펜실베이니아 부대 내에서 아일랜드와 스코틀랜드, 그리고 독일 등 국외 출신자들이 중심이 된 1000명이 넘는 병사들이 반란을 일으켰다. 장교와 사병·하사관 간의 극심한 차별에 항의하기 위한 반란이었다.

사병들은 수개월간 급여도 못 받고 형편없는 음식에 신발도 없이 행군하곤 했다. 그럼에도 장교는 폭행과 채찍질로 이들을 학대했다. 사병들은 모병기간이 만료되었으니 제대시켜달라고 요구했다. 조지 워싱턴은 1700명의 항명자들과 타협하기로 결정했다. 일부는 고향으로 돌려보내고 급료를 지급했다. 그러나 곧 뉴저지 부대에서 수백 명이 가담한 또다른 반란이 일어나자, 워싱턴은 이번엔 가혹한 처방을 내렸다. 두 명을 현장에서 총살하는 등 강경대응한 것이다. 한 병사는 자신은 자유를 위해 죽을 각오가 되어 있지만, "저 비겁한 필라델피아 의회나 비단과 견수자로 처바른 저 고귀한 펜실베이니아 숙녀 분들, 더러운 뉴저지 나리들과 돼지 같은 지주 놈들의 재산을 지키기 위해 죽지는 않겠다"고 말했다.(Zinn & Macedo 2008)

셰이즈의 반란과 헌법제정운동

계급갈등은 전후에도 계속되었다. 전후의 경제공황 속에서 농민에게 과중한 세금이 부과되었다. 이들 대부분은 약속된 보너스도 받지 못한 대륙군의 퇴역병들이었다. '전쟁영웅'이었던 독립군 육군 대령 대니얼 셰이즈(Daniel Shays, 1741~1825)도 그런 상황에 처해 심지어 프랑스의 라파예트 후작에게 받은 칼을 팔아 세금을 내려고까지 했다. 결국 참다못한 셰이즈는 1786년 여름 노동자와 농민에게 불리한 법을 제정한 정치인에 항의하기 위해 농부와 노동자 700명을 이끌고 매사추세츠주 스프링필드로 행진하며 도시를 한 바퀴 돌았다.

시위를 벌인지 얼마 되지 않아 셰이즈는 무장한 1000명을 이끌고 권력과 부의 본거지인 보스턴을 향해 행군을 시작했다. 조지 워싱턴 휘하 지휘관 중의 한 사람인 벤저민 링컨(Benjamin Lincoln, 1733~1810) 장군은 보스턴 상인들의 재정지원을 받는 군대를 데리고 이들을 막아섰다. 총격전이 벌어져 양측에 약간의 사상자가 발생한 가운데 셰이즈의 군대는 흩어지고 말았다. 주동자 13명이 사형당했다. 버몬트로

독립군 육군 대령 셰이즈가 과중한 세금에 항의해 들고 일어난 셰이즈의 반란을 묘사한 1787년의 목판화. 왼쪽이 대니얼 셰이즈이다.

도주한 셰이즈는 1788년 그곳에서 사면되었으나 1825년 굶주림 속에서 죽었다. 이게 바로 '셰이즈의 반란(Shays's Rebellion)' 사건이다.

'셰이즈의 반란'은 1787년 1월에 진압되었지만, 그 파장은 매우 컸다. 브링클리(Brinkley 1998)에 따르면, "셰이즈의 반란은 군사적 계획으로는 실패였다. 그러나 미국의 미래를 위해 중요한 결과를 가져왔다. 매사추세츠주에서는 즉각적으로 불만이 컸던 사람들에게 약간의 혜택이 돌아갔다. 셰이즈와 그의 참모들은 처음에는 사형이 언도되었으나 후에 사면되었고, 세금이 조금 경감되었으며, 부채의 지불이 연기되었다. 그러나 무엇보다도 중요한 것은 이 반란으로 신생국 전역에서 이미 지지받고 있던 운동, 즉 새로운 국가헌법을 만드는 운동이 더욱 시급하게 되었다는 점이다."

실제로 이 사건에 겁먹은 헌법제정자들은 이런 내용의 서신을 주고 받았다. "이봐, 셰이즈가 일으킨 반란을 좀 보게나. 무언가 조치를 취하지 않으면 여기저기에서 반란이 일어날 걸세. 우리에게 통제수단이 있어야겠어." 이와 관련, 하워드 진은 다음과 같이 말한다.

"그리하여 우리에게 거대 정부를 합법화한 헌법이 탄생한 것입니다. 노예소유주들을 혁명으로부터 지켜주고, 제조업자들을 세금으로부터 보호하며, 서부로 진출하는 땅 투기꾼들을 (순진하게도 그 땅을 자기 것으로 생각한) 인디언의 공격으로부터 지켜주는 그런 정부 말이지요. 그렇게 하여 우리 앞에 나타난 거대 정부의 전통은 미합중국 탄생 이래 줄곧 이어져왔습니다. 부자와 기업체의 이익을 대변하는 그런 거대 정부 말입니다."(Zinn & Macedo 2008)

새뮤얼 애덤스의 변신

흥미로운 건 식민지 시절 과격한 반항아였던 새뮤얼 애덤스가 '셰이즈의 반란'에 대해 강경대응을 부르짖었다는 점이다. 존 애덤스의 사촌이며 이제는 보스턴의 기득권층이 된 새뮤얼 애덤스는 "군주제의 경우에는 반역죄는 용서되거나 가볍게 처벌될 수도 있으나 감히 공화국의 법에 반대하여 폭동을 일으킨 자는 죽어 마땅하다"고 주장했다. 군주에 대한 반란과 공화국에 대한 반란은 다른 문제이며, 후자는 사형에 처할 수도 있는 범죄라는 것이다. 실제로는 그는 소요단속법(Riot Act)을 만들어 누구라도 재판 없이 수감할 수 있는 권한을 당국에 부여하는 데에 앞장섰다. 그는 1790년대에 매사추세츠주지사를 세 차례 연임했다.

새뮤얼 애덤스는 전쟁이 터지기 직전까지도 독립을 주장하지 않은

'비둘기파' 였으며, 그의 활약상은 나중에 날조된 것이라는 주장도 있다. 이런 왜곡과 조작의 최고봉은 그의 이름을 '샘 애덤스'로 바꾼 존 밀러(John Miller)의 전기 『샘 애덤스: 선전의 선구자(Sam Adams: Pioneer in Propaganda)』라는 것이다. 1930년대에 나온 이 책은 새뮤얼 애덤스를 영웅으로 만드는 데에 크게 기여했다.

'셰이즈의 반란'이 일어났을 때에 파리에 머물고 있던 토머스 제퍼슨은 이 폭동에 대해 이렇게 썼다. "가끔 조그마한 반란이 일어나는 것은 좋은 일이고 정치세계에 있어서는 이것이 필요하기도 하다. 마치 자연계에 가끔씩 폭풍이 부는 것이 필요하듯이. 자유의 나무는 애국자와 압제자의 피를 먹고 자란다. 이것이 자연의 법칙이다." (유종선 1995)

그러나 제퍼슨이 수긍한 '피'는 그가 예상했음 직한 수준을 넘어 너무 많이, 너무 자주 흘리는 결과를 초래한다. 그렇게 여유를 부려도 좋을 일은 아니었다는 것이다. 그럼에도 "자유의 나무는 애국자와 압제자의 피를 먹고 자란다"는 말은 맥락을 제거한 채 독립적인 명언이 되어 훗날 한국을 비롯한 많은 나라들에서 반독재투쟁에 나선 이들의 의식화 슬로건으로서의 위상을 갖게 된다.

참고문헌 CCTV 2007, Davis 2004, Huberman 2001, Raphael 2005, Zinn 1986, Zinn & Macedo 2008, Zinn & Stefoff 2008, 유종선 1995

식민지는 죄수 유배지
북미에서 호주로

새로운 죄수 유배지가 된 호주

영국이 미국이라는 식민지를 잃은 지 얼마 안 돼 새로운 식민지를 하나 얻었다는 것도 짚고 넘어갈 필요가 있겠다. 호주라고 하는 덩치가 큰 대륙(면적 770만 평방킬로미터)인데다, 미국과 호주는 영국의 죄수 유배지였다고 하는 공통점이 있으니까 말이다.

부랑자들이나 범죄자들을 국외로 추방하는 제도를 갖고 있던 영국은 미국의 독립전쟁이 일어나기 전까지는 한 해에 1000명에 가까운 죄수들을 북미로 보내곤 했다. 독립 전까지 이송된 죄수는 총 5만 명으로 영국의 전체 이주민 가운데 4분의 1을 차지했다. 그런데 미국 독립 후 범죄자들의 해외추방이 여의치 않게 되자 같은 용도의 새로운 식민지를 찾게 되었다. 그리고 호주가 새로운 죄수 유배지로 떠올랐다.

1786년 당시 내무장관 시드니(Sydney)경의 제의에 따라, 호주의 뉴 사우스웨일즈(New South Wales)가 미국을 대체할 수 있는 새로운 죄수

보터니만에 내리는 죄수들. 독립전쟁 이후 호주의 시드니는 영국의 죄수 유배지가 되었다.

유배지로 결정되었다. 1787년 5월 왕립 해군의 아서 필립(Arthur Philip, 1738~1814) 대령을 식민지 탐험대장으로 하는 11척의 선박이 영국을 출발했다. 선원 443명, 남녀 죄수 759명(남자 죄수 568명, 어린이 13명을 동반한 여자 죄수 191명), 군인 211명과 가족 46명(어린이 19명 포함) 등이었다. 1788년 1월 18일 지금의 시드니(Sydney) 근처 보터니(Botany)만에 도착했을 때 최종 상륙자는 죄수 732명을 포함하여 1373명이었다.

'보터니(Botany, 식물)만' 이라는 이름은 호주 식민화에 적극적이었던 영국의 박물학자 조셉 뱅크스(Joseph Banks, 1743~1820)가 자신이 정착하려고 선택한 지역의 비옥함에 너무나 깊은 감명을 받아 붙인 것이었다. 필립은 현재 호주의 건국일(Australian Day)로 되어 있는 1월 26일 유니온 잭(Union Jack)을 게양하고 호주를 영국의 식민지로 공표했다. 그는 호주의 초대 총독이 되었다.

쿡의 호주 탐험

호주는 유럽인들에 의해 언제 '발견' 되었던가? 기록상 유럽인의 호주

탐험은 1606년 스페인과 네덜란드 선원들에 의해 시작되었다. 특히 네덜란드는 1642년 아벨 타스만(Abel Janszoon Tasman, 1603~1659)의 항해를 비롯하여 1616년부터 1644년까지 수차례에 걸쳐 호주탐험과 답사를 시도했다. 네덜란드인들은 호주 대륙의 서부해안선을 비교적 상세히 지도상에 그려 넣었다. 호주 남단의 태즈메이니아(Tasmania)와 뉴질랜드의 서해안까지도 발견했지만, 모두 다 불모의 지역으로 간주했다. 그래서 지도상에 '미지의 남녘땅(Terra Australia Incognito)'으로만 표기했다. 현재의 국명 오스트레일리아(Australia)는 당시의 지도상에 표기된 명칭에서 유래한 것이다.

1688년 영국 해적 윌리엄 댐피어(William Dampier, 1651~1715)가 사고로 호주 서부해안에 우연히 도착해 6주간 머물게 된 것을 계기로 영국에서의 호주에 대한 관심이 고조되었지만, 호주는 여전히 불모의 땅으로 간주되었다. 호주에 대한 관심이 다시 살아난 건 1770년 해군 대위 제임스 쿡(James Cook, 1728~1779)의 탐험 이후였다.

18세기 중반 천문학자들은 금성이 1769년 6월 3일에 태양면을 통과할 거라고 예측하고 있었다. 런던의 영국학술원은 100년에 한 번 있는 이 천문학적인 사건을 관측하고 기록하기 위해 타히티(Tahiti)로 원정대를 파견하기로 결정했다. 1768년 5월 25일 해군 대위 쿡이 원정대장으로 임명되었다. 368톤의 엔데버(Endeavour)호 함정을 이끈 쿡은 항해학과 천문학의 탁월한 전문가였다.

마젤란이 처음으로 태평양을 횡단한 지 250년이 지났어도 태평양은 여전히 수수께끼의 바다였다. 세계의 모든 대륙을 합친 것보다 큰 규모 때문이었다. 그간 12명의 탐험가들이 태평양을 횡단했지만 대부분 동일한 항로로만 항해한 것도 그런 이유 때문이었다. 당시 항해의 가장 큰 적(敵)이자 공포의 대상은 괴혈병이었다. 1722년의 한 여행 보고서는 이 무서운 병에 대해 다음과 같이 기록했다.

"우리가 얼마나 큰 고통을 당했는지는 하나님만이 아신다. 우리 배에서는 병과 죽음의 냄새가 코를 찔렀다. 병자들은 고통스러워하고 끊임없이 신음했다. 신음소리가 돌이라도 깨뜨릴 것 같았다. 몇몇 사람들은 너무 말라서 걸어 다니는 시체처럼 보였고 마치 바람 앞의 등불처럼 죽음 앞에 서 있는 것 같았다. 또다른 사람들은 너무 뚱뚱해졌으며 풍선처럼 부풀어 올랐다. 그들은 이질을 앓아서 피똥만 쌌다. 이틀이나 사흘 후면 죽었다. 배설물이 회색의 재 같았는데 그것은 죽을 시간이 되었다는 확실한 신호였다. 모두 우울증에 빠져 있었다. …… 병이 심하지 않은 사람들, 예를 들어 나 같은 사람들도 매우 쇠약해졌다. 나는 이가 흔들리고 잇몸이 엄지손가락만큼 부어올랐다."(Kay 2006)

쿡의 항해 때엔 야채가 괴혈병 방지에 도움이 된다는 게 알려져, 엔데버호는 소금에 절인 양배추를 3톤 넘게 배에 실었다. 쿡은 8월 말 플리머스를 출항해 자신에게 부여된 임무를 마치고 뉴질랜드를 거쳐 1770년 4월 29일 보티니만에 도착해 호주의 동해안에 발을 들여놓았다. 엔데버호는 탐험 개시 2년 6개월 후인 1771년 영국에 도착했다. 괴혈병은 막았지만 동인도의 전염병 말라리아로 인해 선원은 94명에서 56명으로 줄었다.

쿡은 1779년까지 11년 동안 태평양으로 3번의 탐험여행을 떠나는 등 죽기까지 지구를 9번이나 돌았다. 그는 하와이 발견 시 그곳에서

1779년 2월 14일 원주민들의 싸움을 중재하다가 살해당했다. 250년 전 필리핀에서의 마젤란과 비슷한 운명이었다.

호주 원주민의 비극

쿡의 탐험으로 인해 호주에 대한 관심이 고조된 지 10년 만인 1788년 유럽인들의 이주시대가 열렸다. 아메리카의 경우처럼, 이들 역시 호주 원주민에겐 재앙이었다. 이주민들이 시드니에 도착한 후 채 1년도 지나기 전에 원주민들은 전염병으로 죽어갔다. 천연두, 인플루엔자, 홍역, 장티푸스, 발진티푸스, 수두, 백일해, 결핵, 매독 등 그 종류도 다양했다. 여기에 원주민 사냥까지 가세했다.

1867년 유형제도가 폐지될 때까지 호주에 유배된 영국 죄수는 16만 명에 이르렀다. 백인 죄수들은 도착 직후부터 원주민들을 상대로 무차별 인간사냥을 자행해 50만 명이 넘던 원주민은 1921년에는 6만 명으로 감소하게 된다. 19세기 중엽 금광 붐이 일면서 중국인 노동자들이 대거 입국했는데, 이들에 대한 인종차별도 극심했다. 1884년 모런(Moran) 추기경은 호주대학에서 동양언어를 가르치자고 제의했다가 '중국놈의 친구'라는 이유로 쫓겨났으며, 1890년대 한 호주 신문은 지옥의 성격을 "중국인들이 가득 찬 곳"으로 규정할 정도였다.

1901년 영국 연방의 일원으로 정부를 수립한 호주는 유색인종으로부터 호주를 보호한다는 이유로 '백호주'를 입법화함으로써 원주민들과 중국인들에게 큰 고통을 안겨준다. 원주민 인구는 다시 늘게 되지만, '보호'라는 명목으로 19세기 중반부터 1960년대까지 실시된 '원주민 아동 격리정책'은 수많은 원주민들을 이산의 고통으로 몰아

외지인을 처음 보고 공격하려는 원주민들과 커넬 페니술라 해변으로 접근하는 제임스 쿡 일행.

넣었다. 『시드니 모닝 헤럴드(Sydney Morning Herald)』 1925년 1월 10일 자는 그런 격리의 장면을 다음과 같이 묘사했다.

"격리는 크리스마스 바로 전날 실시됐다. 경찰 간부는 나루터에서 부모들을 만나라고 지시했던 듯하다. 부모들은 아이들을 나루터로 데리고 나왔다. 그들은 자식을 빼앗기는 줄은 전혀 모르고 있었다. 서로 헤어지는 장면은 정말로 마음이 아팠다. 그러나 아이들을 빼앗기고 말았다. 저항도 있었고, 눈물도 있었지만, 부모들은 이 상황을 겪고 정말로 너무나 애통스러워했다." (Pilger 2003)

'원주민 아동 격리정책'은 원주민들을 '최하위 인종'으로서 '흡수병합' 시켜야 할 '기생충 같은 존재'로 간주한 인종개량운동의 영향을 받아 이루어진 일이었다. 이 정책으로 인한 이산의 고통은 차치하고서라도 백인문화와 원주민문화 사이에서 극심한 정체성 혼란을 겪게 된 원주민 수가 10만 명이 넘는다는 것이 더 큰 문제였다. 이들은 흔히 '잃어버린 세대(Lost Generation)' 또는 '도둑맞은 세대(Stolen Generation)'라고 불린다.

1989년에 출간된 『잃어버린 아이들(The Lost Children)』은 '도둑맞은 세대' 문제를 최초로 제기한 책이다. 장동철(2000)에 따르면, "이 책은 '도둑맞은 세대'에 속한 원주민 13명의 비극적인 삶에 대한 육성증언으로 이루어져 있다. 이 증언에는 고아 아닌 고아로 자라야 했던 한(恨)과 가족에 대한 그리움이 사무쳤던 성장기와 성인이 되어 다시 가족과 원주민으로서의 정체성을 되찾기 위해 겪었던 고뇌와 갈등이 진솔하게 담겨 있다. 이들 13명의 증언이 오스트레일리아 백인 주류사회에 던진 충격은 엄청났다. 한사코 부정하고 싶었던 야만의 역사가 그 추악한 얼굴을 드러냈기 때문이다."

인종차별주의의 비극은 미국과 호주를 비롯하여 백인들이 진출한 어느 곳에서건 벌어지게 되지만, 진정한 원인은 인종 이전에 '힘의 격차' 때문이었다. 우문(愚問)이지만, 유색인종들이 먼저 백인들을 정복하는 강대국으로 등장했더라면 정반대의 일이 일어나진 않았을까?

참고문헌 Davis 2004, Diamond 2009, Fernandez-Armesto 1997, Kay 2006, Pilger 2003, Schroeder 2000, 박형지 · 설혜심 2004, 아루가 · 유이 2008, 안수찬 2000, 양승윤 외 1998, 장동철 2000

James Alexander, 『John Peter Zenger』, Cambridge, Mass.: Harvard University Press, 1972.

Frederick Lewis Allen, 「Came the Revolution」, 『The New York Times Book Review』, July 6, 1997, p.8.

허버트 알철(J. Herbert Altschull), 강상현 · 윤영철 공역, 『지배권력과 제도언론: 언론의 이데 올로기적 역할과 쟁점』, 나남, 1991.

허버트 알철(J. Herbert Altschull), 양승목 옮김, 『현대 언론사상사: 밀턴에서 맥루한까지』, 나남, 1993.

Fred Anderson, 「The Wars at Home」, 『The New York Times Book Review』, March 2, 1997, p.27.

토마스 아이크(Thomas Ayck), 소병규 옮김, 『잭 런던: 모순에 찬 삶과 문학』, 한울, 1992.

찰스 비어드(Charles A. Beard), 양재열 옮김, 『미국 헌법의 경제적 해석』, 지만지, 2008.

잭 비어티(Jack Beatty), 유한수 옮김, 『거상: 대기업이 미국을 바꿨다』, 물푸레, 2002.

에드워드 베르(Edward Behr), 김남주 옮김, 『미국 미국 미국』, 한뜻, 1996.

다니엘 벨(Daniel Bell), 김진욱 옮김, 『자본주의의 문화적 모순』, 문학세계사, 1990.

다니엘 벨(Daniel Bell), 송미섭 옮김, 『교양교육의 개혁: 미국 컬럼비아대학에서의 경험』, 민음사, 1994.

윌리엄 번스타인(William Bernstein), 김현구 옮김, 『부의 탄생』, 시아출판사, 2005.

제러미 블랙(Jeremy Black), 한정석 옮김, 『전쟁은 왜 일어나는가』, 이가서, 2003.

Paul F. Boller, Jr., 『Presidential Anecdotes』, New York: Penguin Books, 1982.

Daniel J. Boorstin, 『Democracy and Its Discontents: Reflections on Everyday America』, New York: Vintage Books, 1975.

Daniel J. Boorstin, 『The Discoverers: A History of Man's Search to Know His World and Himself』, New York: Random House, 1983.

다니엘 J. 부어스틴(Daniel J. Boorstin), 이성범 옮김, 『발견자들(전2권)』, 범양사출판부, 1986.

Daniel J. Boorstin, 「Democracy's Secret Virtue」, 『U. S. News & World Report』, January 6, 1986a, pp.22~25.

다니엘 J. 부어스틴(Daniel J. Boorstin), 이보형 외 옮김, 『미국사의 숨은 이야기』, 범양사출판부, 1991.

Stephen Botein, 「Printers and the American Revolution」, Bernard Bailyn & John B. Hench eds., 『The Press and the American Revolution』, Boston, Mass.: Northeastern University Press, 1981, pp.11~57.

페르낭 브로델(Fernand Braudel), 주경철 옮김, 『물질문명과 자본주의(전6권)』, 까치, 1995~97.

앨런 브링클리(Alan Brinkley), 황혜성 외 공역, 『미국인의 역사(전3권)』, 비봉출판사, 1998.

디 브라운(Dee Brown), 최준석 옮김, 『나를 운디드 니에 묻어주오』, 프레스하우스, 1996.

빌 브라이슨(Bill Bryson), 정경옥 옮김, 『빌 브라이슨 발칙한 영어산책: 엉뚱하고 발랄한 미국의 거의 모든 역사』, 살림, 2009.

Richard Buel, Jr., 「Freedom of the Press in Revolutionary America: The Evolution of Libertarianism, 1760~1820」, Bernard Bailyn & John B. Hench eds., 『The Press and the American Revolution』, Boston, Mass.: Northeastern University Press, 1981, pp.59~97.

제임스 맥그리거 번스(James MacGregor Burns), 조중빈 옮김, 『역사를 바꾸는 리더십』, 지식의날개, 2006.

존 B. 베리(John Bagnell Bury), 박홍규 옮김, 『사상의 자유의 역사』, 바오, 2006.

조지 W. 부시(George W. Bush), 양재길 옮김, 『맡아야 할 본분: 부시 자서전·CEO형의 인간적인 리더십』, 두레박, 2001.

Neil Campbell & Alasdair Kean, 정정호 외 공역, 『미국문화의 이해』, 학문사, 2002.

알렌 카든(Allen Carden), 박영호 옮김, 『청교도정신: 17세기 미국 청교도들의 신앙과 생활』, 기독교문서선교회, 1994.

James W. Carey, 「Harold Adams Innis and Marshall McLuhan」, Raymond Rosenthal ed., 『McLuhan: Pro & Con』, New York: Funk & Wagnalls, 1968.

프레더릭 F. 카트라이트(Frederick F. Cartwright)·마이클 비디스(Michael Biddiss), 김훈 옮김, 『질병의 역사』, 가람기획, 2004.

CCTV 다큐멘터리 대국굴기 제작진, 소준섭 옮김, 『강대국의 조건: 미국』, 안그라픽스, 2007.

에드워드 챈슬러(Edaward Chancellor), 강남규 옮김, 『금융투기의 역사: 튤립투기에서 인터넷 버블까지』, 국일증권경제연구소, 2001.

크리스토프 샤를(C. Charle)·자크 베르제르(J. Verger), 김정인 옮김, 『대학의 역사』, 한길사, 1999.

로제 샤르띠에(Roger Chartier), 백인호 옮김, 『프랑스혁명의 문화적 기원』, 일월서각, 1999.

노엄 촘스키(Noam Chomsky), 강주헌 옮김, 『그들에게 국민은 없다: 촘스키의 신자유주의 비판』, 모색, 1999.

노엄 촘스키(Noam Chomsky), 오애리 옮김, 『507년, 정복은 계속된다』, 이후, 2000.

노엄 촘스키(Noam Chomsky), 존 준커먼(John Junkerman) · 다케이 마사카즈 편, 홍한별 옮김, 『권력과 테러: 노엄 촘스키와의 대화』, 양철북, 2003.

노엄 촘스키(Noam Chomsky), 황의방 · 오성환 옮김, 『패권인가 생존인가: 미국은 지금 어디로 가는가』, 까치, 2004.

노엄 촘스키(Noam Chomsky), 강주헌 옮김, 『지식인의 책무』, 황소걸음, 2005.

노엄 촘스키(Noam Chomsky) & 데이비드 바사미언(David Barsamian), 강주헌 옮김, 『촘스키, 세상의 권력을 말하다(전2권)』, 시대의창, 2004.

피터 콜릿(Peter Collett), 이윤식 옮김, 『습관의 역사: 습관을 알면 문화가 보인다』, 추수밭, 2006.

알리스테어 쿠크(Alistair Cooke), 윤종혁 옮김, 『도큐멘터리 미국사』, 한마음사, 1995.

모리스 크랜스톤(M. W. Cranston), 「로크와 동의에 의한 정치」, D. 톰슨(David Thomson) 엮음, 김종술 옮김, 『서양 근대정치사상』, 서광사, 1990, 99~117쪽.

Tom Crone, 『Law and the Media: An Everyday Guide for Professionals』 3rd ed., Oxford: Focal Press, 1995.

앨프리드 W. 크로스비(Alfred W. Crosby), 김기윤 옮김, 『콜럼버스가 바꾼 세계』, 지식의숲, 2006.

로버트 달(Robert A. Dahl), 박상훈 · 박수형 옮김, 『미국 헌법과 민주주의』, 후마니타스, 2004.

케네스 데이비스(Kenneth C. Davis), 이순호 옮김, 『미국에 대해 알아야 할 모든 것, 미국사』, 책과함께, 2004.

Kenneth C. Davis, 『America's Hidden History: Untold Tales of the First Pilgrims, Fighting Women, and Forgotten Founders Who Shaped a Nation』, New York: Smithonian Books, 2008.

Albert Desbiens, 『The United States of America: A Short History』, Montreal, Canada: Robin Brass Studio, 2007.

재레드 다이아몬드(Jared Diamond), 김진준 옮김, 『총, 균, 쇠: 무기 · 병균 · 금속은 인류의 운명을 어떻게 바꿨는가』, 문학사상사, 2005.

재레드 다이아몬드(Jared Diamond) 외, 『과학의 정열: 우리시대 최고의 과학자 23인과의 대화』, 다빈치, 2001.

헨리 도빈스(Henry F. Dobyns), 「에스파냐 식민지 국경지대의 인디언들」, 프레더릭 E. 혹시(Frederick E. Hoxie) · 피터 아이버슨(Peter Iverson) 엮음, 유시주 옮김, 『미국사에 던지는 질문: 인디언, 황야, 프런티어, 그리고 국가의 영혼』, 영림카디널, 2000, 102~136쪽.

밥 돌(Bob Dole), 김병찬 옮김, 『대통령의 위트: 조지 워싱턴에서 부시까지』, 아테네, 2007.

윌 듀란트(Will Durant), 이철민 옮김, 『철학이야기』, 청년사, 1987.

닉 다이어-위데포드(Nick Dyer-Witheford), 신승철 · 이현 옮김, 『사이버-맑스: 첨단기술 자본주의에서의 투쟁주기와 투쟁순환』, 이후, 2003.

데이비드 에드워즈(David Edwards) · 데이비드 크롬웰(David Cromwell), 복진선 옮김, 『미디어렌즈: 언론에 가려진 진실을 읽는 코드』, 한얼미디어, 2006.

George C. Edwards III & Stephen J. Wayne, 『Presidential Leadership: Politics and Policy Making』, New York: St. Martin's Press, 1985.

존 엘리엇(John H. Elliott) 편, 김원중 외 옮김, 『히스패닉 세계: 스페인과 라틴 아메리카의 역사와 문화』, 새물결, 2003.

Michael Emery & Edwin Emery, 『The Press and America: An Interpretive History of the Mass Media』, 8th ed., Boston, Mass.: Allyn and Bacon, 1996.

질비아 엥글레르트(Sylvia Englert), 장혜경 옮김, 『상식과 교양으로 읽는 미국의 역사』, 웅진지식하우스, 2006.

사라 에번스(Sara M. Evans), 조지형 옮김, 『자유를 위한 탄생: 미국 여성의 역사』, 이화여자대학교 출판부, 1998.

베르너 파울슈티히(Werner Faulstich), 황대현 옮김, 『근대초기 매체의 역사: 매체로 본 지배와 반란의 사회문화사』, 지식의풍경, 2007.

데보라 G. 펠더(Deborah G. Felder), 송정희 옮김, 『세계사를 바꾼 여성들』, 에디터, 1998.

안토니아 펠릭스(Antonia Felix), 오영숙 · 정승원 옮김, 『콘돌리자 라이스』, 일송북, 2003.

펠리프 페르난데스-아메스토(Felipe Fernandez-Armesto), 허종열 옮김, 『밀레니엄: 지난 1000년의 인류 역사와 문명의 흥망(전2권)』, 한국경제신문사, 1997.

Jean Folkerts & Dwight L. Teeter, Jr., 『Voices of a Nation: A History of Mass Media in the United States』, 3rd ed., Boston, Mass.: Allyn and Bacon, 1998.

제러미 폭스(Jeremy Fox), 이도형 옮김, 『촘스키와 세계화』, 이제이북스, 2002.

저스틴 A. 프랭크(Justin A. Frank), 한승동 옮김, 『부시의 정신분석』, 교양인, 2005.

Benjamin Franklin, 『프랭클린 자서전』, YBM Si-sa, 2007.

데이비드 프리드먼(David Friedman), 김태우 옮김, 『막대에서 풍선까지: 남성 성기의 역사』, 까치, 2003.

카를로스 푸엔테스(Carlos Fuentes), 서성철 옮김, 『라틴 아메리카의 역사』, 까치, 1997.

메리 풀브룩(Mary Fulbrook), 김학이 옮김, 『분열과 통일의 독일사』, 개마고원, 2000.

존 케네스 갤브레이스(John Kenneth Galbraith), 지길홍 옮김, 『불확실성의 시대』, 홍신문화사, 1995.

에두아르도 갈레아노(Eduardo Galeano), 박광순 옮김, 『수탈된 대지: 라틴아메리카 5백년사』, 범우사, 1988.

한스 디터 겔페르트(Hans-Dieter Gelfert), 이미옥 옮김, 『전형적인 미국인: 미국과 미국인 제대로 알기』, 에코리브르, 2003.

윌리엄 H. 괴츠만(William H. Goetzman), 「미국인들: 탐험과 과학문화」, 루터 S. 루드케(Luther S. Luedtke) 편, 고대 영미문학연구소 옮김, 『미국의 사회와 문화』, 탐구당, 1989, 418~430쪽.

존 스틸 고든(John Steele Gordon), 강남규 옮김, 『월스트리트제국: 금융자본권력의 역사 350년』, 참솔, 2002.

로버트 하그리브스(Robert Hargreaves), 오승훈 옮김, 『표현자유의 역사』, 시아출판사, 2006.

크리스 하먼(Chris Harman), 심인숙 옮김, 『광란의 자본주의: 알기 쉬운 경제학』, 책갈피,

1996.

크리스 하먼(Chris Harman), 천경록 옮김, 『민중의 세계사』, 책갈피, 2004.

마빈 해리스(Marvin Harris), 정도영 옮김, 『식인과 제왕: 문명인의 편견과 오만』, 한길사, 1995.

마이클 H. 하트(Michael H. Hart), 김평옥 옮김, 『랭킹 100 세계사를 바꾼 사람들』, 에디터, 1993.

로버트 L. 하일브로너(Robert L. Heilbroner), 장상환 옮김, 『세속의 철학자들: 위대한 경제사 상가들의 생애, 시대와 아이디어』, 이마고, 2005.

에릭 홉스봄(Eric Hobsbawm), 정도영 · 차명수 옮김, 『혁명의 시대』, 한길사, 1998.

John R. Howe, Jr., 「Republican Thought and the Political Violence of the 1790s」, 『American Quarterly』, 19, Summer 1967, pp.147–165.

리오 휴버먼(Leo Huberman), 장상환 옮김, 『자본주의 역사 바로 알기』, 책벌레, 2000.

리오 휴버만(Leo Huberman), 박정원 옮김, 『가자, 아메리카로!』, 비봉출판사, 2001.

린 헌트(Lynn Hunt), 조한욱 옮김, 『프랑스혁명의 가족 로망스』, 새물결, 1999.

마이클 헌트(Michael H. Hunt), 권용립 · 이현휘 옮김, 『이데올로기와 미국외교』, 산지니, 2007.

새뮤얼 헌팅턴(Samuel P. Huntington), 형선호 옮김, 『새뮤얼 헌팅턴의 미국』, 김영사, 2004.

J. 햄프든 잭슨(J. Hampden Jackson), 「톰 페인과 인권」, D. 톰슨(David Thomson) 엮음, 김 종술 옮김, 『서양 근대정치사상』, 서광사, 1990, 155~168쪽.

필리프 자캥(Philippe Jacquin), 송숙자 옮김, 『아메리카 인디언의 땅』, 시공사, 1998.

캐슬린 홀 재미슨(Kathleen Hall Jamieson), 원혜영 옮김, 『대통령 만들기: 미국 대선의 선거 전략과 이미지 메이킹』, 백산서당, 2002.

폴 존슨(Paul Johnson), 왕수민 옮김, 『영웅들의 세계사』, 웅진지식하우스, 2009.

로버트 카플란(Robert D. Kaplan), 이재규 옮김, 『승자학』, 생각의나무, 2002.

베른하르트 카이(Bernhard Kay), 박계수 옮김, 『항해의 역사』, 북폴리오, 2006.

J. 키인(John Keane), 주동황 · 정용준 · 최영묵 공역, 『언론과 민주주의』, 나남출판, 1995.

로널드 케슬러(Ronald Kessler), 임홍빈 옮김, 『벌거벗은 대통령 각하』, 문학사상사, 1997.

미하엘 코르트(Michael Korth), 권세훈 옮김, 『광기에 관한 잡학사전』, 을유문화사, 2009.

Richard Kostelanetz, 「Marshall McLuhan: High Priest of the Electronic Village」, Thomas H. Ohlgren and Lynn M. Berk, eds. 『The New Languages: A Rhetorical Approach to the Mass Media and Popular Culture』, Englewood Cliffs, N.J.: Prentice-Hall, 1977.

Harry Kranz, 「The Presidency v. the Press: Who Is Right?」, Aaron Wildavsky ed., 『Perspectives on the Presidency』, Boston, Mass.: Little, Brown, 1975, pp.205~20.

마크 쿨란스키(Mark Kurlansky), 박광순 옮김, 『세계를 바꾼 어느 물고기의 역사』, 미래M&B, 1998.

크리스토퍼 G. 랭턴(Christopher G. Langton), 「망원경 · 자연도태설」, 존 브록만, John

Brockman) 엮음, 이창희 옮김, 『지난 2천년 동안의 위대한 발명』, 해냄, 2000, 208-211쪽.

바르톨로메 데 라스 까사스(Bartolome de Las Casas) 엮음, 박광순 옮김, 『콜럼버스 항해록』, 범우사, 2000.

조르주 르페브르(Georges Lefebvre), 최갑수 옮김, 『1789년의 대공포』, 까치, 2002.

제임스 로웬(James W. Loewen), 이현주 옮김, 『선생님이 가르쳐준 거짓말』, 평민사, 2001.

헨드릭 빌렘 반 룬(Hendrik Wilem van Loon), 이혜정 옮김, 『관용』, 서해문집, 2005.

찰스 맥케이(Charles Mackay), 이윤섭 옮김, 『대중의 미망과 광기』, 창해, 2004.

루시 매덕스(Lucy Maddox) 편, 김성곤 외 옮김, 『미국학의 이론과 실제』, 서울대학교 출판부, 2006.

Pauline Maier, 「Coming to Terms with Samuel Adams」, 『The American Historical Review』, 81:1, February 1976, pp.12~37.

존 맨(John Man), 남경태 옮김, 『구텐베르크 혁명』, 예지, 2003.

찰스 만(Charles C. Mann), 전지나 옮김, 『인디언: 이야기로 읽는 인디언 역사』, 오래된미래, 2005.

데이비드 마크(David Mark), 양원보·박찬현 옮김, 『네거티브 전쟁: 진흙탕 선거의 전략과 기술』, 커뮤니케이션북스, 2009.

장 마생(Jean Massin), 양희영 옮김, 『로베스피에르, 혁명의 탄생』, 교양인, 2005.

앙드레 모로아(Andre Maurois), 신용석 옮김, 『영국사』, 기린원, 1997.

Marshall McLuhan, 『The Gutenberg Galaxy: The Making of Typographic Man』, New York: Signet Book, 1969.

존 맥닐(John R. McNeill)·윌리엄 맥닐(William H. McNeill), 유정희·김우영 옮김, 『휴먼 웹: 세계화의 세계사』, 이산, 2007.

윌리엄 맥닐(William H. McNeill), 김우영 옮김, 『전염병의 세계사』, 이산, 2005a.

윌리엄 맥닐(William H. McNeill), 김우영 옮김, 『세계의 역사(전2권)』, 이산, 2007.

C. W. 밀스(C. Wright Mills), 진덕규 옮김, 『파워엘리트』, 한길사, 1979.

존 밀턴(John Milton), 임상원 역주, 『아레오파기티카: 존 밀턴의 언론 출판 자유에 대한 선언』, 나남, 1998.

K. R. 미노그(K. R. Minogue), 「홉즈와 절대주의와 정치철학」, D. 톰슨(David Thomson) 엮음, 김종술 옮김, 『서양 근대정치사상』, 서광사, 1990, 77~96쪽.

시드니 민츠(Sidney W. Mintz), 김문호 옮김, 『설탕과 권력』, 지호, 1998.

엘리자베스 미첼(Elizabeth Mitchell), 지정남 옮김, 『부시 왕조의 복수』, 미래의창, 2001.

에드윈 무어(Edwin Moore), 차미례 옮김, 『그 순간 역사가 움직였다: 세계사를 수놓은 운명적 만남 100』, 미래인, 2009.

에드먼드 S. 모건(Edmund S. Morgan), 황혜성 외 옮김, 『미국의 노예제도 & 미국의 자유』, 비봉출판사, 1997.

G. C. 모리스(G. C. Morris), 「몽테스키외와 정치적 경험의 다양성」, D. 톰슨(David Thomson) 엮음, 김종술 옮김, 『서양 근대정치사상』, 서광사, 1990, 118~136쪽.

조지 모스(George L. Mosse), 서강여성문학연구회 옮김, 『내셔널리즘과 섹슈얼리티: 근대유럽에서의 고결함과 비정상적 섹슈얼리티』, 소명출판, 2004.

Harold L. Nelson, 「Seditious Libel in Colonial America」, 『The American Journal of Legal History』, 3, April 1959, pp.160~172.

존 네론(John Nerone) 엮음, 차재영 옮김, 『최후의 권리: '언론의 4이론'을 넘어서』, 한울아카데미, 1998.

뉴욕타임즈(New York Times) 기획, 김석정 옮김, 『뉴욕타임즈가 공개하는 숨겨진 역사』, 책빛, 2008.

조지프 나이(Joseph S. Nye), 홍수원 옮김, 『제국의 패러독스』, 세종연구원, 2002.

토머스 페인(Thomas Paine), 박홍규 옮김, 『상식, 인권』, 필맥, 2004.

찰스 패너티(Charles Panati), 최희정 옮김, 『문화라는 이름의 야만』, 중앙 M&B, 1998.

데이비드 파커(David Parker) 외, 박윤덕 옮김, 『혁명의 탄생: 근대 유럽을 만든 좌우익 혁명들』, 교양인, 2009.

C. W. 파킨(C. W. Parkin), 「버크와 보수주의적 전통」, D. 톰슨(David Thomson) 엮음, 김종술 옮김, 『서양 근대정치사상』, 서광사, 1990, 171~186쪽.

장-마리 펠트(Jean-Marie Pelt), 김중현 옮김, 『향신료의 역사』, 좋은책만들기, 2005.

Don R. Pember, 『Mass Media Law』 1996 ed., Dubuque, Iowa: Brown & Benchmark, 1996.

스토 퍼슨즈(Stow Persons), 이형대 옮김, 『미국지성사』, 신서원, 1999.

존 필저(John Pilger), 문현아 옮김, 『제국의 지배자들』, 책벌레, 2003.

에드위 플레넬(Edwy Plenel), 김병욱 옮김, 『정복자의 시선: 서방 세계는 타자를 어떻게 재구성했는가』, 마음산책, 2005.

케네스 포메란츠(Kenneth Pomeranz) · 스티븐 토픽(Steven Topik), 박광식 옮김, 『설탕, 커피 그리고 폭력: 고역으로 읽는 세계사 산책』, 심산, 2003.

벤자민 콸스(Benjamin Quarles), 조성훈 · 이미숙 옮김, 『미국 흑인사』, 백산서당, 2002.

레이 라파엘(Ray Raphael), 남경태 옮김, 『미국의 탄생: 미국 역사 교과서가 왜곡한 건국의 진실들』, 그린비, 2005.

윌리엄 라이딩스 2세(William J. Ridings, Jr.) & 스튜어트 매기버(Stuart B. McIver), 김형곤 옮김, 『위대한 대통령 끔찍한 대통령』, 한 · 언, 2000.

페이터 라트베르헨(Peter Rietbergen), 김길중 외 옮김, 『유럽 문화사』, 지와 사랑, 2003.

제러미 리프킨(Jeremy Rifkin), 이원기 옮김, 『유러피언 드림: 아메리칸 드림의 몰락과 세계의 미래』, 민음사, 2005.

조지 세이빈(George H. Sabine) & 토마스 솔슨(Thomas Landon Thorson), 성유보 · 차남희 옮김, 『정치사상사(전2권)』, 한길사, 1983.

Scott A. Sandage, 『Born Losers: A History of Failure in America』, Cambridge, Mass.: Harvard University Press, 2005.

Dan Schiller, 『Objectivity and the News: The Public and the Rise of Commercial Journalism』, Philadelphia: University of Pennsylvania Press, 1981.

볼프강 쉬벨부시(Wolfgang Schivelbusch), 박진희 옮김, 『철도여행의 역사: 철도는 시간과 공
  간을 어떻게 변화시켰는가』, 궁리, 1999.

볼프강 쉬벨부시(Wolfgang Schivelbusch), 이병련 · 한운석 옮김, 『기호품의 역사: 파라다이
  스, 맛과 이성』, 한마당, 2000.

Wilbur Schramm & William E. Porter, 최윤희 옮김, 『인간커뮤니케이션』, 나남, 1990.

라이너 M. 슈뢰더(Rainer M. Schroeder), 이온화 옮김, 『개척자 · 탐험가 · 모험가』, 좋은생각,
  2000.

커스틴 셀라스(Kirsten Sellars), 오승훈 옮김, 『인권, 그 위선의 역사』, 은행나무, 2003.

아마티아 센(Amartya Sen), 박우희 옮김, 『자유로서의 발전』, 세종연구원, 2001.

리처드 솅크먼(Richard Shenkman), 이종인 옮김, 『미국사의 전설, 거짓말, 날조된 신화들』, 미
  래M&B, 2003.

존 시몬스(John Simmons), 여을환 옮김, 『사이언티스트 100』, 세종서적, 1997.

Anthony Smith, 최정호 · 공용배 옮김, 『세계 신문의 역사』, 나남, 1990.

Jeffery A. Smith, 「Impartiality and Revolutionary Ideology: Editorial Policies of the
  『South-Carolina Gazette』, 1732-1775」, 『The Journal of Southern History』,
  November 1983, pp.511~526.

윈턴 U. 솔버그(Winton U. Solberg), 조지형 옮김, 『미국인의 사상과 문화』, 이화여자대학교 출
  판부, 1996.

로버트 솔레(Robert Sole), 이상빈 옮김, 『나폴레옹의 학자들』, 아테네, 2003.

다니엘 솔로브(Daniel J. Solove), 이승훈 옮김, 『인터넷세상과 평판의 미래』, 비즈니스맵,
  2008.

토머스 소웰(Thomas Sowell), 채계병 옮김, 『비전의 충돌: 세계를 바라보는 두 개의 시선』, 이
  카루스미디어, 2006.

W. A. 스펙(W. A. Speck), 이내주 옮김, 『진보와 보수의 영국사』, 개마고원, 2002.

하인츠 스폰젤(Heinz Sponsel), 정복희 옮김, 『권력자와 무기력자』, 예영커뮤니케이션, 1998.

Brent Staples, 「The Master of Monticello」, 『The New York Times Book Review』, March
  23, 1997, p.7.

피터 N. 스턴스(Peter N. Stearns), 문명식 옮김, 『지도로 보는 문화사』, 궁리, 2007.

리처드 스텐걸(Richard Stengel), 임정근 옮김, 『아부의 기술: 전략적인 찬사, 아부에 대한 모든
  것』, 참솔, 2006.

미첼 스티븐스(Mitchell Stephens), 이광재 · 이인희 옮김, 『뉴스의 역사』, 황금가지, 1999.

John D. Stevens, 「Congressional History of the 1798 Sedition Law」, 『Journalism
  Quarterly』, 43, Summer 1966, pp.247~256.

John D. Stevens, 「Shaping the First Amendment: The Development of Free
  Expression」, Beverly Hills, Ca.: Sage, 1982.

폴 스트레턴(Paul Strathern), 김낙년 · 전병윤 옮김, 『세계를 움직인 경제학자들의 삶과 사상』,
  몸과마음, 2002.

커윈 C. 스윈트(Kerwin C. Swint), 김정욱 · 이훈 옮김, 『네거티브, 그 치명적 유혹: 미국의 역

사를 바꾼 최악의 네거티브 캠페인 25위~1위」, 플래닛미디어, 2007.

레이 태너힐(Ray Tannahill), 손경희 옮김, 『음식의 역사』, 우물이있는집, 2006.

멜라니 선스트롬(Melanie Thernstrom), 김영완 옮김, 『미완의 천국, 하버드』, 이크, 2003.

E. P. 톰슨(Edward Palmer Thompson), 나종일 외 옮김, 『영국 노동계급의 형성(전2권)』, 창작과비평사, 2000.

W.D.J. 카질 톰슨(W.D.J. Cargill Thompson), 「루터와 "두 개의 왕국"」, D. 톰슨(David Thomson) 엮음, 김종술 옮김, 『서양 근대정치사상』, 서광사, 1990, 54~76쪽.

데이비드 톰슨(David Thomson), 「루소와 일반의지」, D. 톰슨(David Thomson) 엮음, 김종술 옮김, 『서양 근대정치사상』, 서광사, 1990, 139~154쪽.

알렉시스 드 토크빌(Alexis de Tocqueville), 임효선 · 박지동 옮김, 『미국의 민주주의(전2권)』, 한길사, 1997.

로저 트리그(Roger Trigg), 최용철 옮김, 『인간본성에 관한 10가지 철학적 성찰』, 자작나무, 1996.

바바라 터크먼(Barbara W. Tuchman), 조민 · 조석현 옮김, 『독선과 아집의 역사(전2권)』, 자작나무, 1997.

제임스 M. 바더맨(James M. Vardaman), 이규성 옮김, 『두 개의 미국사: 남부인이 말하는 미국의 진실』, 심산, 2004.

막스 베버(Max Weber), 박성수 옮김, 『프로테스탄티즘의 윤리와 자본주의 정신』, 문예출판사, 1996.

프랑수와 베유(François Weil), 문신원 옮김, 『뉴욕의 역사』, 궁리, 2003.

Robert M. Weir, 「The Role of the Newspaper Press in the Southern Colonies on the Eve of the Revolution: An Interpretation」, Bernard Bailyn & John B. Hench eds., 『The Press and the American Revolution』, Boston, Mass.: Northeastern University Press, 1981, pp.99~150.

게리 윌스(Gary Wills), 곽동훈 옮김, 『시대를 움직인 16인의 리더: 나폴레옹에서 마사 그레이엄까지』, 작가정신, 1999.

존 우드브리지(John D. Woodbridge) 외, 박용규 옮김, 『기독교와 미국』, 총신대학출판부, 2002.

마이클 예이츠(Michael D. Yates), 추선영 옮김, 『싸구려 모텔에서 미국을 만나다: 어느 경제학자의 미 대륙 탐방기』, 이후, 2008.

Peter Young & Peter Jesser, 권영근 · 강태원 옮김, 『언론매체와 군대』, 연경문화사, 2005.

Fareed Zakaria, 강태욱 옮김, 「표지기사: 미국의 독주 끝나는가」, 『뉴스위크 한국판』, 2006년 7월 12일, 20~25쪽.

I. M. 짜이틀린(Irving M. Zeitlin), 이경용 · 김동노 옮김, 『사회학 이론의 발달사: 사회사상의 변증법적 과정』, 한울, 1985.

하워드 진(Howard Zinn), 조선혜 옮김, 『미국 민중 저항사(전2권)』, 일월서각, 1986.

하워드 진(Howard Zinn), 이아정 옮김, 『오만한 제국: 미국의 이데올로기로터 독립』, 당대, 2001a.

하워드 진(Howard Zinn), 유강은 옮김, 『달리는 기차 위에 중립은 없다: 하워드 진의 자전적 역사 에세이』, 이후 2002.

하워드 진(Howard Zinn), 유강은 옮김, 『전쟁에 반대한다』, 이후, 2003a.

하워드 진(Howard Zinn) & 도날도 마세도(Donaldo Macedo), 김종승 옮김, 『하워드 진, 교육을 말하다』, 궁리, 2008.

하워드 진(Howard Zinn) & 레베카 스테포프(Rebecca Stefoff), 김영진 옮김, 『하워드 진 살아 있는 미국 역사』, 추수밭, 2008.

래리 주커먼(Larry Zuckerman), 박영준 옮김, 『감자이야기: 악마가 준 선물』, 지호, 2000.

슈테판 츠바이크(Stefan Zweig), 안인희 옮김, 『광기와 우연의 역사』, 자작나무, 1996.

슈테판 츠바이크(Stefan Zweig), 강희영 옮김, 『어느 정치적 인간의 초상: 프랑스혁명을 배후조종한 패덕자 푸셰의 기묘한 생애』, 리브로, 1998.

슈테판 츠바이크(Stefan Zweig), 안인희 옮김, 『다른 의견을 가질 권리』, 바오, 2009.

강만길, 『분단시대의 역사인식: 강만길 사론집』, 창작과비평사, 1978.

강만길, 『고쳐 쓴 한국 근대사』, 창작과비평사, 1994.

강석영·최영수, 『스페인·포르투갈사』, 대한교과서, 1988.

강재언, 이규수 옮김, 『서양과 조선: 그 이문화 격투의 역사』, 학고재, 1998.

강준만, 『세계문화사전』, 인물과사상사, 2005a.

강준만, 『한국근대사 산책(전10권)』, 인물과사상사, 2007~2008.

고명섭, 「"책은 생명과 진리의 담지자": 언론 자유의 경전 '아레오파기티카'」, 『한겨레』, 2008년 5월 31일자.

고종석, 『도시의 기억』, 개마고원, 2008.

구춘권, 『메가테러리즘과 미국의 세계질서전쟁』, 책세상, 2005.

권용립, 『미국의 정치문명』, 삼인, 2003.

권태선, 「입학사정관」, 『한겨레』, 2009년 7월 30일자.

권홍우, 『부의 역사: 대항해 시대에서 석유전쟁까지』, 인물과사상사, 2008.

김광수, 『논리와 비판적 사고』, 철학과현실사, 1995.

김동길, 『미국이라는 나라: 김동길 역사강연집』, 햇빛출판사, 1987.

김병걸, 『문학과 역사와 인간』, 석탑, 1996.

김병걸, 『문예사조, 그리고 세계의 작가들: 단테에서 밀란 쿤데라까지(전2권)』, 두레, 1999.

김봉중, 『미국은 과연 특별한 나라인가?: 미국의 정체성을 읽는 네 가지 역사적 코드』, 소나무, 2001.

김봉중, 『카우보이들의 외교사: 먼로주의에서 부시 독트린까지 미국의 외교전략』, 푸른역사, 2006.

김삼웅, 『역사를 움직인 위선자들』, 사람과사람, 1996.

김상현, 『인터넷의 거품을 걷어라: 인터넷, 사이버 세상에서 살아남기』, 미래M&B, 2000.

김성곤, 『헐리웃: 20세기 문화의 거울』, 웅진출판, 1997.

김성곤, 『문학과 영화』, 민음사, 1997a.

김성호, 「화해의 결투」, 『문화일보』, 2004년 7월 19일, 30면.

김세원, 「"지난 천 년간 가장 위대한 인물은 구텐베르크"」, 『동아일보』, 1999년 1월 8일, 10면.

김영원 외, 『항해와 표류의 역사』, 솔, 2003.

김용관, 『탐욕의 자본주의: 투기와 약탈이 낳은 괴물의 역사』, 인물과사상사, 2009.

김용우, 「보수주의」, 김영한 엮음, 『서양의 지적운동 II』, 지식산업사, 1998, 307~316쪽.

김용환·토마스 홉스(Thomas Hobbes), 『리바이어던: 국가라는 이름의 괴물』, 살림, 2005.

김진호, 「'美 건국'의 씨앗, 제임스타운」, 『경향신문』, 2007년 5월 19일자.

김창원, 「아이비리그: 美 동북부 지역에 있는 8개 명문 사립대학 통칭」, 『동아일보』, 2009년 3월
    5일자.

김학민, 「술 식민주의와 미국의 탄생」, 『한겨레 21』, 제767호, 2009년 7월 3일.

김한수, 「"칼빈은 현대사회 설계한 개혁가"」, 『조선일보』, 2009년 6월 12일자.

김형인, 「마이너리티, 흑인의 삶」, 김형인 외, 『미국학』, 살림, 2003, 309~354쪽.

김형인, 『두 얼굴을 가진 하나님: 성서로 보는 미국 노예제』, 살림, 2003a.

김희경, 「[책갈피 속의 오늘]1633년 갈릴레이 '이단' 심문」, 『동아일보』, 2006년 4월 12일자.

나윤도, 「미국의 대통령 문화(21회 연재)」, 『서울신문』, 1997년 11월 22일~1998년 5월 7일자.

남경태, 『트라이앵글 세계사』, 푸른숲, 2001.

남혁상, 「'아이비리그' 부자들의 리그?」, 『국민일보』, 2004년 4월 24일자.

문정식, 『펜을 든 병사들: 종군기자 이야기』, 전국언론노동조합연맹, 1999.

박경재, 『미국 대통령 이야기(전2권)』, 이가책, 1995.

박노자, 『나를 배반한 역사』, 인물과사상사, 2003.

박노자, 『나는 폭력의 세기를 고발한다: 박노자의 한국적 근대 만들기』, 인물과사상사, 2005.

박상익, 『언론자유의 경전 아레오파기티카』, 소나무, 1999.

박상익, 「그때 오늘」, 『중앙일보』, 2009년 7월 2일~9월 22일자.

박영배, 『미국, 야만과 문명의 두 얼굴: 주미특파원 박영배 리포트』, 이채, 1999.

박용현, 「1553년, 1930년, 2009년의 광장」, 『한겨레 21』, 제764호, 2009년 6월 12일.

박주원, 「『독립신문』과 근대적 '개인', '사회' 개념의 탄생」, 이화여대 한국문화연구원, 『근대계
    몽기 지식 개념의 수용과 그 변용』, 소명출판, 2004.

박지향, 『제국주의: 신화와 현실』, 서울대학교출판부, 2000.

박지향, 『슬픈 아일랜드: 역사와 문학 속의 아일랜드』, 새물결, 2002.

박형지·설혜심, 『제국주의와 남성성: 19세기 영국의 젠더 형성』, 아카넷, 2004.

사루야 가나메(猿谷要), 남혜림 옮김, 『검증, 미국사 500년의 이야기』, 행담출판, 2007.

서정아, 「포카혼타스는 실존 인물인가―백인남성과 최초로 결혼한 전설의 인디언」, 『서울신문』,
    1995년 8월 29일, 11면.

설원태, 「저널리즘이여 안녕: 의심스러운 시대의 커뮤니케이션 정치」, 『신문과 방송』, 제415호,
    2005년 7월.

소에지마 다카히코(副島隆彦), 신동기 옮김, 『누가 미국을 움직이는가』, 들녘, 2001.

손세호, 『하룻밤에 읽는 미국사』, 랜덤하우스, 2007.

송기도, 『콜럼버스에서 룰라까지: 중남미의 재발견』, 개마고원, 2003.

송평인, 「금욕의 상징? 와인-고기 즐기던 '인간 칼뱅' 되살려」, 『동아일보』, 2009년 7월 11일.

송호근, 『한국의 평등주의, 그 마음의 습관』, 삼성경제연구소, 2006.

수요역사연구회 편, 『일제의 식민지 지배정책과 매일신보 1910년대』, 두리미디어, 2005.

신복룡, 『한국정치사』, 박영사, 1991.

신복룡, 「당쟁과 정당정치」, 『전통과 현대』, 1997년 가을.

신용호, 「영화 〈패트리어트〉 〈U-571〉 역사왜곡 비난 여론」, 『중앙일보』, 2002년 2월 26일자.

아루가 나츠키 · 유이 다이자부로, 양영철 옮김, 『상식으로 꼭 알아야 할 미국의 역사』, 삼양미디어, 2008.

안수찬, 「'애버리진' 호주의 원죄」, 『한겨레』, 2000년 9월 17일, 9면.

안윤모, 『미국 민중주의의 역사』, 이화여자대학교출판부, 2006.

안정숙, 「마거릿 생거 1883 1966, 20세기 사람들(17)」, 『한겨레』, 1993년 10월 21일, 9면.

양승윤 외, 『오세아니아: 오스트랄리아 · 뉴질랜드 · 남태평영 군도국가』, 한국외국어대학교 출판부, 1998.

양홍석, 『고귀한 야만: 버펄로 빌 코디의 서부활극을 통해 본 미국의 폭력, 계급 그리고 인종』, 동국대학교출판부, 2008.

엄기열, 「자치적 민주주의 위해 언론책임 강조해야: 미 수정헌법 1조에 대한 해석의 문제」, 『신문과 방송』, 제377호, 2002년 5월.

연동원, 『영화 대 역사: 영화로 본 미국의 역사』, 학문사, 2001.

염규호, 「미국에서의 명예훼손과 사생활침해: 헌법이론과 학설을 중심으로」, 『언론중재』, 통권 51호, 1994년 여름.

오성근, 『마녀사냥의 역사: 불타는 여성』, 미크로, 2000.

오철우, 『갈릴레오의 두 우주 체계에 관한 대화, 태양계의 그림을 새로 그리다』, 사계절, 2009.

오치 미치오 외, 김영철 편역, 『마이너리티의 헐리웃: 영화로 읽는 미국사회사』, 한울, 1993.

우석훈, 『생태요괴전: 넓게 생각하고 좁게 살기』, 개마고원, 2009.

우수근, 『미국인의 발견』, 살림, 2004.

유신모, 「어제의 오늘」, 『경향신문』, 2009년 1월 2일~2009년 8월 29일자.

유영익, 『동학농민봉기와 갑오경장』, 일조각, 1998.

유재현, 『거꾸로 달리는 미국: 유재현의 미국사회 기행』, 그린비, 2009.

유종선, 『미국사 100 장면: 신대륙 발견에서 LA 흑인폭동까지』, 가람기획, 1995.

윤국한, 「선거인단제 다시 도마에」, 『한겨레』, 2000년 11월 10일, 8면.

윤양섭, 「美 지방지 1면에 사죄문 "노예매매 광고로 돈벌이 사과"」, 『동아일보』, 2000년 7월 7일, 11면.

이광표, 「'혜강'의 학문세계」, 『동아일보』, 1998년 2월 13일, 30면.

이구한, 『이야기 미국사: 태초의 아메리카로부터 21세기의 미국까지』, 청아출판사, 2006.

이구현, 『미국언론법』, 커뮤니케이션북스, 1998.

이규호 편저, 『역사를 확 바꾼 사람들』, 삶과꿈, 2000.

이보형, 『미국사 개설』, 일조각, 2005.

이삼성, 『20세기의 문명과 야만: 전쟁과 평화, 인간의 비극에 관한 정치적 성찰』, 한길사, 1998.

21세기연구회, 홍성철 · 김주영 옮김, 『진짜 세계사, 음식이 만든 역사』, 베스트홈, 2008.

이용수, 「"미(美) 아이비리그는 권력자만 양산"」, 『조선일보』, 2008년 7월 29일자.

이용재, 「나폴레옹: 역사를 넘어 신화로 남은 사나이」, 박지향 외, 『영웅 만들기: 신화와 역사의 갈림길』, 휴머니스트, 2005, 34~109쪽.

이재광 · 김진희, 『영화로 쓰는 세계경제사: 15세기에서 19세기까지』, 혜윰, 1999.

이재광 · 김진희, 『영화로 쓰는 20세기 세계경제사』, 혜윰, 1999a.

이주영, 『미국사』, 대한교과서, 1995.

이태훈, 「"현(現) 경제위기, 칼뱅주의 잊었기 때문"」, 『조선일보』, 2009년 7월 13일자.

이향휘, 「부자는 美대통령의 조건?」, 『매일경제』, 2003년 2월 18일자.

이현송, 「이민과 인종문제」, 김형인 외, 『미국학』, 살림, 2003, 247~276쪽.

일본경제신문사 엮음, 『경제학의 선구자들 20』, 새길, 1995.

임근수, 『신문발달사』, 정음사, 1986.

임용순, 『역사를 바꾼 통치자들: 미국편』, 미래사, 1995.

임용순, 『역사를 바꾼 여성 통치자들』, 나무와숲, 2001.

장동철, 「원주민 고통은 현재진행형」, 『한겨레 21』, 2000년 12월 28일, 79면.

장석정, 『미국 뒤집어보기』, 살림, 2003.

장태한, 『아시안 아메리칸: 백인도 흑인도 아닌 사람들의 역사』, 책세상, 2004.

정경원 외, 『라틴아메리카 문화의 이해』, 학문사, 2000.

정경희, 『중도의 정치: 미국 헌법제정사』, 서울대학교출판부, 2001.

정경희, 『미국을 만든 사상들』, 살림, 2004.

정만득, 『미국의 청교도사회: 정착 초기의 역사』, 비봉출판사, 2001.

정명진, 「조지 워싱턴 신화 '파괴' 한창」, 『중앙일보』, 1996년 2월 25일, 19면.

정시련 · 전경희, 『담배 오백년의 이야기』, 영남대학교출판부, 2003.

정은령, 「근본주의자 부시」, 『동아일보』, 2003년 3월 14일자.

정재연, 「미 대통령과 흑인 노예의 '지퍼 게이트'」, 『주간조선』, 1998년 11월 26일, 64~65쪽.

정태철, 「언론 전문직업인주의(professionalism)의 필요성: 1987년 민주화 이후 한국 언론의 문제와 개혁에 대한 논의」, 『언론과학연구』, 제5권2호, 2005년 8월.

정효식, 「이재오, 운전대 잡고 미 대륙 횡단 나서」, 『중앙일보』, 2009년 3월 19일자.

조기숙, 『합리적 선택: 한국의 선거와 유권자』, 한울아카데미, 1996.

조정환, 『제국기계 비판』, 갈무리, 2005.

조지형, 『헌법에 비친 역사: 미국 헌법의 역사에서 우리 헌법의 미래를 찾다』, 푸른역사, 2007.

조찬제, 「콜럼버스, 더 이상 영웅이 아니야」, 『경향신문』, 2009년 10월 13일, 9면.

진인숙, 『영어 단어와 숙어에 담겨진 이야기』, 건국대학교 출판부, 1997.

차배근, 『미국신문사』, 서울대학교출판부, 1983.

차상철 외, 『미국외교사: 워싱턴 시대부터 루스벨트 시대까지(1774~1939)』, 비봉출판사, 1999.

채수일, 『역사의 양심 양심의 역사: 스파르타쿠스에서 알버츠까지』, 다산글방, 1997.

채인택, 「월트 디즈니 새 만화영화 〈포카혼타스〉 개봉: 주인공 아시아화로 해외시장공략 본격화」, 『월간 윈』, 1995년 8월, 34쪽.

최명 · 백창재, 『현대 미국 정치의 이해』, 서울대학교 출판부, 2000.

최민영, 「"추수감사절(Thanksgiving Day)이 아니라 추수강탈절(Thankstaking Day)이다"」, 『경향신문』, 2005년 11월 26일자.

최성일, 『미국 메모랜덤』, 살림, 2003.

최웅 · 김봉중, 『미국의 역사』, 소나무, 1997.

최장집, 『민주화 이후의 민주주의: 한국 민주주의의 보수적 기원과 위기』, 후마니타스, 2002.

태혜숙, 『미국 문화의 이해』, 중명, 1997.

태혜숙, 『다인종 다문화 시대의 미국문화 읽기』, 이후, 2009.

팽원순, 『매스코뮤니케이션 법제이론』, 법문사, 1988.

하일식, 『연표와 사진으로 보는 한국사』, 일빛, 1998.

한겨레신문 문화부 편, 『20세기 사람들(전2권)』, 한겨레신문사, 1995.

한국미국사학회 엮음, 『사료로 읽는 미국사』, 궁리, 2006.

한국복지연구회, 『사회복지의 역사』, 이론과실천, 1988.

한국서양사학회 편, 『서양에서의 민족과 민족주의』, 까치, 1999.

함용도, 『워싱턴 어빙: 생애와 작품세계』, 건국대학교출판부, 1995.

함재봉, 『탈근대와 유교: 한국정치담론의 모색』, 나남출판, 1998.

홍사중, 『영국혁명사상사』, 전예원, 1982.

홍사중, 『근대시민사회사상사』, 한길사, 1997.

홍훈, 「근대 경제학 내의 자유주의: 비판적인 관점에서 본 그 의미와 한계」, 『사회비평』, 제8호, 1992년 9월.

황규인, 「미(美) 아이비리그 진학 100명시대로」, 『동아일보』, 2009년 10월 2일, 10면.